1 MONTH OF
FREE
READING

at

www.ForgottenBooks.com

ISBN 978-0-364-66025-6
PIBN 11045855

EDDISCHE STUDIEN

VON

PAULUS CASSEL

K. PROFESSOR UND SECRETÄR DER AKADEMIE DER WISSENSCHAFTEN
IN ERFURT.

I.

FIÖLVINNSMÁL.

EINE PUBLIKATION DER ERFURTER AKADEMIE.

WEIMAR

HERMANN BÖHLAU

1856.

ut jam non dubitem
quidquid verum est, idem
utile esse.

Leibnitz an Boineburg.

SEINER

KÖNIGLICHEN HOHEIT

PRINZEN ADALBERT VON PREUSSEN

DEM

DURCHLAUCHTIGSTEN PRÄSIDENTEN

DER

ERFURTER AKADEMIE DER WISSENSCHAFTEN

AM

29. OCTOBER 1856

ZUM

SYMBOL TIEFSTER EHRFURCHT UND DANKBARKEIT.

INHALT.

Einleitung und Erläuterung
§. 1. Das ideale Leben, die zweite Natur   Seite.
     Die Volkssage und das Mährchen 7
     Die Gesta Romanorum 9
     Tausend und Eine Nacht 10
     Orientalische und deutsche Mährchen 12
     Die nordische Sage 13
§. 2. Der Wunsch . . . , ... 17
     Verwünschung und Erlösung 21
     Fiölvinnsmál 25
§. 3. Die Burg und der Wächter 28
     Die Besitzerin der Burg und ihr Name 31
     Ihre Vorfahren 33
     Die Unzugänglichkeit der Burg, das Gitter 35
     Die Hunde 37
     Die Flammengürtung 38
     Der Name der Burg. Hyfjaberg 40
     Die Glasberge 42
     . . . sburg 43
     . . . Jungfrauen 45
     . . . chung der Wä 46
     . . . ahn als Tages . . . 47
     . . . sittliche Nat . . . 49
     . . . religiöse . . . 51
     . . . Volksglaube . . . 54
     Hahnes T . . . 59
     . . . weisse . . . 61

VI

		Seite.
Der Hahn der Sühne	. . . .	63
Die Hahnflügel	. . '	65
Der Baum und seine Frucht	. . . .	68
§. 5. 1. Das Instrument des Mordes	. . . .	72
Sinmara, das „alte Weib"	. . . .	73
Haevatein, die Ruthe	. . . .	76
Die Hahnenfeder	. . . .	80
Licht und Nacht. Das Gute und der Böse	. . . .	83
Der Auerhahn	. . . .	87
Mephistopheles	. . . .	89
Das Hahnenbein	. . . .	92
2. Das glückliche Ende. Svipdagr	. . . .	94
Anmerkungen	. . . .	97
Fiölvinnsmál, Text und Uebersetzung	. . . .	135

VORREDE.

„Der durch Sant Silvestern einen Stier
Von tôde lebendic dan hiez gân
Und Lazarô bot uf stân
derselbe half daz Anfortas
wart gesunt und wol genas."

So heisst es im Parzival Wolfram von Eschenbachs. [1] Dass
S. Silvester der Papst, welcher Constantin dem Grossen die
heilige Taufe verliehen, einen Stier, den Zambri durch Zauberei todtenähnlich hingestreckt, durch den Namen Christi wieder
lebendig gemacht habe, ist eine im Mittelalter weit verbreitete
Legende, die namentlich die Kaiserchronik mit Liebe ausführt, [2]
über deren weiteren Grund und Sinn aber wenig bekannt ist.

Mit ihrer Erläuterung die nachfolgende Darstellung einzu-
leiten, dürfte sich nicht übel schicken.

Die Legenden sind eine Art christlicher Hieroglyphen. Sie
enthalten tiefe Anschauungen und Auslegungen des Reiches
Gottes, Ausprägungen von Kämpfen und Bewegungen innerhalb
der Kirche, Lehren über ceremonielle und episcopale Heiligkeit
und Auctorität, die oft von denen, welche sie fortpflanzten,
gar nicht mehr verstanden wurden. Im Missverständniss wurden
sie verstümmelt, versetzt mit andern Elementen und in andere
Zeiten und Begriffe übertragen.

Es bleiben nur gewisse Grundmomente zurück, aus denen
der ursprüngliche Gedanke zu restituiren ist.

---

1) Ed. Lachmann 795. 33.
2) Der Keiser und der Kunige Buoch v. 10045 u. s. w. ed. Massmann
2. p. 57 u. s. w. Vgl. die Erläuterungen des Herausgebers t. 3. p. 859. die
jedoch über die Quelle des Gedankens der Sage nichts enthalten.

Die Taufe Constantin des Grossen war der grösste Sieg, den die sichtbare Kirche Christi erfochten hat. Der Papst Silvester, welchem die Legende diese That überträgt, stellt die Römische Kirche vor, welche den Römischen Kaiser überwunden hat. Er unterwirft den Drachen, die alte Schlange (vgl. unten p. 107) und fesselt ihn auf immer. Er ist es auch, der wieder lebendig macht, was durch die Macht des heidnischen Zaubers, das ist des Teufels, in Bann und Todesschlaf gefangen ist.

Ein Zauberer Zambri schlägt durch Zauberei einen Stier, dass er in Todtenschlaf verfällt.[3] Dem Dichter fällt es nicht auf, dass der genannte Zambri, der hier als Führer der jüdischen Gelehrten gegen die christlichen Bischöfe auftritt, niemand anders sei, als der vom Apostel Paulus im Briefe an den Timotheus (II, 3, 8) genannte Jambres, welcher mit Jannes dem Moses in Aegypten, als ägyptischer Zauberer widerstand. Denn unter den Formen Mambres und Zambres erscheint er auch sonst.[4] Sie stellen in den jüdischen Traditionen, an welche der Apostel erinnert, die Opposition der ägyptischen Zauberweisheit gegen die Wunder des Offenbarungsgottes vor. Sie waren auch die Gegner Josephs in Aegypten und mit Anlehnung an Genesis 49. 23 heisst es in der alten Version: „Es ärgerten ihn und schalten mit ihm alle Magier Aegyptens, beschuldigten ihn vor König Pharao, vielleicht dass sie ihn von

---

3) Er raunte ihm Zauberei ins Ohr.

    v. 10065: „Er rûnete im in daz ore
            biz daz er vollen sprach ein wort
            der varre viel nidir tôt.“

Die Acta Silvestri des Metaphrastes (bei Surius 6. 1186) haben: „cum in aurem ejus valde insusurasset.“ Dieses Einraunen und Einflüstern, wodurch auch ·die Schlangen beschworen wurden, ist das hebräische Lachasch. Das Besprechen einer Wunde wird ebenso genannt. Auf die verschiedene Auffassung der Silvesterlegende in den mehrfachen Ueberlieferungen kann hier nicht eingegangen sein. Sonst würde es auch möglich sein über diese Einflüsterungsformel ein weiteres zu bemerken. Der Stoff ist weitschichtig und weitverbreitet. Vgl. Grimm Mythol. 1174. 75.

4) Vgl. Fabricius Cod. Apocryph. n. Testam. 1. 250. zum Evangel. Nicodemi cap. 5 und weitere Nachweisung bei Thilo Cod. Apocr. 1. 533. u. s. w.

seiner Ehre stürzten und sprachen zu ihm mit der dritten Zunge,[5]) welche ist schlimm wie ein Pfeil." Joseph, der Sohn Jakob's, ist der Mittelpunkt einer reichen Mystik, welche die rabbinische Auslegung an ihn geknüpft hat. Er wird verglichen zu einem Stier oder Farren und auf ihn wird die rothe Kuh gedeutet, welche nach Numeri 19. 9 ein Entsündigungsopfer der Gemeinde ist.[6]) Von seinem Nachkommen, heisst es, wird Amalek, der Widersacher des Volkes Gottes, geschlagen werden, was sie zwar auf Josua deuten wollen, was aber tiefer geht, wie aus der Lehre vom Sohne Joseph's erhellt. Es ist dies eine sehr merkwürdige Stelle und Lehre des Talmuds, welche von einem ersten Messias, dem Sohne Josephs, redet. Mit Beziehung auf des Propheten Wort (Zacharia 12. 10) „und sie schauen zu mir auf, um den sie durchbohrt haben und klagen um ihn, wie man klagt um den Einzigen" u. s. w., erklärte von den Rabbinern Einer: es werde die Klage geschehen „um den Messias, Sohn Joseph, welcher getödtet worden ist." Und weiterhin heisst es, dass wenn einst der Messias Sohn Davids gekommen sein werde, werde Gott zu ihm sagen mit Beziehung auf Psalm 2. 9: „mein Sohn bist du, ich habe dich heute gezeugt; fordere von mir und ich werde dir Völker zum Erbtheil und zum Besitz die Enden der Erde geben." Darauf hatte der Messias geantwortet, als er den Tod des Messias Sohn Josef gesehen: „ich fordere nichts als das Leben dieses."[7]) Der Messias Sohn Josephs verhält sich nach dieser Lehre der Juden

---

5) Das ist die Zunge der Bosheit, welche Verläumdungen und teuflische Verdrehungen in die Ohren der Andern flüstert. Die „dritte Zunge" wird oft in dem Targum und Talmud erwähnt. Die Erklärung des Namens würde hier zu weit abführen.

6) Zu dieser Vergleichung hat Deuteronomium 33. 16. 17. Anlass gegeben. Es heisst dort in wörtlicher Uebertragung: „Und die Gnade des im Dornbusch Thronenden komme auf das Haupt Joseph's und auf den Scheitel des unter seinen Brüdern Gekrönten." „Sein erstgeborner Stier" wird Joseph genannt. Vgl. Bereschith Rabba §. 75. p. 66 d. und §. 95. p. 83 b.

7) Succa 52 a. Dies sind die Hauptstellen; aber auch im Targum und in späteren namentlich kabbalistischen Auslegungen ist viel von diesem Messias die Rede. cf. Zeitschrift der deutsch. Morgenl. Gesellschaft 9. 794.

zum Messias aus dem Hause Davids wie Ephraim zu Juda, wie
die zehn verlornen Stämme zu den zwei bewahrten, oder wie
die übrige Welt zu der des Volkes Gottes. Im Messias Sohn
Josephs haben alte Meinungen unter den Rabbinen einen Er-
löser der Heiden gesehen. Aber er würde getödtet werden und
im starren Banne liegen. Sein Erlösungswerk werde nicht zur
Gestaltung kommen bis e r kommt, der Messias Sohn Juda's und
auch ihn zum Leben erweckt. Den Sprössling des Stieres[8])
nennen sie diesen Messias, wie sie dem zweiten den Esel als
Attribut geben, denn auf einem Esel wird reiten der Sieger im
Herrn.

In der Belebung des Stieres durch den h. Silvester ist derselbe
Gedanke aber in christlicher Gestalt ausgedrückt. Da ist nur e in
Christus, ein Gesalbter aus dem Hause Juda's gestorben für die
Sünden der Juden wie der Hellenen. Aber er starb, seine Wunder
geschahen im Ost und West und die Völker, gebannt von der
Zauberei ihrer heidnischen Priester und Lehrer, erkannten ihn
nicht. Gestorben war er ihnen und durch sie, aber nicht lebendig worden, nicht auferstanden. „Ist aber Christus nicht
auferstanden," lehrt der Apostel, „dann ist auch euer Glaube
eitel und ihr noch in euren Sünden." Constantins Taufe stellt
das Christenthum der Römischen Welt vor. Christus, der todt
war, ist in den Herzen derselben auferstanden.

Es ist der h. Silvester, der durch die Hülfe Christi Christum
in den Seelen der todten Heiden erwecket hat. Sie, welche in
ihrem Unglauben wild und unbändig waren, entliess er nach
ihrer Erweckung gezähmt, mild und ohne Grimm.[9]) So stellt

---

8) Die Stelle, welche dies lehrt, enthält Raymund Martin in Pugio fidei
adv. Mauros et Judaeos in der Ausgabe von Paris 1651 p. 330 mit dem Ci-
tat, dass sie Bereschith Rabba zu Genesis 49. 14. stünde, allein in den mir
vorliegenden Ausgaben ist sie nicht zu lesen.

9) Auf diesen Gedanken legt die Erzählung von Metaphrastes mehr
Werth als die der Kaiserchronik. Nur in der christlichen Erweckungsformel
des Stieres sagt auch hier Silvester 10329:
„noch uf dirre erde
mennisken nimmir ze scaden muges werden."

denn der Stier in der Sage den in den Herzen der Heidenwelt
todten Christus vor, welchen der Heilige im Namen des Herrn
erwecket und die Gläubigen aus wilden Barbaren zu gottesfürch-
tigen und versöhnlichen Kindern Gottes umgeschaffen hat.

Der Unglaube tödtet, der Glaube macht lebendig, ist der
tiefe Inhalt wie dieser Legende, so aller Wissenschaft und Weltgeschichte. Dem Unglauben fällt alles in ein wirres Chaos von
Instinct und Materie zusammen; der Glaube sieht den lichten
Geist sondernd und ausgesondert sich erheben aus dem Schutt
und der Sünde zum Troste der Erlösung. Der Unglaube säuselt in das Ohr der Völker und todt ist alle Begeisterung, alle
ideale Hoffnung, aller sehnsuchtsvolle Blick in ein unsterbliches
Leben — denn es sind ihm nur Reizungen der Gehirnnerven,
Wallungen des Blutstoffes; — der Glaube breitet seine Hände
über sie aus und Gedanke und Liebe kehrt in sie ein; sie sehen den Gott auferstehen und in seinen Händen tragen das
Heil der erlösten Welt, ohne welches ein Leben weder traurig
noch freudig wäre, sondern nur gleichgültig Treiben und Spielen, bis es zusammenbricht. Es versteht der Unglaube den
wunderbaren Satz des Herrn nicht: „So werden die Letzten
die Ersten und die Ersten die Letzten sein." Denn es
ist kein Satz der Zeit, sondern des Glaubens, es ist kein Vor und
Nach im Raume, sondern im Geiste bezeichnet. Es handelt
nicht von den Juden und Heiden, von Römern und Griechen,
sondern von den Unreinen und denen, die reinen Herzens sind,
also Gott schauen.

Dies ist der Satz, an welchem sich alle Philosophie der
Geschichte, des Lebens und der Kirche misst, auf dem, wie die
Erde auf dem unfassbaren Aether, der sogenannte Fortschritt
und Rückschritt des menschlichen Geistes schwimmt. Er ist es,

---

Bei Metaphrastes spricht Silvester in seinem Gebete davon nicht, aber in
seinem Erweckungssruf: „Surge et sta supra pedes tuos, tua abjecta feritate"
und dann als er lebendig war: „Abi, unde venisti, ostendens deinceps omnem
mansuetudinem, neminem laedens neque contra ullum insurgens, haec tibi
jubet Jesus Christus, omnium Deus. Ille autem statim sensim abiit et quieto
pede, qui prius erat immitis et immansuetus."

der das Allgemeine und Ewige der Bewegungen und Strebungen der Zeitlichkeit gegenüber darstellt. Er ist der dauernde Trost, denn das Leben, welches der verbirgt, aus dem er geflossen ist, ruht nicht jenseits des Oceanes oder über den Bergen oder vor grauer Zeit — sondern zu aller Zeit übt es seine Gewalt aus; wo es erschienen ist, sprang die todte Barbarei gezügelt und sittig auf; wo es mit seinem Auge sieht, erblickt es Leben. Denn der Glaube sieht das Licht, wie der Unglaube die Nacht und den Tod.

„Die Letzten werden die Ersten und die Ersten werden die Letzten sein" ist ein Satz der süssesten Liebe, in der alles Vor und Nach vergeht, alle Geschlechter gleichalterige Kinder ihres Vaters sind. Er ist der Schlüssel zu den grossen Katastrophen der Geschichte und zu den kleinen Geschicken des privaten Lebens. Wo aller andere Trost, anderes Licht, andere Hülfe fehlt, versenken wir uns in seine geheimnissvolle Klarheit, in seine göttliche Gerechtigkeit und das Herz, kaum starr und trüb, wird neu lebendig, flüssig und entzückt. Die Zeit beugt uns nicht mehr; wir klagen nicht mehr, dass wir auf dem Nacken tragen eine nachgeborne, augendunkle Welt; vielmehr wird es in uns licht und stolz lebendig, — dass wir von dem Vater aller Zeit den Trost haben über alle Zeit und Geschichte hinaus in die Ewigkeit. Nicht dass wir hier oder da geboren sind, sondern dass wir in der Wahrheit und Liebe wiedergeboren sind, das ist die wunderbare Lehre und Tröstung jenes Satzes.

Schon in seinem Schatten trösteten sich die Völker. Göttliche Wahrheiten gelten auch da in ihrer Pracht, wo sie nicht verkündet sind. Wie die Sonne dem Monde sein golden Licht leiht, damit er die Nacht erhellt und den Wanderer tröstet.

Mit tiefem Rechte ist in der Schrift der Satz „es werden die Ersten die Letzten sein" mit jenem andern verbunden: „Viele sind berufen, aber wenige sind auserwählt" [10]) Denn es ist derselbe Gedanke und derselbe Trost.

---

10) Matthäus 20, 16. Bekanntlich haben verschiedene Ausleger den Satz an dieser Stelle für „unpassend" erklärt und Tischendorf in seiner Aus-

Denn ein Trost ist der Satz und nichts anderes. Es kommt die Wahrheit zum Ziel, ob sie zeitlich früh oder spät geboren ist. Der Rechte erreicht sein Recht, wielange es ihm scheinbar entzogen ist. Das reine Herz schauet Gott und wenn tausend in ihrem Dünkel der Werke es ihm abstreiten und leugnen. Ja wohl ein Trost ist der Satz und nichts anderes. Denn viele sind gerufen, viele haben und machen Anspruch, stürmen nach dem Ziel, reissen an dem aufgesteckten Kranze, dringen mit Gewalt vorwärts und nur „die Sanften, die Linden und Stillen werden das Land besitzen." Es werden alle auserwählt sein, wenn alle, die gerufen sind, auch berufen sein werden.

Wenig und viel, Raum und Zeit verschwinden vor der Ewigkeit des Glaubens. Es können Alle und werden einst Alle diese Wenigen sein.

Aber ein Trost ist für dieses Leben, dass nicht das blosse Gerufensein zum Ziele führt, sondern dass man auch dazu auserwählt sein muss in seinem Herzen und Glauben. Die Letzten, welche die Ersten sein werden, das sind die Auserwählten, die demüthig im Geiste und Glauben sind und das Reich besitzen werden.

Der Satz gleicht den Makarismen der Bergpredigt, denn er sagt nichts Anderes. Es ist ein Trost und Schutz für die in diesen Segnungen genannten Kinder Gottes. Sie werden nicht überwunden werden von der Fülle der Gerufenen und ihrer zeitigen Macht, sondern sie werden durch ihr Auserwähltsein im Frieden und in der Unschuld gelangen zum Berge des Heils.

Wer viel besitzt, wird am meisten in Versuchung gesetzt. Nirgends ist darum so viel Ideenkampf über das Leben und das Heil Christi als in Deutschland. Die neuen Magier haben neue Künste. Und auf vielen Stellen fällt das Volksleben todesähnlich zusammen. Es ist da weder Geist, noch Hoffnung, noch Liebe. Aber eben so oft fehlt der stille Zauber des gläubigen Gebetes, des lehren-

---

gabe ihn gestrichen. Meyer (zur Stelle p. 334 Not.) hat dies mit Recht „willkürlich" genannt. Ueber die Bedeutung von κλητός, und über den Unterschied von „berufen und gerufen" sei hier keine Disputation begonnen.

den Beispiels, der gedankenvollen Geduld, der demüthigen Wissenschaft vom Leben und Sein menschlicher Herzen. Es ist da wohl viel Partei, aber nicht immer Geist oder Hoffnung und Liebe.

Wir können viel lernen von der Legende über die fromme Weise, mit der Silvester den Stier znm Leben ruft, indem er ihn bändigt.

Das deutsche Volk geht unter, wenn es nicht ideal und christlich bleibt. Es versinkt in einen Tod, der grimmer ist als jeder andere, wenn der Zauber der Materie und Industrie über sein Wesen Herr wird. Es muss wiederaufstehen; die Kraft des Heilthums wie sie seine Glieder vor Jahrhunderten durchflossen kehrt wieder. Von Deutschen aller Zungen wird man wieder sagen können — schon zeigt sich die Wolke eine Handbreit am Himmel — letzte werden unter den Ersten sein.

Auch den germanischen Völkern ist der h. Silvester endlich erschienen, der sie aus dem Schlummer erweckt und ihre ungebändigte Gewalt gezähmt hat.

Unter den deutschen Völkern ist die Legende erst zu ihrer tiefen Wahrheit gekommen. Die Sprösslinge, die am Jordan aufgegangen, sind erst gross geworden in dem Europa germanischer Völker. Sie glichen in ihrem Widerstande dem tollen Stier und rannten mit ihren Hörnern manches theure Leben nieder. Aber als der Zauber des wahren Gottes über ihnen mächtig geworden war, gingen sie davon mit einer kraftvollen Zahmheit und einer beflügelten Gebändigtheit. Die Natur des deutschen Ideals, die Poesie des deutschen Gemüths ist der rechte Pokal, darin Christi Rose gedeiht. In der Geschichte der deutschen Kirche und des deutschen Lebens lernen wir oft wundervoll verstehen, wie auch zeitlich sich bewahrheitet: „Es werden Letzte mit unter den Ersten sein."

Freilich hat es nicht an Schwärzkünstlern gefehlt, welche den lebendig Gewordenen eingeschläfert, den Zahmen wieder wild gemacht haben. Der Furor teutonicus ist noch ein altes Symptom der Stierwuth. Aber die Wunder des alten Meisters sind ebenfalls neu geworden. Aus Thränen und Flammen ging ein neues Leben im Glauben und Wissen auf. Dass unter den vielen Gerufenen nur Wenig auserwählt sind, den Satz werden wir nicht lostrennen mögen von jenem Ersten, aber eben weder historisch noch sittlich zur Verdammniss, sondern zum Trost. Damit wir weiter ringen und in der stillen Einsamkeit den Muth nicht verlieren zum Weiterdulden. Die Wahrheit dieses Satzes haben Gedanken und Dichtungen des deutschen Volkes schon vor dem christlichen Leben geahnt. Freilich in frischer, lebenslustiger, aber doch tief sinniger Art. Die Edda giebt ihn, wie wir erläutern werden, nirgends schöner wieder, als in der dunkeln Dichtung, welche „das Lied des Vielwissers" heisst. Zu seiner Erklärung schreitet die folgende Betrachtung. Fiölvinnsmal ist unter den Theilen der älteren Edda vielleicht das dunkelste, selbst dunkeler als Voluspa geblieben. Denn hier war wenigstens die totale Tendenz der Dichtung klar. Bei Fiölvinnsmal war Idee und einzelne Deutung gleich unerkannt.

Die Herausgeber der Kopenhagener Edda[11]), unter ihnen namentlich Finn Magnussen haben an verwickelte astronomische Deutungen des Liedes gedacht, allein, wie sie sich keines Beifalls Kundiger erfreuten, waren sie auch nicht im Stande die Absicht des Einzelnen und die Sicherheit der versuchten Uebersetzung zu verbürgen. So lehrreich gewesen ist, was Grimm, der unübertroffene Meister deutsch-mythologischer Kunde, an verschiedenen Stellen seiner Schriften zur Deutung des Einzelnen beigebracht hat, so ist doch das ganze Gedicht seiner Untersuchung fern geblieben. Köppen[12]) hatte Recht noch 1837 zu sagen, es sei dies Lied eins der dunkelsten und unverständlichsten. Dies ist bis zur Uebersetzung Simrocks nicht anders geworden. Der sinnige und thätige Mann verwirft mit Recht die astronomische Deutung des kopenhagener Forschers, bringt selbst manches interessante zu seiner Deutung herbei, aber er bekennt selbst am Schlusse seiner Anmerkung, dass „der Preis des Scharfsinns

---

11) Edda Saemundar hinns fróda. Edda rhytmica seu antiquior vulgo Saemundina dicta. Hafniae 1787 u. s. w.

12) Literarische Einleitung in die Nordische Mythologie. Berlin 1837 pag. 66.

noch zu verdienen sei[13])." Ich glaube nicht, dass man sagen könnte, er sei demselben in seinem Handbuch der deutschen Mythologie nahe gekommen. „Dass sein Inhalt wesentlich derselbe sein sollte, wie in Skìrnisför" wer möchte bei näherer Betrachtung ihm dies zugestehen.[14]) Ebenso wenig ist dies einzelnen anderen Versuchen unseres Bedünkens gelungen. Denn auch Meier meint e in Thema in Skirnisför und Fiölvinnsmal zu erkennen, weil namentlich die Burgen der Menglada und Gerda ähnlich geschildert sind.[15]) Ebenso mag zur entfernten Analogie einiges vorgebracht sein, aber erläutert ist die schöne Stelle des Liedes nicht durch das, was Panzer in seinem Buche mittheilt.[16])

Zu sagen, dass die folgende Betrachtung für die Erkenntniss des Sinnes von Fiölvinnsmal jenen „Preis" davongetragen habe, fehlt mir der Muth. Einen Beitrag dazu, der den Inhalt desselben entschiedener und tiefer ins Auge fasst, möchte ich gegeben haben. In so weit hoffe ich einige Nachsicht erbitten zu können. Ueber vieles würde erst bei weiteren Erörterungen über die ganze Edda zu reden sein. Nicht Weniges andere habe ich liegen gelassen, obschon es zu der Weise meiner Betrachtung, die ich eingeschlagen, gehört hätte. Die Hülfsmittel für germanistische Arbeiten sind in Erfurt beschränkt; ohne die reichhaltige und täglich vermehrte Bibliothek des hiesigen Oberregierungsraths, Herrn v. Tettau, die mir durch die liebenswürdige Freundlichkeit ihres Besitzers ganz zu Gebote steht, würde ich die Arbeit haben ganz unterlassen müssen. Auch Freunden in Weimar und Gotha bin ich Dank schuldig.

Für die neu versuchte Uebersetzung des Liedes standen mir in Beziehung auf den Text die Kopenhagener Ausgabe und die Recension von Rask in der Ausgabe von Afzelius zur

---

13) Die Edda übersetzt und mit Erläuterungen begleitet von Karl Simrock. Stuttg. 1851 p. 378—380.

14) Handbuch der deutschen Mythologie p. 1171.

15) Deutsche Volksmärchen aus Schwaben. Stuttg. 1852 p. 312.

16) Beiträge zur deutschen Mythologie 2. 434.

Disposition. Den Text des Letzteren habe ich meist zu Grunde gelegt.[17]) Bei der Uebersetzung konnte ich neben Simrock's auch Gräters Version in den Nordischen Blumen (Leipzig 1789) vergleichen.

An einigen kleinen Irrthümern wird die Freundlichkeit des Lesers das Besserungsgeschäft übernehmen müssen. So gleich S. 6 $\mu\iota$ für μ, S. 6 Zeile 4. 5 von oben es für er, S. 15 Zeile 6 von unten Art für Gestalt, S. 36 Zeile 17 von unten sie für er, S. 62 ist in den Notenziffern für 190, 191, 192, 193 zu lesen 189, 190, 191, 192; auf S. 62 Zeile 6 von oben zu dem Worte Asasel eine Ziffer 193 hinzuzusetzen; ebenso von note 214—237 zu lesen 213—236 und p. 73 ist bei Baldur die Ziffer 237 vergessen.

Es waren schöne Stunden, an die mich die Ausarbeitung dieses Buches fesselte, und die mir seine Vollendung in die Erinnerung ruft. Ueber allen schwebte die Gnade jenes Gottes, der alle Welt und aller Herz aus Noth und Zweifel erweckt zum Leben und zur Liebe der Hoffnung. (2. Tim. 2. 11.)

Erfurt 16. October 1856.

Paulus Cassel.

---

17) Edda Saemundar hinns fróda ex recensione Rask curavit Afzelius Holmiae 1818.

FIÖLVINNSMÁL.

EINLÈITUNG UND ERLÄUTERUNG.

„Licht und Liebe."

Alle grüne Pracht der schönen Erde gedeihet nur durch den Segen, der von oben niederthaut. Aus den unsichtbaren und unfassbaren Elementen tropft es nieder, dass die Welt, auf der es grünt und blüht, auf der wir bauen und weben, besteht und ihren Gesetzen folgt. Auch das menschliche Herz gleicht der Natur. Auch wir bestehen nur durch den Odem einer unergriffenen Atmosphäre. Dass wir nicht ersticken und ausdörren strömt es in uns ein aus unsinnlichen und unsichtbaren Welten. Das arme Herz seufzt wie die dürre Au nach einem Thau, der aus geheimnissvollem Leben niederrollt. Wir alle, gross und klein — vom Spiel der Kinder bis zur greisen Wissenschaft leben in der sichtbaren Welt von der unsichtbaren, das Sinnliche dauert in uns nur, um des Unsinnlichen willen, das Wirkliche und Ergriffene wird nur lebend und reizend durch den Geist, welcher den Geist, das heilig erhabene Walten der Unsinnlichkeit mit lichtem Auge sieht.

Es hat keiner naturwissenschaftlichen Systeme bedurft, um zu erkennen, dass Erde und was in lichter Höhe darüber liegt, organisch zu einander gehören — so haben die Völker nicht auf die metrische und ästhetische Weisheit gewartet, um zu wissen, dass ein menschliches Leben ohne Poesie unerträglich und unmöglich sei. Wie es niemals, seitdem die irdische Welt ihrem „Werde" vollendet entrollte, eine Erde ohne Himmel gab, so ist das Leben aller Menschen und Völker umsäumt gewesen von den luftigen Wellen, auf welchen die poetische Sehnsucht auf goldnem Kahne fuhr. Denn Poesie ist eben Gegensatz zum greiflichen Stoffe der Sinnlichkeit. Der Mensch, der durch die Scholle in die Unsichtbarkeit schaut, ist der Dichter. Aus diesem Schauen quoll ihm eine neue Welt, vor der die irdische Natur wie ein Tropfen am Eimer erschien. Die Sehnsucht, welche durch die Natur wie durch ein wiederleuchtend Glas schaut, sieht in die Ewigkeit, in die Unendlichkeit, in das Ideal, in das Wunder hinaus.

Die sinnliche Welt breitet sich vor uns aus in einer hinreissenden Mannichfaltigkeit; auf den blauen Bergen wie im Leben der Menschen sind Reize ausgegossen, die des Menschen Herz, so er sie sieht, unbeschreiblich entzücken — aber er sieht sie nur durch das poetische Auge, welches den duftigen Schleier darüber legt und das geheimnissvolle Band verbirgt, das die einzelnen Dinge zu dem graciösen Ganzen verschmilzt, in welchem wir alles sehen müssen, wenn es uns bewundernswerth dünken soll. Der Organismus der Welt würde auseinanderfallen ohne den poetischen Kitt, der ihn in Herzen und Augen verbindet. Wir sehen und hören immer als Künstler, so wir empfangen und geniessen sind wir stets dichterische Naturen — denn nicht aus den Dingen in ihrer dürren Abstraktion, sondern aus uns selbst rinnt Betrachtung und Genuss.

Wir wollen nicht mit denen rechten, die über diese Bemerkung ein verwundert Gesicht machen werden; es giebt in der That gar kleine Dichter unter dem Menschengeschlechte, das allein durch seine Poesie, durch sein Schauen aus dem Sichtbaren in das Unsichtbare über das Gethier des Feldes erhoben ist. So kleine Dichter, dass sie sich selbst nicht dichtend schaffen sehen, wenn sie leiden und leiden machen, wenn sie prunken und ihre Schätze aufhäufen um mehr zu scheinen, als sie sind.

Denn mehr zu haben, mehr zu sehen, mehr zu werden als die sinnliche Welt uns vorlegt, ist der Drang aller menschlichen Natur, der Poesie, die Flügel schafft, mit denen sie sich überall in ikarischer Hast und Liebe in das Weite und Erhabene

schwingt. Hinaus über sich. selbst will alle Welt, die Kleine
und die Grosse; das reine und verstimmte Herz; es fühlet sich
alle Creatur als nicht heimisch und verstossen in die Sinnenwelt;
mit tausend Armen greift sie in die unsichtbare Natur, um zu
ihr hinauf zu klimmen oder sie zu sich hinabzureissen. Die
Schranken dieser sinnlichen Welt hat jeder, der in ihr lebt,
erfahren — unter ihrer traurigen Gebrechlichkeit beugt jeder
das Haupt; es bedarf keiner besondern Begabung um in ihrer
Schwäche dahin zu welken; sie klopft auch an das Ohr der
Tauben, dass sie hören; der Blinde sucht mit Hast ihr zu entrinnen, ob er es vermag. Soviele die leben wollen, trotz und
in diesen Schranken, in diesen Kämpfen und mit ihren Sünden — soviele werden von der poetischen Sehnsucht wie auf
leichter Welle getragen. Denn leben wollen trotz Leid und
Tod und breiten wollen über das Elend ein leichtes Gewand
schöneren Elementes ist ein poetisches Schaffen wunderbarer
Art. Es gründet sich nicht auf Erfahrungen sinnlicher Natur.
Vielmehr baut es sich unsichtbar auf unsichtbarem Grunde.
Es ruht in sich selbst und ist mannichfaltig wie das Leben und
wie der Mensch, der es trägt.

Dass wir leben wollen — nicht wie der Schmetterling, der
ängstlich unserer Gier entfliegt, sondern — rastlos drückend auf
das flüchtige Verschwinden des Tages das Siegel eines ewigen
Ideales — in unserer Seele walten lassen die Gegensätze zu der
Gebrechlichkeit, Schattenhaftigkeit und Kürze der thierischen
Existenz, bezeugt die Welt der Menschen von Anbeginn.

Darauf beruht die Mannigfaltigkeit, in welcher die Menschen aller Zeiten hoffen und schaffen. Voll ist das Herz
und die Geschichte aller Völker von dem Ideal, dem das Dasein
und die Wirklichkeit wehmüthig nachsieht — weil ihm die Flügel es zu erreichen fehlen. Die Völker der Südsee, die Bewohner der eintönigen Steppen an den Ufern der Kama suchen
über sich hinaus nach einem andern Elemente als ihr eignes;
und nur die Verkörperung dieser Sehnsucht ist alle Kunst, alle
Wissenschaft, alle Civilisation mit der von Athen und Rom aus
bis in unsere Tage das Leben sich schmückt.

1 *

Wir suchen das Grosse, das Schöne und Erhabene — es verleihet das menschliche Verlangen dem Marmor Schwingen um ihn in die idealische Welt der makellosen Schönheit zu entrücken; das Suchen nach der Wahrheit füllt den wissenschaftlichen Greis noch mit jugendlichem Feuer; es ringet die neue Civilisation über die Enge des sinnlichen Lebens hinaus, wenn sie ihm die Pracht, die Industrie, den Reichthum, den Genuss in unübersehbarer Fülle anheftet. Es häufet der Luxus seine Schätze auf, um wenn nicht einen idealischen Himmel zu öffnen doch das Grab der sterblichen Sinnlichkeit mit einem Teppich zu bedecken. Es bauen die Menschen Häuser, als ob sie ewig in ihnen wohnten — wenn die menschliche Natur ganz tief steht und angrenzt an die thierische in ihrer sinnlichen Gier völlig versunkene Welt, noch dann bekundet sich der letzte Wiederschein einer idealischen Sehnsucht, die über sich in die Unsichtbarkeit hinaus will, in dem dämonischen Zerrbild eines Rausches, in welchem man sich der Selbstvergessenheit hingiebt. Es ist eine poetische Hoffnung, welche mit den Farben der Erinnerung drängt und sinnt und nach dem ewig Sittlichen und Schönen verlangt. Der Rausch, in dem sich die menschliche Natur selbst betäubt und abtödtet, ist nur die trübe Gegensätzlichkeit; gleichsam die dämonenhafte Nacht, in welche sich die verzweifelte Natur stürzt, statt in den lichten Tag der Idealität hineinzuhoffen und zu schauen. —

Worin bekundet sich in der That der wunderbare Zauber, womit uns die frische Natur umfängt, wenn wir aus der Gesellschaft des Werkeltags uns in ihre grünen Reize versenken.

Was uns umwehet in der köstlichen Stille des abendlichen Waldes — was uns fortreisst auf der majestätischen Umschau des fröhlich erstiegenen Berges — was uns in des Herz greift in dem Odem, der aus dem duftigen Thal steigt — was unser Auge erfrischt in dem grünen Meere, das auf den prächtigen Matten, wenn ein Westwind säuselt, lieblich sich bewegt — wenn das Bächlein murmelt, wenn der Giessbach rauscht, wenn die Heerden idyllisch läuten, wenn die Glocke des Dörfleins heilig in die Stille aus versteckter Ferne tönt — all das Entzücken, das süsse Träumen, das wonnige Lauschen, das sich

Erheben und Erhoben werden stammt aus dem süssen Gefühle der innern poetischen Natur, die sich mit dem Ideal an Schönheit und Reinheit, das vor ihm liegt, vermählt.

Die Natur ist der köstliche Abdruck des Unendlichen und Heiligen; an jedem Morgen geht sie mit der jugendlichen Frische auf, als wäre sie kaum vom Meister geboren; es sind ihre Gedanken, ihre Bilder, ihre Lichter, welche den Idealen unserer Seele verwandt sind. Dort ist die Freiheit, der Friede, dort die Symbole der Schönheit und Reinheit — dort die Fusstapfen der Unendlichkeit, auf welchen die Liebe gewandelt ist, die wir im Schaffen und im Dulden suchen. Es ist nicht die reine Luft, die viele Bewegung, der gute Appetit, welcher wie die Aerzte sagen die Reisenden stärkt — mehr ist es das unfassbare und unsinnliche Vergnügen, welches aus den Wundern der Fülle und des Reizes in das nach dem Unscheinbaren und Ewigen sehnsüchtige Herz des Menschen, der immer ein Dichter ist, bricht und ihn, wie die Ganzheit es ist, welche fortreisst, auch in seiner Ganzheit in Leib und Seele entzückt und stärkt.

Diese Natur, diese Reize, diese Blicke, Gedanken und Stimmen sucht der Mensch in Kunst und Wissenschaft; ihre Poesie ist es, die des Meisters architektonische Sehnsucht ausdrückt, der seine Thürme schlank wie die Edeltannen am Bergessaum bis in die Wolken trägt. —

Die deutsche Kirchenbaukunst ist ein heilig Abbild des deutschen Waldes; auf die poetische Mystik, welche in dem Haine voll Schatten und voll Stille ruht und in die Höhe einer träumenden Unbestimmtheit lockt, setzte sie das schimmernde Kreuz der Gewissheit. —

Es ist eine zweite Natur, welche der Künstler getränkt an den Quellen der ersten aufbaut und schafft.

Eine zweite Natur ist das grosse griechische Museum, welches hellenische Bildung heisst. Denn ihre Götter sind Kunstschöpfungen, ob sie nun im Bilde oder Marmor vorhanden waren oder nicht. Der griechische Geist reproducirte sein Entzücken und sein Empfängniss aus der Natur seines Ursprungs in den Schöpfungen seines olympischen Himmels. Die Schönheit, die er empfand, schuf er zum zweitenmale; er goss seine Empfängnisse in seine Sprache und seinen Marmor; wer kann an seinen Hallen, in denen Homer redet und Phidias schweigt, vorübergehen ohne angeweht zu werden von dem tiefen Drange des Prometheus Menschen idealisch wie Götter lebendig zu sehen — es säuselt durch die Schöpfungen von Hellas ein beflügelter Genuss, der erhebt, fortreisst und bildet; die Begeisterung ruht in den Gesetzen der schönen Harmonie; freilich sind es nicht die Verba auf μ, nicht metrische Lucubrationen, nicht Collectaneen aus Fragmenten und Museen aus zerbrochenen Töpfen und Leuchtern, welche die neue Bildung verbürgen und stützen — wie einige hämisch spotten, weil es viele nicht viel edler fassen — aber der griechische Genius weckt den gezügelten Enthusiasmus, er entzündet eine gesittete Gluth und ist in seiner Sprache mächtig genug gewesen, um der heiligen $\mu\alpha\nu i\alpha$ $\tau\tilde{\omega}\nu$ $\gamma\varrho\alpha\mu\mu\acute{\alpha}\tau\omega\nu$ [1]) mit der Paulus durch die Welt fuhr, ein gewaltig Instrument der Belehrung wie der Verzückung zu werden.

Eine zweite Natur errichtet der wissenschaftliche Gedanke versenkt in die Wunder von Zeit und Raum aus seinen Intuitionen und Combinationen.

Die Weltgeschichte ist wie ein Riesenpanorama, welches vor uns sich in unendlichen Umrissen ausbreitend zulezt in den blauen Wolken des Himmels verschwimmt.

Es sind die Ideale der Wahrheit nach welchen der wissenschaftliche Geist ringend sucht; er bricht durch den Nebelschleier dunkler Vergangenheit; er belauscht die verborgenen Quellen, welche niederrieseln und den Strom der Gewalten erklären, die plötzlich mit Sturmesflügeln mächtig wurden; er erhebt sich zu der reinen Höhe des Gebirgskammes, auf welchen die Stimmen ewiger Gerechtigkeit klangreicher vernommen werden. Jede Arbeit in den Gedanken der rückwärts liegenden Zeit ist ein Sehnen nach oben, ein ●hnen aus der Knechtschaft der kleinen Welt der Sünde und den Quälereien einer dornigen Gegenwart. Die Kunst ist die Freiheit der Schönheit — aber die Wissenschaft ist die Freiheit der Wahrheit. Freilich nicht in Abschreiben und Compilationen thut sich der Adlerflug der schaffenden Kunst nach oben kund und nicht die Industrie der

Masse entscheidet — es ist auch nicht der Dünkel, in welchem der Wissenschaft die Mandarinenzeichen eitler Ehren an Ohr und Hals gehängt werden, an denen die Wohlthat des poetischen Dranges sich offenbart.

Den Genuss der Natur, wenn sie in sommerlicher Frische uns entgegenathmet, vermehrt nicht der kostbare Stoff, der um unsere Leiber flattert — die Sehnsucht und das Entzücken, welches ein wissenschaftliches Schauen und Finden verleiht, empfängt keine Steigerung durch die eitele Pracht, welche an der Brust des Erfolges glänzt. Wenn der Geist geniessen will — ruhet er aus in den Idealen einer freien Sittlichkeit, welche furchtlos und fröhlich harrt, bis auch die letzten Pforten sich öffnen, in denen er einschreitend vergeht.

Und das Volk — welchem keine Kunst gelingt, welches zur Wissenschaft keine Flügel trägt — das Volk in der Ferne und in der Tiefe — ist nicht ohne seine andere Natur, in welchem es noch einmal und schöner als auf dieser Erde lebt. Mit den Völkern, welche alle andern Genüsse haben, und mit denen, die arm sind an den Tempeln und Museen eines reichen Geistes, geht die Sage und das Mährchen; sie enthalten ihre Ideale, ihre Principien, ihre Träume, ihre Sehnsucht. Die Sage der Völker ist das in die Weite und Grösse gespannte Leben der Gegenwart. Es ist ihr Wunschleben, das sich in der Höhe der religiösen und nationalen Sage der Völker alter Zeiten abbildet. Ermüdet von den Dornen, an welchen die Menschen aller Zonen und in den einfachsten Umrissen der Gesellschaft das Herz blutig rissen, flüchteten sie wie die Kinder in die bunte Welt der wunderbaren Sage, welche die Enge erweiterte, die Verhältnisse aufblies und auf ein Leben voll Hindernisse und Pein den Reiz einer freien und weiten, luftigen und zauberisch anderen Hemisphäre legte.

Wie sehr die Menschen des Blickes und der Hoffnung auf ein unsichtbares Ideal bedürfen, um zu leben — bekundet sich nirgends so sehr, so allgemein, so tief rührend als in der Betrachtung der Volkssagen.

Wie der Himmel den armen Wanderer, so allein und traurig er immer sei, nie verlässt, so geht die Sage mit allen

Völkern — den unglücklichen Sklaven, den hurtigen Beduinen, den trägen Chinesen, den flüchtigen Mandschu — sie geht mit ihnen wie die Wolke, welche in ihren Spielen das Haupt jedes Kindes mit einem bunten Scheine umzieht.

Sie ist der Zügel des Barbaren und der Trost des Unterdrückten. Sie geisselt den Tyrannen, der Niemand anders fürchtet, und hilft dem Preisgegebenen und Geächteten ein heiter Lächeln gewinnen.

Es lässt sich schwer zwischen Sage und Mährchen unterscheiden, wenn man für alle Zeiten und alle Völker Grenzen zu ziehen denkt. Aber die Sage umgiebt die historischen Erinnerungen der Völker mit einem breiten Saume des sittlichen Wunschlebens; sie füllt die Mängel der Geschichte aus, färbt sie mit den dichterischen Strahlen des nationalen Patriotismus; sie schliesst an die Wirklichkeit an, wenn auch diese selbst zuweilen nur wie ein Punkt, fast unsichtbar, an ihr vorhanden ist. Die Sage ist daher das Eigenthum der Nationalität, entweder der, welche gross geworden die dunkle Vergangenheit mit sagenhaften Ahnungen der Grösse licht macht — was das stolze Rom nicht entbehren konnte — oder der die gross war und den Wechsel des Geschicks nicht blos durch die Thatsachen der Vergangenheit, sondern auch durch die Farben einer hellen grossen Herrlichkeit am fernen Horizonte ausschmückte. Daher die celtische Nationalität uns die reichen Wunder von ihren Artushelden treu erhielt und überlieferte.

Das Mährchen ist anderer Natur. Es ist ganz frei von den Elementen der Geschichte. Seine bunten Flügel tragen es frei durch die Räume der Phantasie. Aber es ist die Gegenwart, welche darin wie in einem concaven Spiegel sich ansieht. Es sind ihre Hoffnungen, ihre Wünsche, ihre Leiden, ihre Geschicke, die in die unerfasste, unsichtbare Welt der Phantasie getragen, ausgedehnt, gefärbt mit den Idealen der Grösse und Erfüllung versehen werden. Daher ist das Mährchen das Eigenthum der Individualität. Dem Individuum wird es eine zweite Welt, in der es wie in Halbträumen wandelt und befreit von den Banden der gewöhnlichen Lebensgesetze besizt und erwirbt, richtet und belohnt. Die Sage drückt in ihre

Spalten die Sehnsucht nach einer national-idealen Sittlichkeit und Grösse aus — das Mährchen malt die individuelle Sittlichkeit in bunten Traumfarben aus. Es hat ganz die Natur des persöulichen Traumes, nur dass es bewusst, dass es geschaffen, dass es geleitet wird am Faden eines logischen Verstandes, der seine eigenen Grenzen gern überfliegt, um der Stimme des durstigeu Herzens und der schauenden Phantasie zu folgen.

Sage und Mährchen sind die dauernde poetische That des Volksgeistes. Sie tragen den Drang nach eiuer unsinnlichen Welt, wie ihn die Völker nach ihrer Mannigfaltigkeit ausdrücken, zum Trost und zur Wohlthat derselben; wie Morgen- und Abendröthe umsäumen sie in der Seele der Nation das vergangene oder erbetene Leben, den versunkenen oder in dem Wunsche des Herzens gehofften Tag. Wie sehr sie in einander übergehen, wie wenig sie sich oft trennen lassen und wie schwierig es oft ist an einer Erzählung unsern Massstab von Sage und Mährchen zu legen, bezeugen nicht blos die sprachlichen Verwendungen, deren entschiedene Trennung erst die neuhochdeutsche Zeit [2]) vornahm, sondern mehr als viele Produkte des mittelalterlichen Geistes ein Werk, das noch immer einer tiefer innern Behandlung entgegenharrt, die Gesta Romanorum.

Wir heben es darum heraus, weil es in seiner Composition einen Charakter trägt, der leicht·keinem andern Sagenbuche in dem Mass zugeschrieben werden köunte, nämlich den der universalen Christenheit. Der Name Gesta Romanorum ist nach dieser Auffassung allerdings treffend genug. Denn die Romani sind die Repräsentanten der grossen römisch-christlichen Welt, die an die Stelle des Cäsarischen Reiches getreten ist. Es ist der Sage und dem Mährchen eigenthümlich die Natur des Landes, darin sie gewachsen sind, zu tragen. Es verleugnet darum keine Sagenkunde und Mährchensammlung die Heimath in der sie entweder ward oder neue Gestalt erhielt. Wenn das Mährchen ein Produkt der Individualität ist, so eben das des Volkes unter dem es waltet; über ihm, in träumerischer Ferne, aber darum wie es selber waltet es; es sind die Punkte zu Linien, die Wünsche zu Thatsachen, die Minuten zu Jahren geworden

unter dem Zauber des Mährchens, aber dieselben Elemente und
Stoffe tragen es und darum prägt sich an ihm wie an Namen,
wie an Bildern, wie an Bauten Natur und Sein des bestimmten
Lebens ab, aus dem es entsprang. Allen Volkseigenthümlichkei-
ten stand gegenüber, sie alle umfassend und einschliessend, das
Christenthum. Das christliche Volk bestand aus den Völkern
nicht aus einer Nation. Die lingua Romanorum, die lateinische
war seine Sprache mit der es verband und die Gegensätze zu
einander zog. In ihr sind die grossen Schriften niedergelegt,
welche christliche Wissenschaft, christliches Gesetz und die
christliche Liturgie bilden. Die Gesta Romanorum sind das christliche Sagenbuch, in welchem Mährchen verschiedenen Völkern
angehörig, mit mannigfaltigen Strömungen und Beziehungen in
einen Körper gezogen wurden, der keinen andern Charakter
trägt als der Universalität, die römisch-christlich ist. Sage und
Mährchen fliesst darin, wie Orient und Occident zusammen.
Die Gesta Romanorum wurden für das christliche Volk zu dem
gemacht, was auch in unbefangener Weise Mährchen und Sage
für jedes einzelne nationale Element sind, ein Zügel der Gewaltigen, ein Trost der Unglücklichen, eine Lehre für Alle [3]).

Man sagt, dass des Mährchens eigentliche Heimath der
Orient sei [4]). Nicht mit Recht. Aber nirgends kommt es so zu
seiner eigentlichen Bedeutung und nirgends übt es so die ideale
Natur seiner Wohlthat aus. Die Gesta Romanorum wurden ein
christliches Sittenbuch, bis die Legende des christlichen Volkes
im Mittelalter sich in weiteren Zügen bemächtigte, aber der
Muhamedanismus erzeugte die Nothwendigkeit des Mährchens
um sich und seine Herrscher mehr erträglich zu machen. Gewiss sind die Mährchen, wie sie in Tausend und einer Nacht
gesammelt sind, ein treuer Bild muselmännischen Lebens und
Leidens als irgendwo anders gefunden werden kann. Wie der
Sand der Wüste dem Meere gleich Zauberbilder erzeugt, auf
welche die müde Karawane freudig zueilt bis sie in Nebel zer-
fliessen, so sind die wunderbaren Erzählungen der tausend
Nächte — das Mährchen überhaupt — für das muhamedanische
Volk Trost, Unterhaltung und Sittenlehre. Es ist ein gewohn-
tes Elend, welches der orientalische Sultanismus über das Volk

ausbreitet. Es erholt sich von demselben in dem Rausche, in welchem aus dem Opium selige Bilder eines schöneren Lebens vorbeifliessen. Denselben Dienst thut ihm das Mährchen. In ihm wehrt er die Last der Tyrannei ab, darin empfängt der Sultan seine Lehre; dort geniesst er die Freude einer ungewöhnlichen Hoffnung, die alle Schranken durchbricht. Im Mährchen bringen sie ihre Klagen an über die Gewalt und den Wahnsinn ihrer Beherrscher. Was es in so vielen Beispielen lehrt, dass die Sultane von einer tödtenden Langeweile ergriffen nur durch ein anmuthiges Mährchen aus der Wunderwelt unterhalten werden, ist tief charakteristisch. Die Ueberspanntheit des Genusses und die Abgestumpftheit alles sinnlichen Kitzels gleichen dem Elend. Es ist für sie nichts mehr übrig als der Genuss am Bilde einer Welt, in der Zauber und Geister herrschen, die Macht der regelmässigen Gesetze des Lebens aufhört. Was charakterisirt die muselmännischen Zustände mehr — als der Vorschlag des Mesrur an den bewunderten Harun Arraschid, um seine Langeweile zu befriedigen, die kein Mittel aufhob —: „Hauet doch", sprach er, „Eurem Sklaven den Kopf ab, vielleicht ergötzt Euch der Anblick seines Blutes" [5]). So geisselt das Mährchen im Mährchen mehr wie die occidentalische Presse die elenden Zustände. Denn die Fürsten sind nicht glücklicher als das Volk. Sie brauchen die Unterhaltung aus einer andern Welt und empfangen darin ihre Lehre, und das Volk tröstet damit das Elend und empfängt darin seine Sittlichkeit. Tiefer als man gewöhnlich annimmt ist die Rahmenerzählung, welche Tausend und eine Nacht einleitet; der beispiellose Wahnsinn des Sultans, jede Nacht eine andere Frau tödten zu lasssen, wird durch die Erzählung von Mährchen beschwichtigt. Kein Beispiel ist treffender, wohin sich der Uebermuth menschlicher Tyrannei verirrt, wenn er in die Abspannung der raffinirten Geistlosigkeit verfällt — ein Blick in die ideale Welt fesselt das Schwerdt, unterhält und belehrt. So trägt in unschuldig indirekter Weise das Volk seine kaum sich selbst bewussten brennenden Klagen und Leiden vor den Thron der Sultane. Wie schön antwortet ein Mädchen dem verkleideten Sultan, warum sie allein einem thörichten Gesetz ungehorsam gewesen — „dass ihm gehorsam sein, Ungehorsam gegen das göttliche Gesetz gewesen wäre." Man kann mit Recht behaupten, dass das Mährchen wie das Gleichniss die entschiedene Freundin der Unterdrückten im Despotismus ist. Darum besonders im Orient, und weniger in Griechenland und Rom, solange kein sultanischer Gewalthaber regiert. Es ist die Wunderwelt das letzte Asyl, in welches die Verfolgten, die Preisgegebenen, die Zitternden und in der Ungewissheit Bangenden flüchten. Es ist die elementare Natur der menschlichen Idealität. Was die Kinder fesselt, welche das Leben noch nicht kennen und für die noch alles möglich ist — das tröstet und beglückt auch solche Völker, für welche nichts mehr möglich ist. Das Mährchen ist eben wie die Morgenröthe — welche im kindlichen Gemüthe das Leben beginnt, und ist wie die Abendröthe, welche das Leben abschliesst, weil es nichts mehr als kindisch sein darf. Das Mährchen ist daher nur eine Poesie der Kindlichkeit, der natürlichen und der erzwungenen. Das unterscheidet die orientalischen Mährchen von denen der germanischen Völker. Die ersten sind gefärbt von der depravirten Civilisation des sinnlichen Genusses, den sie in die Höhe und Breite des Unglaublichen erhöhen, um darin Lehre und Tröstung einzuspinnen. Das germanische Mährchen ist aus der natürlichen Kindlichkeit des Gemüthes gewachsen und trägt dessen Anschauungen, einfache Hoffnungen, lieblichen Spiele in die idealen Zauber hinein, welche eben so oft melancholisch als humoristisch, zart als wild, belehrend als warnend sind. Ein echt deutsches Mährchen ist wie ein deutsches Kindergemüth. Mit der Sinnigkeit eines tiefblauen Auges schaut es in die unsinnliche Wunschwelt hinein. Nur ein deutsches christlich Kind versteht ein Mährchen wie vom Sternthaler [6]) und nur aus deutschem Herzen kann die Liebe und Lehre fliessen, welche in seinem christlichen Kelche verborgen liegt. —

Neuere Forscher haben mit Recht in der Fülle mittelalterlicher Sagen und Mährchen des deutschen Volkes Anklänge und Nachhall gefunden aus den altgermanischen Vorstellungen, die in der skandinavischen Sage in grossen Zügen erhalten sind. Sie verhalten sich freilich oft zu jenen wie ein zersprengter

Kiesel zu einem Felsenplateau. Wie in der Sage selbst die
Menschen sich zu den Riesen verhalten, welche vordem das
Land bewohnt, so nimmt sich das Mährchen zur Urvorstellung
der nordischen Völker aus. Das Gleichniss lässt sich fast ganz
durchführen. Denn spielend wie der Ackerbau des Bauern der
neugierigen Riesentochter erscheint das Mährchen im Verhältniss zur alten Sage. Aber bunter, lebendiger, umgesetzter, far-
biger und zum sittlichen Beruf des Lebens zugespitzter. Der
grosse Fels ist freilich zerschlagen, aber das Volk bedurfte seiner nicht mehr um darauf sein ganzes Haus zu gründen; er
war zersprengt worden durch eine Macht, die eine neue geistige und sittliche Basis dem Herzen des Volkes bereitete.
Zerbrochene Steine, wie sie in Fülle bei dem Sturz und Sprung
der ganzen Felsmasse in allen Gauen Germaniens herumlagen
wurden heimgetragen, aufbewahrt und vererbt; zum Spiel, zur
Ergötzung, zur Warnung und zur Lehre empfangen sie die
Kinder und die kindlichen Naturen. Zum Spiel, denn es schimmerte noch immer durch den Kiesel der goldige Schein poetischen Ideales und das deutsche Herz kann sich in seiner tief
innerlichen Christlichkeit, wie von der Freude an der Natur,
nicht losreissen von dem wunderbaren Spiele alter Gedanken,
Sagen und Trümmer, wie sie einst mit der grünen Natur der
Wälder und Berge sein einziger Besitz gewesen waren. Aber
freilich auch zur Warnung, denn die nachkommenden Menschen
sind die Feinde und Besieger der alten Riesen und es ist die
alte Herrlichkeit verzerrt in die nächtige Gestalt eines Schreck-
bildes und bösen Traumes.

Die deutschen Mährchenbücher verhalten sich zum altnordischen Sagenkreise oft wie eine zum Kinderspielzeug nachgebil-
dete alte Götterstatue, oft auch wie die Freude an der Kunst
alter Bilder zum einstigen Glauben an dieselbe. Aber überall
bekunden sie, selbst in ihrer Zersprengtheit und Vereinzelung,
die tiefen poetischen Züge, mit denen die germanische Welt zu
aller Zeit in die Welt des unsinnlichen Ideales hineinschaute.
Selbst noch in der Verzerrung, welche das Reich Odins und
Thors in den Sagen und Mährchen der deutschen Volks- und
Kinderwelt erfahren, erkennt man den mächtigen Ausdruck,

welcher das geistige Leben und Sehnen des· skandinavischen
Volksthums kennzeichnete. Wenn allerdings diese Sagen und
Mährchen allein vorhanden wären, aus denen die alte heidnische Vorstellung zu erkennen die Aufgabe vorläge, würde ein
wunderliches Bild entworfen werden müssen. Bestimmte Um-
risse wären nicht zu gewinnen; viele Gedanken fänden keine
Anknüpfung; unsere Sagen sind eine Fülle von Einzelnheiten,
die sich schwer gruppiren lassen; gemischt mit tausend Elementen verschiedener Zeiten und Geschicke; wie eine vielgebrauchte
kleine Münze abgegriffen und verstümmelt; sie sind alle wie sie
durch den treuen Mund des Volkes erhalten wurden, umgestaltet,
in neue Formen gegossen, nach neuer, sittlicher Anschauung verwandelt und gar oft nur von der Zufälligkeit getragen. Ein
grosser Haufen köstlicher Dinge, die aus dem Einsturz eines
mächtigen Hauses gerettet, eben weder zu einander systema-
tisch gehören, noch in ihrer Natürlichkeit vorhanden sind.
Nicht blos das Christenthum hat den deutschen Mährchen den
Charakter der Zersprengtheit aufgezwungen, wenn es natürlich
die Heiligkeit der alten Sagenwelt zersprengt, sondern was
eine Verbindung der deutschen Mährchen und Sagen mit der
skandinavischen Tradition erschwert, ist das Deutschthum selber. Es ist die Vielheit des deutschen Volkslebens bedingt
durch Landesbeschaffenheit und Naturcharakter, welche zu aller
Zeit auf die Gestaltung einheimischer Gedanken eingewirkt
haben muss und an der sich noch heute in Schwaben und in
Schleswig, am Rhein und in Sachsen die Ueberreste der Ueberlieferungen messen lassen müssen. Wir können hier die Be-
hauptung nicht in das Einzelne ausführen. Aber wir sind der
Ansicht, dass auch in den Tagen Germaniens, von welchen
Tacitus redet, die sogenannte Mythologie des Volkes eine bei
weitem andere Färbung getragen habe, als sie derjenigen eigenthümlich ist, welche wir aus den Edden kennen lernen. Denn
Volksleben und Natur sind auch damals andere gewesen. Direkt
anzunehmen, dass die Eddischen Götter- und Heldensagen dieselben in welcher Zeit auch immer bei Skandinaven und Ger-
manen diesseits der Nordsee gewesen seien, halten wir für
durchaus bedenklich. Wenigstens auf den Gedichten der Edda

liegt ein Charakter, wie ihn deutsche Gedichte niemals getragen haben können. Was die eddischen Lieder auszeichnet ist die homogene Treue, mit der sie ihrer Heimath entsprechen und von dem gewaltigen Wesen dieser gleich gewaltig und felsig zeugen. Wie durch einen Landschaftsspiegel sieht man in ihnen die altnordische Welt lebendig; die grandiosen Schneealpen — die schäumende See, die gewaltige Eintönigkeit, die still hinreissende Kraft von Mensch, Berg und Felsenriff. Die eddischen Sagen erheben der Natur aller Sage gemäss das Kleine ins Grosse, die Menschlichkeit in die Dauer, die Vereinzelung in das Ganze; sie erweitern die Massstäbe in die Tiefe des Wunsches, in den unbegrenzten Flug der Phantasie, aber diese Maasse sind erkennbar und so leicht zu reduciren, dass man wie durch ein Verkleinerungsglas das natürliche Leben. und Walten erkennt. Von der Walhalla herab, von den Abentheuern Thors mit Riesen und Zauberern, von dem Weisheitskampfe Odins mit Alwis und Wafthrudnir ist keine Schwierigkeit den Charakter, den Willen, die Ideale des wirklichen nordischen Lebens zu abstrahiren. Gedicht, Natur und Leben tragen den Zug kolossaler Einsylbigkeit, die wenig spricht und Grosses sinnt. Jeder einzelne Zug, wie ihn die kernigsten eddischen Lieder wiedergeben in Gott, Mann und Spruch ist so verwachsen mit der eigenthümlichen Riesennatur des Nordens, dass es ihn seiner besten Wurzel entreissen heisst, wenn man ihn wie er ist plötzlich in die Vielheit germanisch deutscher Natur versetzte. Auch im ältesten Deutschland würde Walhall, würden die Götter, würden ihre Feinde, ihre Schicksale zum Theil einen andern — sicher aber einen mannichfacheren Charakter empfangen haben. Es ist nicht möglich, dass aus der norddeutschen Natur der flachen Küsten und Heiden, aus der dunkeln Anmuth thüringischer Wälder, aus der heiteren und vielgestaltigen Gestalt südlicher Alpen dieselbe steinerne Riesenscene gewachsen wäre — wie sie Island, das mit Eis und Feuer ringende Eiland, bis vor 212 Jahren in seinen Gedichten aus urgrauer Zeit verwahrt hat. Der skandinavische Norden ist in der Edda und nur er erkenntlich — niemals aber ist unser Deutschland von derselben Natur gewesen — die Vielfachheit

seiner Bildung wird nicht nur späterhin seine Grösse und seine
Geschicke bestimmt haben, sondern die Natur des Seelenlebens
wie es in seiner idealischen Lehre und Sage sich ausgedrückt
haben wird, muss schon damals bunter, weicher, aber darum
elastischer und weitgreifender gewesen sein. Es ist eben nur
die gelehrte Combination gewesen, welche auch im alten Hellas
in den einen Zeus die Naturen der verschiedenen Hellenen-
stämme, wie sie in ihren Erfassungen desselben Gottes sich
kund thaten, zusammenband und nicht selten ein göttlich Wesen
voll Widersprüche erschuf. Wir sind nicht im Stande in derselben Weise mit Odin und Thor zu verfahren und doch ist
auch hier schon manches nach unserm Bedünken begangen worden, was weder einer tiefen Kritik, noch der vaterländischen
Gerechtigkeit entspricht. Bei der Beobachtung und Erforschung
alter Sagen ist oft niemals mehr Trennung des Einzelnen nothwendig, als wenn man das Ganze verbindet; wie oft wiederum
in der Verschiedenheit des Wesens der Gebilde sich die Theile
trefflich entsprechen. Dass die Götterwelt wie sie die Edden
vorstellen, nicht blos Schweden und Dänemark, sondern dem
gesammten Germanismus angehöre, ist ohne Zweifel — aber
das eddische Wesen entscheidet nicht für die Abbildung eines
germanischen Gedankens. Wie das deutsche Wesen selber trotz
seiner reineren nach Geist und Poesie ringenden Einheit in
einer unvergleichlichen Mannichfaltigkeit und Vielseitigkeit sich
abfärbt, so auch seine Gedanken, seine Träume, seine Wünsche,
seine Bilder einer bunten Sagenwelt. Diese Mannichfaltigkeit
wird sich nicht verleugnet haben noch bevor das Kreuz in dem
Urwald germanischen Lebens schimmerte — sie bezeuget sich
schon in der Natur der Ueberreste aus dem heidnischen Leben.
Dort im Norden wegen der eintönigen aber geschlossenen Einheit
desselben ist ein ganzes Stück, wie ein ganzer Fels übrig geblieben — hier bei uns um der Vielfachheit in Volk und in
Natur, in seinem Kampf und seinem Geschick ein buntes reiches
Material von Sagen und Mährchen — auf denen allen die Ursprüng-
lichkeit des nach dem unendlichen ringenden deutschen Gemüthes
liegt, in denen aber aus zahllosen Farben und Strahlen eine Ganzheit verflossenen Heidenthums sich kaum wiederherstellen lässt.

. Vielleicht versuchen wir zu einer andern Zeit eine Einleitung in die Lieder der älteren Edda, weil sie es noch erträgt manche liebevolle Forschung zu erfahren; für jetzt möge in der Betrachtung eines dunkeln Liedes manches sich bestätigen lassen, was in schnellen Zügen oft unbewiesen im Vorhergehenden bemerkt worden ist.

§. 2.

Die Seele alles Mährchens ist der Wunsch. Denn über die Sinnlichkeit der gegenwärtigen Welt will die Sehnsucht des Kindes und des Volkes hinaus, wenn es auf den Flügeln seiner Phantasie eine andere Welt, eine zweite Natur erbaut. Wenn das Herz eingeengt in den Fesseln gegenwärtiger Zustände leidet, so fährt es in kindlicher Zuversicht auf dem Wunsche hinaus in die freie Ferne, wo andere Gesetze und bessere Gestirne herrschen. Die kindliche Natur findet in der Befriedigung ihrer Wünsche das höchste Glück. Alles haben zu können, was man will, alles geben zu können, was das Auge sieht, hält die naive Natur für das Höchste aller Lebensfreuden. Mit dem Wunsche alle Hindernisse zu durchbrechen, alle Höhen zu ersteigen, alle Schwierigkeiten zu durchfliegen ist die Traumseele der Kindheit gern geneigt. Der Wunsch ist das Symbolum der Freiheit von den Fesseln des zeitigen Lebensdruckes. Es ist die individuelle Allmacht über die Dinge, welche wie ein Wall vor der Sehnsucht liegen; seine Erfüllung ist der Odem des persönlichen Glückes; wünschen zu können, dass es sich nach Belieben erfüllt, ist darum der bestimmte Charakter der Mährchenseligkeit. Der höchste Lohn besteht darin, eine bestimmte Zahl Wünsche wünschen zu können. Aus der tiefsten Natur des kindlichen Herzens ist es gegriffen, wenn der Wunsch die höchste Wonne [7]) genannt wird — denn Niemand ist glücklicher als das Kind, als das junge Gemüth, wenn es haben kann was es will, auch das Zauberische, das Wunderbare, das Unmögliche. Es zeugt so recht von der reinen kindartigen Natur der deutschen Sagen, dass sie den Wunsch als ihr liebstes Element verwenden. In diesem Sinne, wo Wunsch und Freiheit zu einem Begriffe wird, hat es von den mittelhochdeutschen Dichtern verwendet werden können. Wenn diese es gleichsam persönlich verwenden, so scheint daraus noch nicht geschlossen werden zu müssen, dass sie damit, wie Grimm meint, „sich unbewusst auf ein höheres Wesen bezögen, von dem die Vorzeit lebendigere Vorstellung hatte." · Vielmehr scheint sich dadurch kund zu thun, dass die Vorstellung des personificirten Wunsches auf den Volkssagen und Mährchen ihrer Zeit beruhete, die ihren Odem aus dem freien Wunsche zogen. Ein Kind, dem alles gewünscht ist, was gewünscht werden kann, ist ein Wunschkind. „ein lîp sô gar dem Wunsche glich"[6]) ist ein Leib, den man nicht schöner wünschen könnte, wenn man freien Wunsch hätte. Im Erec ist 'dies deutlich gesagt „Ênîte was des Wunsches Kint, der an ir nihtes vergass." (5934. 35.) Sie besass Alles, was nur einem Wünschenden, der die Macht dazu hatte, einfallen konnte.

In der wërlte lôn heist es:

> der wunsch der hete niht gespart
> an ir di sinen groesten Kraft;
> er hete sîne meisterschaft
> mit ganzem vlîze an sî geleit,
> swaz man von schœnen wiben seit,
> der ubergulde was ir lip."[9])

Wie man ein Weib nur schön wünschen könne, so war sie. Ebenso im Trojanerkrieg:

> und hæte sî der Wunsch gesworn,
> er wolde bilden ein schœner wip,
> und schepfen alsô klâren lip
> als Hêlêna mîn frouwe treit;
> er mueste brechen sînen eit
> wan er kunde niemer
> und solter bilden iemer
> geschepfen wunneclîcher fruht."

Wenn man im Wunsche (als wäre man der Wunsch) geschworen hätte, eine Frau schöner zu wünschen als Helena, so hätte man den Eid brechen müssen. Grimm, der diese Stellen nebst vielen andern anführt, meint: „man dürfe in den meisten derselben den Namen Gottes an die Stelle von Wunsch setzen."

Mir dünkt man würde damit dem Dichter nicht nach Sinne
handeln. Das eigentliche Wesen des Ausdrucks wäre damit
ganz verwischt. Denn das Glück des Wunsches ruht in der
menschlichen Freiheit [10]). Er ist der Gegensatz zu der menschlichen Gebundenheit. Nur der Mensch ist der Massstab dessen,
was 'im Wunsche als Wonne verborgen liegt. Denn eben im
Mangel an Macht liegt die Freude der Freiheit, zuweilen
vermögen zu können. Es ist der Wunsch nur in der menschlichen Natur ein Moment. In der göttlichen, die an und für
sich frei ist, hat er keine Stelle. Ein Wunschleben, wie es in
Iwein heisst, ist nur ein irdisches Glück. Darin, dass Menschen
ein Stückchen Allmacht gegeben ist seine individuellen Wünsche
zu erfüllen, liegt der Reiz — aber weil eben darin nicht über
die individuelle Menschlichkeit hinausgegangen wird, nicht immer
die Weisheit. Viele kommen zum Glück aber nicht zum Ver-
stande recht zu wünschen. Das Wunschleben des Menschen
ist eben nur nach der menschlichen Einsicht und Neigung ausgestattet. Die Mährchen der Kinder und des Volks geben davon den lichten Beweis. Durch den Wunsch schaffen sie eine
zweite Welt, in welcher die Menschlichkeit, die ihrer Besonder-
heit entspricht, frei waltet. Wenn die Dichter daher den
Wunsch personificiren, so kann dies nur diesen Vorstellungen,
wie sie des Volkes Sagen so schön und tief eigenthümlich waren, entsprungen sein. Es ist die höchste Seligkeit, so weit
die besondere Neigung des Menschen, seine Wünsche erfüllt zu
sehen, selig macht. Nicht also ein absolutes Glück, sondern
ein durchaus individuelles. Freilich empfangen die Menschen
erst die Erfüllung des Wunsches und seine Freiheit. Die Sage
stellt überirdische Wesen aller Art als Inhaber der Macht, die
Wünsche der Menschen zu erfüllen, dar. Aber darin zeigt es
sich eben, das der Wunsch selbst ein solch überirdisch Wesen
nicht ist. Denn die Götter erfüllen die Wünsche, aber wünschen selbst nicht. Wenn Odin Oski [11]) heisst, so kann dies
keinen andern Sinn haben, als Oskifrea (Wunschesherr); er ist
der Herr, welcher der Wuscherfüllung mächtig ist. Das ist
aber ein ander Wesen als der Wunsch der Sagen und Dichter,
der darin die höchste Seligkeit worden ist, weil er wünschen

2 *

kann, was ihm Vergnügen macht und gefällt. Die Griechen personificirten eine Elpis, eine Göttin der Hoffnung; sie war es, welche den Menschen das Glück der Hoffnung einflösste. Aber ein Gott Wunsch ist in dem Sinne nicht zu fassen. Odin. erhört die Wünsche, wie der Lucianische Jupiter [12]), nicht Allen, sondern nach seinem Gefallen dem Einen und Andern. Man könnte nicht weit genug ausführen, wie tief in der deutschen Natur diese Verschmelzung von Wunsch und Wonne ruht. Denn das deutsche Herz hat niemals süssere Ruh als auf den Schwingen des Ideals, vom Kinde an bis an das greise Haupt. In der Welt des Geistes allein, vom träumerischen Halbwachen bis zur beflügelten Begeisterung des Genius geniesst die deutsche Natur und kommt sie ganz zu sich selbst. Sein Trost und seine Freude ist im Geiste, in der Phantasie, im Ideale sich über die Armseligkeit wirklicher Zustände emporzuheben. Darum ist auch das erhabenste Ideal, das Christenthum, nirgends in Kinder wie in Männerherzen tiefer und lauterer eingegraben. Heinrich von Meissen [13]) redet die Jungfrau Maria an: „O wunsches Wunsch, o eren wunne." Sie ist die zweite Potenz der Wunschseligkeit.

Der Begriff selbst ist aus einer sinnigen Betrachtung des Lebens hervorgegangen. Manchen gelingt Alles; was sie unternehmen. Was sie wollen erreichen sie; was sie hoffen erfüllt sich; sie gehen gleichsam, wie die Alten die Spes darstellten, beflügelten Schrittes bekränzt durchs Leben. Sie führen ein Wunschleben. Ihnen ist das individuelle Glück zu Theil geworden, zu können was sie wollen. Es sind Wunschkinder, die ohne Grund zu dem Glücke kommen, das sie tragen. Menschlichen Augen ist nicht ersichtlich, was sie zu diesem Glücke berechtigt. Es ist dies ein geheimnissvoller Beruf zur Seligkeit. Es ist dies ein Zug des Lebens, den die Volksmährchen vielfach und sehr sinnig ausführen. Die christliche Legende lehnt die Ungewissheit dieses Berufs zum irdischen Glück an ihr heiliges Wesen an. Denn aus ihr stammen die Sonntagskinder, welche, weil sie am Tage des Herrn geboren sind, herrliches erwarten und erlangen, Wunder schauen und erfahren. Aber im Allgemeinen zeichnen die Volksgeschichten die Zufälligkeit, in welcher die Menschen zum Wunschglücke kommen,

auf das Trefflichste. Es ist ein Abdruck von der volksthüm-
lichen Anschauung, die in christlicher Lehre tief zu wurzeln,
allerdings oft zu menschlich ist, welche sich wundert, warum
der Eine scheinbar glücklicher sei, als die Andern und über die
wunderbaren Wege der Vorsehung, die den Einen mit goldnen
Gütern überhäuft, den Anderen durch Sorge und durch Elend
beugt, nach ihrer persönlich relativen Natur sich nicht fassen kann.

Der Wunsch ist die höchste Glückseligkeit, wenn er mit
der Freiheit der Erfüllung zusammenfällt, wenn er soviel Macht
als Willen hat, wenn also wünschen soviel als der Dinge
mächtig sein, die sonst widerstehen, bedeutet. Darum ist
wünschen (cum acc.) im mittelhochdeutschen in den Sinn von
zaubern [14], auf übernatürliche Weise Macht haben übergegangen, ein deutlich Zeichen, wie der personificirte Wunsch
der Dichter mit dem Zauber der Volkssagen, der durch das
Wünschen geschieht, zusammenhängt. Den Gegensatz dazu in
regelmässig sprachlicher Bildung bildet das Verwünschen.
Denn in der Vorsilbe ver liegt schon die Negation ausgesprochen von dem, was das einfache Wort erstrebt. Ein „Verruch-
ter" ist ein der Fürsorge Gottes Unwerther, darum von ihr
Verlassener, denn ruochen heisst sorgen, sich erbarmen [15].
Der Verwunsch ist die Negation des Wunsches. Ein Wunschkind ist ein Mensch, der die Freiheit über die Gewöhnlichkeit
hinaus zu fliegen hat. Ein „Verwünschter" hat nicht einmal
die Macht über seine natürlichen Gaben. Der Wunsch ist eben
eine Wonne, durch die Macht die er verleiht; durch das Verwünschen wird die Ohnmacht und die Gebundenheit unter das
gewöhnliche Mass hinab geführt. In der Möglichkeit wünschen
zu können liegt auch das Verwünschen — wie im Segen der
Fluch [16]. Aber das Verwünschen ist eben eine dämonische
That. Sie richtet sich nur gegen Andere im feindseligen Sinn.
Sie bindet Andere, beraubt Andere dessen, was selbst zu besitzen wonnig ist, der natürlichen Freiheit. Der Wunsch ist eine
Wonne, wünschen können ist der Ausdruck des Glückes; wie
Nacht dem Tage steht dem gegenüber das Verwünschen und
das Verwünschtsein. Es ist der traurige Gegensatz zu jener

fröhlichen Kraft, es ist das Unglück im Verhältniss zum Glücke, und für die Mährchen und Volkssagen ist daher das Wesen der Verwünschtheit um so mehr ein Elend, ein je grösseres Heil in der Macht des Wunsches und seinen Zaubergaben liegt. Die Verwünschten sind gebunden entweder durch Verwandlungen, in denen sie ihres menschlichen Leibes beraubt sind, oder an bestimmte Orte, wo sie ihre Freiheit verloren haben; der Verwünschte ist in den Ketten der Macht, welche den Wunsch zum Glücke macht. Auch diese Bilder, von denen die Mährchenwelt überfliesst, haben ihren Stempel aus der Lebensanschauung erhalten, die nur die natürliche Basis ist, von der die Phantasie wie der Vogel vom Neste auffliegt. Wem Alles gelingt ist ein Wunschkind — wer nichts vermag, bei allen Anstrengungen nicht fortkann, dem gute Gelegenheit, schöne Fähigkeiten, gesunde Glieder nichts helfen, der ist verwünscht — dem ist es gleichsam angethan — der hat nach neuerem Volksstile Pech. Denn er muss von einer Macht zurückgehalten sein. Er selber thut es sich gewiss nicht an. Die Wunschmenschen und die Verwünschten sind aus den Volksmeinungen hervorgegangen wie Zwillinge, freilich nicht wie Eros und Anteros, aber doch wie Tag und Nacht, wie Licht und Finsterniss, wie Engel und Hexe. Auch darin copiren die Mährchen die Volksansicht vom Leben. Es ist nicht immer eine ethische Gerechtigkeit für den Grund des Verwünschtseins vorhanden. Die Zufälligkeit des Glückes ist auch die des Unglückes. Neben der verdienten Strafe, als die hier solche Gebundenheit erscheint, hat sie dort das unmotivirte Unglück, Dulden und Entbehren ausgedrückt, wie es dem unbewaffneten Auge des Menschen oft zu sein dünkt. Aber es giebt kein Leid ohne Erlösung. Diese herrliche Lehre prägt die Mährchenwelt auf allen ihren Blättern aus. Es giebt keine Verwünschung, für die nicht eine Entzauberung möglich ist. Alle Gebundenheit kann frei werden. Alles Elend kann geheilt werden, wenn die rechte Medicin, die rechte Stunde, der rechte Meister da ist. Wie in der Sage es für alle Krankheiten ein heilend Kraut giebt, wenn man es nur wie Salomo auch wüsste, so hängt auch an jeder Verwünschung ein Schloss, zu dem ein Schlüssel passt. Wenn man ihn nur hätte!

Aber Hindernisse wunderbarer Art, Jahrhunderte, ungeheure
Räume liegen dazwischen; freilich wenn der Augenblick gekommen, ist alles vergessen und das Glück ist neu. Davon sind·
nun, alle Mährchen voll. Damit trösten sie das Leben und sein
Leid. Damit stellen sie gleichsam ein irdisch Paradies auf, in
das endlich alle Dulder eingehen — auch die, welche zu ihrer
Busse in die Gebundenheit verwünscht sind. Auf dem Haus-
berge bei Eisleben stand ein Schloss, das nun versunken ist;
das Burgfräulein ist mit versunken und verwünscht. Alle sieben
Jahr, in der Johannisnacht wird sie frei. Grün (wie die Hoffnung) ist sie gekleidet und heisst sie das Volk die grüne Jung-
fer. Einer wird sie einst. erlösen können, der das Buch lesen
wird, das in ihrem versunkenen Schlosse liegt und das sie ihm
in jener Nacht zeigt. Es enthält ihre Geschichte und ist in
uralter Schrift geschrieben. Bis dahin geht sie um. Nach einer
andern Sage liegt in einem Wald ein grosses Schloss; darin ist
eine Prinzessin verwünscht. Aber sie wird erlöst sein, wenn
ein zwanzigjähriger Nachkomme Heinrichs des Löwen in dieser
Gegend sich verirrt. Er und kein Anderer kann die Gefahren
besiegen, die dann noch zu bestehen sind [17]). Was in vielen
Mährchen den älteren Söhnen oder Prinzen, nicht gelingt, erreicht
der jüngste; was die Klugen nicht bewirken können, führt die
naive Einfalt aus. So im kranken König und seinen drei Söhnen [18]), in der Erzählung vom Kupferberg, Silberberg und Gold-
berg und in vielen andern. Eine Menge Sagen tragen in dieser
Beziehung einen melancholischen Charakter. Die Trauer des
langen Harrens liegt auf ihnen. So in den wunderlichen Sagen
vom Urschelberge in Schwaben. Die alte Urschel (Ursula) ist
darin verwünscht, aber sie könne erlöset werden. Freilich nur
von einem an einem bestimmten Tage Gebornen, der gewisse
Gefahren muthvoll ohne Zittern besteht. Einmal schon war sie
nah daran und nur die Muthlosigkeit des Jünglings im letzten
Augenblicke liess das Werk scheitern. Da habe die Verwünschte
bitterlich geweint und gesagt: Wenn ein Hirsch eine Eichel in
den Boden träte, aus der Eichel ein Baum, aus dem Baum eine
Wiege werde, dann könne das erste Kind, das hineinkomme,
sie erst wiedererlösen [19]). Aehnliche Sagen gehen vom Berg-

stall bei Kötzting in Niederbayern [20]). Es ist in denselben die
Anschauung von einem Weltorganismus ausgesprochen, in welchem
alle Momente des Lebens und der Geschichte wie in einer
grossen Maschine in einander greifen. Alles hat seine Bestimmung
und läuft, wenn die Zeit gekommen ist, nach seiner Weise
ab. Es ist für jedes Einzelne nach einem grossen dualistischen
Gesetze das Andere vorhanden, in dem es endlich aufgeht und
sich erfüllt. Eigentlich ist jedes Harren ein unfreier Zustand,
dem man der Erlösung in seinem Ziel entgegenharrt. Gewissermassen
ist alles Leben noch in einem gebundenen und starren
Zustand, dem die süsse Vermählung mit seiner Erfüllung
noch nicht zu Theil geworden. Das Herz ist noch nicht frei,
bis es nicht in seiner Ergänzung aufgegangen. Alles was lebendig
ist, schliesst einen Bund in der Erfüllung. Das Bild des
Wesens, in dem sie mit ihm vollendet wird, trägt es typisch
schon in sich. Das Herz des Jünglings trägt verborgen in sich
das Wesen der Jungfrau, in der er wahrhaft Liebe und Vermählung
erfüllet sieht. Ebenso im Gegentheil die Jungfrau.
Solange ist sie gleichsam im Schlaf, starr und verzaubert, bis
der sie findet, in dem sie zum freien, zum süssen, zum wahrhaften
Leben genas. Aus diesem Charakter der Liebe zeichnen
die Mährchen das Leben. Der Bestimmte erringt, der Rechte
erhält — er überwindet alle Gefahren; ihm fliegt alles hülfreich
zu; ihn unterstützen untere und obere Mächte. Wenn die Stunde
der Erlösung schlägt, und jede Vermählung ist eine solche —
dann erwacht alles aus dem Schlafe, der Zauber ist gebrochen,
die Verwünschung ist vorüber, die freie Natur kommt in den
Fluss. Reizend ist das Kindermährchen vom Zweiäuglein in
Grimms Kindermährchen; Einäuglein und Dreiäuglein mögen
machen was sie wollen; sie fassen die Aepfel nicht, die am
Baume hängen. Aber Zweiäuglein fallen sie von selbst in den
Schooss. Den goldenen Genuss verhindert Niemand dem, der
das Herz und die Bestimmung dazu hat. Auch der arabische
Orient hat in seinen Erlösungsmährchen ähnliche Züge. Zu
Habib ibn Salama, dem Freund der Geister, spricht einer seiner
dämonischen Lehrer: Du wirst viel Mühseligkeiten bestehen,
aber dein Lohn ist die schöne Dorrat-al-Gawas, die Königin

von Bellur, in weiter unabsehbarer Ferne, die dir von der Vorsehung zur Gattin bestimmt ist. Dorrat-al-Gawas heisst die „Perle des Tauchers" [31]). So ist das Leben und die Liebe. Viele tauchen hinab, aber nur der Eine findet die Perle, welche er braucht. Im Gegensatz des christlichen Lebens theilt König Oswalt seinem Engel mit, dass er übers Meer fahren und die heidnische Königin heimführen soll. Er schreibt ihr durch den Raben, dass nach Gott ihm Niemand lieber sei, als sie, und von gleicher Empfindung ist sie zu ihm erfüllt [32]). Sie findet in ihrem Herzen keinen andern zu wollen als ihn; wie Ameny in der arabischen Sage mitten unter heidnischen Tataren am Islamismus [33]), den sie eingesogen, fest hält, so die Heidin, welche in christlichem Herzen den fernen Oswalt liebt. Freilich die sinnigste Darstellung dieses feinen Zuges aus dem Leben und Herzen der Menschen giebt das deutsche Mährchen von Dornröschen. Alle menschliche Weisheit und Vorsicht kann das Geschick nicht aufheben, welches dämonischer Weise die schönste Hoffnung in Banden legt. Aber alle Verwünschungen halten nicht Stich, wenn die Stunde der Erlösung schlägt. Dornröschen ruht in tiefem Schlaf, den kein Ruf erweckt. Undurchdringliche Zäune umgeben sie; kein Mensch dringt zu ihr hindurch bis die Stunde geschlagen hat. Dann kommt der, welcher das schlummernde Herz erlöst. Die Dornen werden zu Rosen, die Hindernisse fallen, alles öffnet sich und es ist die Nacht des Zaubers und Schweigens zum Tag geworden. Die Gewalt erzwingt die Erlösung nicht, bis die Stunde kommt, bis der Berufene ruft — dem im Herzen und im ahnungsvollen Geiste Leben und Liebe entgegenlächelt [34]).

Einem ähnlichen Gedankenzuge folgt das alte Lied der Edda, zu dessen Erklärung wir vorschreiten. Aus der Natur dieser Anschauungen, wie sie die Mährchenwelt mannigfach verwendet, öffnet sich — wie wir meinen — das verschlossene Thor von Fiölvinnsmal, dem Liede des Fiölswidr. Dass es nach unserm Bedünken bisher so wenig gelungen ist, diesem Theile der alten Edda ein Licht abzugewinnen — wo doch tiefe Gelehrsamkeit und aufmerksames Wesen so sehr dazu berechtigten, schreibe ich dem Umstande zu, dass wir zu

den eddischen Liedern überhaupt nicht immer den unbefangenen
Standpunkt einnehmen, von dem aus sie gesehen sein wollen.
Es ist in ihnen wie in den Volkssagen und Dichtungen anderer
Völker die Erfahrung und Anschauung des menschlichen Herzens, seines Lebens und seiner Liebe, aus denen ihre Weisheit
quillt. Es ist in der That keine Berechnung, keine Philosophie,
keine astronomische Combination so tief, als das menschliche
Herz. Und überall bei allen Völkern, in allen Zonen. Es sieht,
es leidet, es erfährt überall dasselbe. Freilich wenn es redet,
spricht es in der mannigfachen Form der Zunge des Landes,
der Bildung, in der es an der Scholle hängt. Die Edda enthält in ihren Liedern Ausdrücke ihres poetischen Lebensgedan-
kens nach ihrer kolossalen, prachtvollen, kurzsylbigen Natur.
Dieselbe Weisheit, dieselbe Sehnsucht, dieselbe Liebe: was wie
bunte Vöglein durch unsere Mährchen flattern, zeichnet sie
mit Riesenhand an ihre Felsen. Mit derjenigen Sprache, in
welcher sie Hohes, Grosses, Schweres, Schönes auszudrücken
pflegt, füllt sie den Rahmen aus, in den sie den Gedanken
ihrer Seele setzt. Und nur diese Füllung und Scenerie ist es,
die der Erklärung dadurch hindernd in den Weg tritt, weil sie
die Unterscheidung bildet. Sie ist geschöpft aus der eigenthümlichen Natur und Sprache, leiht ihnen Farben aus dunkeln
Gründen, in die von anderer Seite aus nicht leicht Licht zu
bringen ist, und erschwert hierdurch Vergleichung und erläu-
ternde Combination. Die Edda schliesst ein, was wir Volkssage
und Mährchen nennen. Es sind ihre Erzählungen, in ihrer altnordischen Kleidung, wie unser Volk fn veränderten Zeiten und
Gebieten die seinen einkleidete. Wie das eddische Mädchen
trotz seines Goldhaars, seines Panzers und Brustgeschmeides
immer ein Mädchen war mit all seinem Reiz und seiner lieblichen Laune — es fehlt der Edda gar nicht an Beispielen —
so sind auch die Lehren, die Erkenntnisse, die Anschauungen
in ihnen vorhanden, wie sie anderswo in duftigen Erzählungen
weiter getragen werden — nur dass es andere Berge, andere
Sitten, andere Bilder sind, auf denen und in denen sie erscheinen.

Fiölvinnsmal ist eine wahre Zierde der Edda; über die
grossen Charaktere, in denen es gedichtet ist, liegt ein Schmelz

ausgegossen, wie er aus dem Auge der ernstkeuschen Jungfrau fliesst, wenn sie in Liebe blickt. Es ist in der That der Hauch einer reinen Wärme, welcher in der Liebe weht. Der Drang und die Sehnsucht und die Liebe, von der es erfüllt ist, malen nicht feurige, vielgefärbte Bilder — aber es ist ihr Nerv nicht schwächer; in einfacher und ernster Stille wirken sie nicht minder gewaltig und reissen zuletzt zu aufjauchzender Begeisterung hin.

Der neuen Uebersetzung, die wir versucht haben, schicken wir die Deutung voran, welche sprachlich und sachlich unsere Ansicht trägt.

Was dem Volke die Sagen und Mährchen bedeuten sollten, von denen wir vorhin sprachen, was es in Dornröschen und andern zu verstehen glaubte — was in den mannigfachen Erzählungen vom Glasberge, die wir noch später berühren werden, dals Lehre und Ideal vorhanden ist — das ist in der Verschiedenheit seiner nordischen Natur und Einkleidung der Gedanke von Fiölvinnsmal. Freilich in einer Grösse und Sittlichkeit, dass es uns Freude und Staunen abnöthigt — dass wir gern vermuthen möchten, es sei schon christliches Wesen darüber hin geflogen. Im Liede selbst ist ausgesprochen, dass das edle Ziel dem Menschen, der berufen ist, nie entgeht. Für den, der es nicht erreichen soll, ist es verschlossen das Glück durch unüberwindbare Hindernisse. Aber der Rechte empfängt es; ihm springen alle Pforten auf. Nur ist ohne Kampf und Geduld auch diesem die Erlösung nicht beschieden. Es lässt sich das Geschick nicht zwingen, heisst es, in Leichtigkeit zu gewähren, was nur in der Prüfung auf windkalten Wegen errungen wird. Es harret sein in treuer Liebe die glückliche Erlösung, aber erst durch Noth und Gefahr hindurch wird sie befreit. Freilich die unberufene Gier will mit Gewalt hinein; um jeden Preis will sie erreichen, was versagt ist. Der düstern Macht des Goldes und nächtigem Zauber vertraut sie sich an, um die Lust zu befriedigen. Aber sie wird nur zerstören können, nicht erreichen, sie wird zertrümmern, aber kein Glück finden. Die erhabene Veste der Erfüllung erreicht im Frieden nur der, welcher ausharret in der Prüfung und dem die Lösung sehnsüchtig entgegenharrt. Diese Gedanken stellt das Lied, wie die Sagen überhaupt, aus dem Leben in die reiche Welt der Liebe getragen dar. 'Als eine Werbung um die liebe Braut zeichnet sich bis in das Geheimniss 'des Glaubens alles Leben ab; Ihr Herz trägt in angebornem Bilde den, welcher ihr bestimmt ist und den sie im Geiste wie keinen Andern liebt. Sie harret auf einsamer Veste, zu der Niemand gelangt. Keinen lässt der Wächter ein, bis er kommt, der glückliche Bräutigam, nach langen mühseligen Wegen und seinen Namen nennt, da öffnet sich das Thor und die Erlösung ist da.

Die Füllung des Rahmens machen altnordische Vorstellungen aus der Lebensgewohnheit in der Weite und Tiefe ausgedehnt. Sie lehnen sich zum Theil an die Gestalten des mythischen Götterlebens an. Im Allgemeinen haben sie wenig Parallelen in den andern Theilen der Edda, mehr in der Welt der jüngeren oder wenigstens jünger eingekleideten Sagen und Mährchen unseres Volkes. Die eingehende Erzählung wird zugleich Beweis und Deutung sein.

§. 3.

Auf einem Berge erhebt sich eine Burg. Ein Wächter umwandelt sie und weist mit harten Worten zurück einen Fremden, welcher den Berg heraufsteigt. Dieser macht ihm Vorwürfe über seine Ungastlichkeit und Lebensunkunde. Der Wächter wehrt diese Vorwürfe ab; er heisse Fiölswidr, habe einen guter Sitte kundigen Geist, sei auch nicht geizig, aber in diese Burg komme er nun einmal nicht.

Dass eine Burg einen Wächter und Pförtner habe ist durchaus nordischer Gebrauch. Auch die Asen haben einen solchen, Heimdall, der auf Himinbiörg bei der Brücke Bifröst wohnt und wacht. Dieser ist auch ein himmlischer Vielwisser und vernimmt Alles was sich begiebt. Er bedarf weniger Schlaf als ein Vogel, sieht bei Nacht und Tag hundert Rasten weit, hört das Gras auf der Erde und die Wolle auf den Schafen wachsen [25]). Der Wächter lässt nur Freunde ein, Fremde weist er zurück; vor ihnen warnt er durch schmetternde Posaunenstösse.

In der britischen Sage wird an Arthurs Hofe ein Pförtner Glewl-
wyd Gavaelvawr genannt. Er nahm die Freunde auf und durch
seine Vielkundigkeit machte er sie mit den Sitten und Gebräuchen bekannt, die sie beobachten mussten, wie er auch den
Gästen zum Führer diente, wenn sie in die Burg zu gehen
beschlossen. Sonst scheint er in einem alten Liede auch Arthur
und Kai in das von ihm bewachte Schloss nicht aufnehmen zu
wollen, welches lautet:

> Wer ist der Pförtner
> Glewlwyd Gavaelvawr,
> Wer ist's, der da fraget?
> Arthur und der gepriesene Kai.
> Wenn Du mit Dir bringen solltest
> Den besten Wein der Welt,
> In mein Haus Du solltest nicht kommen,
> Es sei denn durch Gewalt [26]).

In den Gestis Romanorum sucht ein König drei allerdings
seltene Güter: Ueberfluss ohne Mangel, Freude ohne Leid,
Licht ohne Finsterniss. Ein Greis, der ihm begegnet, giebt
ihm einen Stab, zeigt ihm den Weg zu einem Berge; auf diesem steht eine Burg; sie bewacht ein Pförtner; nur wenn ihm
dieser Stab gezeigt wird, öffnet er, lässt hinein und behält den
Glücklichen darinnen [27]). Der Heimdall des Christenthums ist
der Inhaber der Schlüssel, der heilige Petrus. Janitor coeli,
Pförtner des Himmels, heisst er darum auch in kirchlichen
Schriften [28]); in den Mährchen und Sagen erscheint er in dro-
hender und scherzhafter Weise als solcher vielfach verwendet.
Bald sitzt er hinter der Himmelsthür, öffnet sie auf Klopfen
und wirft sie zu, wenn er einen ungeziemenden Gast sieht, bald
sitzt er auf einem Dreifuss vor der Thür, die Kommenden zu
prüfen [29]). In einer Spottschrift, die auf Papst Julius II. bei
dessen Tode erschien, kommt der Papst voll Selbstbewusstseins
seiner Würde an die Himmelsthür und donnert an. Er ist
wüthend, dass Niemand entgegenkommt, Niemand öffnet. Endlich kommt Petrus und spricht: Ein wahres Glück, dass wir
hier im Himmel eine diamantene Thür haben; sonst wahrlich

hätte sie Einer draussen zerbrochen. Es muss ein Riese oder irgend ein Städtezerstörer gekommen sein [30]). Auch ·bei Dante heisst das Himmelsthor la porta di San Pietro [31]). Als er, selbst seinen Einzug in das Paradies beschreibt, spricht Beatrice zu Petrus: „o ewig Licht des grossen Mannes, dem unser Herr die Schlüssel liess, die zu der wunderbaren Freude führen, prüfe ihn mit Fragen allerlei Art". Petrus zieht daher erst Erkundigungen über den Glauben des Dichters ein [32]).

Unser Fiölswidr ist ein ebenso treuer Hirt. Er weist Jeden zurück, der in den Burgfrieden nicht gehört. Er ahnet freilich nicht, dass der Fremdling, der jetzt gekommen ist, der Rechte sei; nicht einmal nach seinem Namen fragt er ihn. Aber dieser, indem er die Burg, das ·leuchtende Ziel vor sich sieht — schimmernd und lockend wie die · Erfüllung, spricht so sehnsuchtsvoll von dem fesselnden Reiz, und wie er niemals ·von hier scheiden möchte; „wo die Mauern zu leuchten scheinen von goldnen Sälen", dass Fiölswidr wie erweicht ihn nach dem Namen fragt.

Dieser giebt seinen rechten Namen noch nicht an. Er will ausforschen, in unbekannter· Gestalt die Natur der Burg und der Inhaberin. Wie ein Iahrelang verirrter und verreister Ritter, der heimkehrt, nimmt er erst maskirte Gestalt an um sicher zu erfahren, wie es im Hause steht, ob ihm treu geblieben die liebe Braut, ob er noch willkommen sei wie ehemals, ob die Burg, das Herz schon Andern geöffnet sei. Auch Odysseus kommt durch die Gnade Athenens unerkennbar nach Ithaka und in sein Schloss zurück.

Im Mittelalter variiren eine Menge Erzählungen über Verkleidungen, in welcher der Hausherr und Geliebte heimkehrt; endlich giebt er sich zu erkennen, der Treuen eine Wonne, der Untreuen zum Schreck ·und zur Geissel. In unserm Liede ist die Maskirtheit, in welcher der Fremde kommt, die Rahmenerzählung, in welcher der Inhalt desselben erscheint. Es liebt die eddische Dichtung in Frage und Antwort den Gegenstand zu entwickeln um den es sich handelt. So wird der Welt Schöpfung und Zukunft behandelt in dem Frage- und Antwortwettkampf, den der verkleidete Odin mit Wafthrudnir eingeht.

So antwortet im Wegtamslied dem verkleideten Odin die
Wöla auf seine Fragen die Erzählung von Baldurs Tod. Im
Gespräch zwischen Thor und Herbart, die sich gegenseitig
fragen, wird die heilsame Natur der Asen, die boshafte der
Riesen auseinander gesetzt. Die Namen aller grossen Dinge am
Himmel entfaltet auf die Fragen von Thor der allweise Zwerg
Alwis. Auch in Fiölvinnsmal ist Frage und Antwort der
Rahmen, in welchem das Wesen des Gedichtes gelehrt wird.
Man erfährt daraus die Beschaffenheit der Burg, ihre Inhaberin,
ihre Unzugänglichkeit; die Kunde, welche dem Gaste zu Theil
wird, macht offenbar, dass Fiölswidr [34]) mit Recht den Namen
Vielwisser heisse; keine Antwort bleibt er schuldig dem fragenden Fremden, der dringend und ängstlich nach allem frägt,
um über das Ziel nach dem er strebt, ob er es wirklich erreicht, in Sicherheit zu sein. So ist denn die erste Frage
nach der Besitzerin des Schlosses. Menglöd heisst sie, antwortet er, und die Mutter zeugte sie mit Svafr Thorin's
Sohn. Wahrscheinlich ward schon im Namen dem Gaste die
glückselige Bejahung dessen gegeben, was er erhofft. Sie ist
noch unumworben, noch keusch und rein, noch nicht Andern
zu Genuss und Liebe heimgefallen. Menglöd heisst sie, die sich
des „Schmuckes freut." Sie freut sich dessen als unbe-
rührte Jungfrau. Der Schmuck (men) [35]) bedeutete offenbar das
Wesen der Jungfräulichkeit und weiblichen Natur. Diesen
Schmuck nehmen heisst der Liebe geniessen. So raubt Loki in
dämonischer List der Freia das Halsband, während sie schlief [36]).
Ein ähnlicher Gedanke waltet ob, wenn Hilda im Auftrag He-
dins ihrem Vater ein Halsband zum Vergleiche bietet. Da
Hilda von Hedin geraubt war, Högni um deswillen den Krieg
beginnt, so muss dieses Anbieten des Halsbandes einen Bezug
darauf haben, dass Hedin ihm gleichsam Ersatz bieten will für
das, was er seiner Tochter gethan [37]). Man vergleicht bereits
diesen Halsschmuck (Brisinga men) mit dem Gürtel der Venus.
Aber auch Brunhilde schnürt im Nibelungenliede den Günther
mit dem Gürtel zusammen, weil sie ihn, den Zudringlichen,
nicht liebt, wie den Andern, dem sie nicht bestimmt ist und
nicht wiederstehen kann [38]). Den Gürtel lösen ist im Alterthum

durchgehend für die Ueberwältigung des jungfräulichen Wesens
im Gebrauch [39]). Eine Art Brunhild war Hippolyte, deren Gürtel zu bringen dem Herakles aufgegeben war [40]). Bei den Griechen hiess dieser Schmuck nicht blos ζώνη (zona), sondern auch
mitra und war köstlich geschmückt [41]). Medea, als sie Arete
die Gemahlin des Alkinoos anfleht, spricht beim Apollonius,
dass sie nicht aus böser List aus ihres Vaters Haus geflohen
sei (4. 1024), „noch blieb die Mitra wie in des Vaters Haus un-
befleckt und unzerstört" [42]). Die Braut trug am Hochzeittage
einen Gürtel aus Lammwolle, den sie, nachdem ihn der Gemahl
gelöst, der Artemis Lysizone, der Göttin der unverletzten
Keuschheit widmete [43]).

Allerdings liegt im Namen kein entschiedener Drang zu
dieser Auslegung von Menglöd. Men heisst nach Abstammung
und Gebrauch nur Schatz. Der Riese Thrym sagt fiölth á ec
menia, viel habe ich Schätze und meint damit Kostbarkeiten im
Allgemeinen [44]). Hledis wird meniom gaufga, die mit Schmuck
Begabte genannt [45]). Fafnir sagt: methan ek um meniom lag,
solang ich auf den Schätzen lag, auf dem Golde des Wurmes [46]).
Wenn von dem Halsband der Freia gesprochen wird, so wird
Brisinga men gesagt, was ich Brustschmuck [47]) übersetze. Auch die mitra war wie ein Gurt, so auch ein Schmuck
um die Brust. Gleichwohl scheint hier in Menglöd die besondere Beziehung erkannt werden zu können. Da sie eben die
harrende keusche Jungfrau ist, so kann Menglöd nicht blos den
nichtssagenden Begriff „sich der Schätze freuend" tragen, der
von Vielen gesagt werden konnte, während ihn doch nur Menglöd die Tochter Svafr's trug. Da mit men nun eben die Zierde
des Weibes ausgedrückt war, wie monilia als besonderer Schmuck
der Frauen galt, so darf in Menglöd der besondere Sinn angenommen werden, „die sich des jungfräulichen Schmuckes freut,"
wie Freia — denn sie hat ihn und im Besitze desselben lag
die jungfräuliche Würde — auch ohne dass brisinga hinzugesetzt
ist, wie auch euzonos seinen bestimmten besondern Sinn, ge-
sittet, tugendhaft behalten hat [48]). Auch die Zusammenfügung
mit glöd erscheint nur noch einmal in den eddischen Liedern.
Hrothrglöd, der sich des Ruhmes freut, heisst Jörmunrek im

amdismal, auch in dem Sinne als Einer, der hinreichenden
Ruhm hat, keines weiteren bedarf.

Das Wesen des Schatzes, dessen sich Menglöd erfreut,
giebt auch Aufschluss über die Angabe, dass sie die Tochter
Svafr's des Sohnes Thorins sei. Thorin [49]) ist sonst der
Name eines Zwerges. Aehnliche Namen sind die Zwergnamen
Durinn und Dori, wie es heisst: Mœdsognir var œdstar og annar
Durinn, Mœdsognir war der oberste und der andere Durin [50]).
Dass dies auf die Berg- und Steinnatur, aus denen die Zwerge
hervorgehen, einen Bezug haben könne, ist wahrscheinlich.
Die Zwerge aber sind die Inhaber der verborgenen Erdweisheit
und der glitzernden Schätze und Kleinode, die sie herrlich ver-
fertigen. Ein Zwergname war Draupnir und eben so hiess der
Ring, den der Zwerg Brock verfertigte, von dem in jeder neunten Nacht acht Ringe niederträufeln. Ein Zwerg war es auch
der der Sif, der Gemahlin Thor's ihr goldenes Haar, das bis auf
den Nacken fiel, schuf. Der Zwerg Andwari hat grosse Kleinode, Ringe und Gold in seinen Felsen verborgen [51]). Die
Zwerge sind die Künstler jedes Schmuckes und Bandes, die
fesseln; auch den Brisinga men, den Halsschmuck der Freia,
haben Zwerge gemacht. Auch Aphrodite, die Freia der Griechen, war Gemahlin des künstlerischen Hephaistos. Denn
Schmuck und Kunst ist von der Schönheit und den Schönen
unzertrennlich. Auch Hephaistos machte das schöne Diadem
für Pandora [52]), die goldene Krone der Ariadne [53]), aber auch
das Halsband der Harmonia [54]), das wie der Ring des Andwari
Jeder unheilvoll ward, die ihn besass.

Thorin war der Sohn Svafr's. Mit den Zwergen haben die
Schlangen in den nordischen Vorstellungen viel Verwandtes, denn
sie haben ja dieselbe Heimath; von ihnen gilt das Schlüpfen
und Sliefen in den Ritzen und Spalten der Berge wie von jenen.
Gleich dem Zwergkönig Goldemar erscheinen sie mit Goldkronen
auf dem Haupte. Als Goldketten um den Hals stellten sie alte
Mährchen oft genug dar. Da in dem Mährchen des Straparola
Biancabella mit einer kleinen Schlange um den Hals geboren
war, trug sie um ihren Hals eine köstliche goldene Kette, die
gleichsam zwischen Fleisch und Haut hervorleuchtete [55]). Ringe

hatten Schlangengestalt und darum verkündeten Schlangen, von denen man träumt, den Alten goldene Ringe und Schmucksachen [56]). In den Glossen des Aelfric steht: monile vel serpentinum, myne (men) vel swerbeh (Halskette). Isidor von Sevilla sagt: „monile ist ein Schmuck von Edelsteinen, welcher vom Halse der Frauen herunterzuhängen pflegt, von munus (Gabe) benannt. Dieser wird auch serpentum genannt, weil er aus verschiedenen Häuschen und Edelsteinen besteht, die in Gestalt von Schlangen gemacht sind [57]). Schlangen waren ja die Hüter des Goldes und der Weisheit, wie die Zwerge. Svafnir kommt als Ausdruck für eine eddische Schlange vor und bedeutet poetisch jede Schlange. Die edle Anwendung des Namens erhellt daraus, dass er Odin selbst als Beiname gegeben wird. Svafnir und Svafr [58]) scheinen aber dasselbe anzudeuten und einerlei Bildung zu sein. Eine vielleicht nicht unwichtige Bestätigung gäbe dazu das christlich gefärbte Solarliod, wenn man von Svafr ok Svafr logi, von denen gesagt ist, dass sie mit Blut und Fluch die Welt erfüllten, von der Schlange versteht, die nach der christlichen Anschauung Ursach alles Uebels ist [59]).

Ueberall ist das verborgene Ziel, das ersehnte Streben, und in tiefsinniger Weise, von der alten Sage durch das Bild einer Jungfrau und des Ringens nach Liebe derselben dargestellt. Es sind Prinzessinnen, die verwünscht auf einem Schlosse sitzen; es ist eine Königstochter, deren Schönheit zur Werbung alle anlockt. Es ist eines Mädchens Liebe, das zu allem Lebenszweck verglichen wird, eben so unerreichbar dem Unberufenen als leicht gewonnen dem Bestimmten und Glücklichen. Es ist die Beobachtung der weiblichen Natur, welche in dieser die schöne Parallele erkennt zur Eigenthümlichkeit des menschlichen Lebens. Ebenso räthselhaft, so wunderbar, so nicht zu berechnen, so reizend sind beide. Indem die Sagen und Mährchen das Leben und seine Launen, seine Gefahren und sein Glück durch das Streben nach einer Dame sinnig zeichnen, thun sie dies mit der Farbe der ewig wiederkehrenden Erfahrung, welche die Menschheit an ihrer schönen Hälfte täglich macht. In Menglöd ist das köstliche Glück der Erfüllung symbolisirt, wie noch weiter hervortreten wird.

Indem Menglöd als eine Jungfrau geschildert ist, trägt sie auch das treue Bild einer solchen. Auch in dieser Beziehung scheint es nicht ohne Absicht, wie Venus zur Frau des Hephaistos, Menglöd als die Tochter der weisen Schlange nnd Enkelin eines weisen kleinodienreichen Zwerges dargestellt zu sehen. Liebe und Besitz von Schmuck, wie tiefe Schlangenklugheit dürfen dem Bilde einer Jungfrau nicht fehlen, so edel, so mild, so taubenähnlich sie sonst geschildert ist.

. Aus den ferneren Gesprächen von Windkaldr mit Fiölswidr erkennt man die Unzugänglichkeit des Schlosses, in welchem Menglöd wohnt. Es ist unmöglich, dass Jemand hinein dringt, ohne dass er die rechte Begabung und Berufung hat. Es muss der rechte Mann sein, der durch alle diese Hindernisse dringt. Dies Thema behandeln alle Sagen, in denen es die Erlösung einer gebannten, verwünschten und umworbenen Jungfrau gilt.

Schon für die Hera, die Gemahlin des Zeus, hatte ihr Sohn ein Schlafgemach gebaut, das kein anderer Gott zu öffnen vermochte; an der festen Thür war ein verborgener Riegel, den sie nur zurückschieben konnte. Auch Freia hatte ein so schönes und starkes Gemach, dass, wenn die Thür verschlossen war, Niemand ohne ihren Willen hinein konnte [60]).

Die Burg Menglöds ist uneinnehmbar. Gitter, Mauern, Hunde, Flammen wunderbarer Art umgeben dieselbe. Wie heisst das Gitter? frägt der Fremde. Thrymgiall heisst es, antwortet der Wächter; es haben es die drei Söhne Solblindi's gemacht; es fasst wie eine Fessel Jeden, der es öffnen will. Mit Gehegen sind die Burgen und Wohnungen der Alten immer versehen gewesen. Es umschloss das Haus noch ausserhalb der Thür ein verschliessbarer aus Stäben gebildeter Zaun, eine Bauart, welche die Dörfer noch im Mittelalter kannten und aus der das Recht des Gatterzinses sich erklärt [61]). Asgard hatte ein Gatter. Der Riese Thiassi ward von den Asen noch innerhalb des Gatters getödtet. Hel hatte ein ungemein grosses Gitter; als Hermodur hinabritt, um Baldur heraus zu bitten, musste er über das Gitter hinwegsetzen, um hineinzukommen. Auch Utgard, wohin Thor auf seinen Reisen kam, hatte ein so starkes Gitter, dass er es nicht öffnen konnte. Er und seine

Gefährten mussten sich durch die Stäbe hineinschmiegen [62]).
Das Gitter an der Burg Menglöd's heisst Thrymgiall, das ist
Donnerschall [63]); leise konnte es nicht geöffnet werden, sondern wenn es auf und zu ging klang es laut, was für heimlich
Eindringende eine arge Störung ist. Für den Rechten geht es
still und leise auf, wie es den endlich glücklichen Wanderern
im Gargantua und Pantagruel des Rabelais geht; als sie die
Priesterin Bakbuk zum Butelgentempel führt „gingen urplötzlich
beide Thüren, ohne dass sie ein Mensch berührt hatte, von
selber auf und machten im Aufgehen nicht etwa ein knarrendes
Getös und schrecklich Thrönen wie sonst schwere eherne Pforten, sondern ein liebliches Gemurmel so durch den Tempel hell
erscholl" [64]). Aber Thrymgiall war ausserdem noch mit einem
Zauberwerk versehen. Es liess dies Gitter niemanden wieder
los, den es gefasst hatte. Es liess ihn nicht weiter dringen.
Aehnliche Kunstwerke hatte auch Hephaistos gemacht, der
griechische Künstler. Als ihn die Sonne von der Untreue seiner
Gemahlin Aphrodite, die sie mit dem Kriegsgotte beging, be-
nachrichtigte, schuf er um sie unsichtbare Fesseln, von denen
sie festgehalten und so beschämt wurden [65]). Auch der Hera
schuf er einen kunstreichen Sessel, von dem sie, wie er sich
niedergelassen hatte, fest gehalten ward und nicht wieder auf-
stehen konnte [66]). Die Söhne Solblindi's haben dieses Gitter
gemacht. Sonst erschien auch ein Helblindi, ein Bruder
des neckisch bösen Dämons, des listerfahrenen Loki [67]). Es ist
der höllisch blendende Geist; wie sich auch Odin um seiner
Schalkstreiche willen Helblindi genannt haben mag [68]). Dem
Helblindi steht im guten Sinne Solblindi entgegen, der son-
nig blendende Geist. Er blendet und verwehrt um des Edlen
willen, das beschützt wird — nicht wie Helblindi, der in dem
Beinamen Hel die trügerische Schalkheit des Bösen ausdrückt.
Diesem Gitter, welches Niemanden durchlässt, entspricht in
den Sagen die Bannung und Verwandlung, welche diejenigen
trifft, die nicht berufen sind die Verwünschung zu lösen. Das
Dorngitter um das Schloss von Dornröschen ist so beschaffen,
das es die, welche durchdringen wollen, nicht los lässt, bis sie
sterben. In einer norddeutschen Sage hängt der gesuchte Schlüs-

sel zur Drachenhöhle hinter einem Gitter, das aus einer Pflanze gebildet wird, die den, der sie berührt, augenblicklich tödtet [69]). — Wie heissen die Hunde, fragt der Fremde weiter, welche die Fremden abschrecken und durch ihr Gebell vertreiben. Gifur heisst der Eine und Geri der Andere. Beides sind auch sonst Namen von Ungeheuern. Geri heisst der Wolf, welcher als Kriegssymbol den Odin begleitet. Gifur ist der Name einer Riesin [70]). Gier und Geifer möchte man sie wiedergeben. An den altnordischen Sitzen erscheinen meist am Eingange mächtige Hunde, die sie beschützen. Hunde sind Wächter von Schätzen guter und dämonischer Natur. Sie schützen schon im Alter-thume die schönen Wohnungen des Tages wie die Tempel heka-tischer Nacht. Goldene und silberne Hunde hatte er Alki-noos geschaffen, der künstlerische Gott, das Haus zu bewachen, die unsterblich sind und nicht alt werden [71]). Wie am Tempel der Hekate liegen vor dem finstern Aufenthalt des Geirödh nach der Schilderung Saxo's wilde Hunde [72]). Vor Yspadaden Pen-kawr's Schloss liegt eine wüthende Dogge, die Alles zerreisst und mit ihrem Hauche zerstört [73]). Sie wachen eilf Wachten, sagt Fiölswidr, bis das Reich sich löst, das heist offenbar, immer. Zu diesem Sinn mag ellifo durch seine Aehnlichkeit mit elli Zeit, Alter gekommen sein [74]). Denn es ist keine Stunde, in der nicht einer von den Hunden wacht. Sie schlafen nicht von 11—12, wie die Löwen in dem Mährchen, welche den Zaubergarten bewachen [75]) Ein Wächter darf nicht schlafen, sonst verliert er seine Aufgabe. Franmar Jarl hatte sich in einen Vogel verwandelt um Sigurlin zu bewachen und war ein-geschlafen. Unterdess ward er getödtet [76]). Wenn Argus, der als Wächter der Jo, gleichsam der vielschauende Fiölswidr und der Hund zu gleicher Zeit ist, nicht eingeschlafen wäre, würde Hermes ihn nicht erschlagen haben.

Aber die Unnahbarkeit des Hauses von Menglöd wird noch näher bezeichnet. Schon in Strophe 2 ruft der Fremde aus: Was ist das für ein Ungethüm, das steht vor dem Gitter und umwandelt die hastige Flamme (hvarflar um hættan loga)? In Strophe 32 frägt er: Wie heisst der Saal, der umgeben ist weise mit flackernder Flamme? Der Wächter antwortet: Feuer heisst er.

Feuer ist das alte Zeichen der Unnahbarkeit. Durch das Feuer zu gehen ist die höchste Probe des Muthes und des Rechtes. Die trennende und die wahrende Kraft des Feuers war in den nordischen Vorstellungen vielfach vorgestellt. Das Rothe im Regenbogen (Bifröst) ist brennendes Feuer. Die Bergriesen und Hrimthursen würden den Himmel ersteigen, wenn ein Jeder, der wollte, über Bifröst gehen könnte. Aber auch Muspell ist durch lodernde Flammen unzugänglich allen, die fremd sind. Surtur führt ein flammendes Schwerdt, der Wächter, der es beschützt [77]). Mit Feuer umgaben die ungastlichen Männer ihre Fremden, damit sie nicht entrinnen konnten. Als Odin zu Geirröd kam, setzte er ihn, weil er ihn für einen Zauberer hielt, zwischen zwei Feuer, dass ein Mensch hätte sterben müssen [78]). So spotteten die Feinde gegen Hrolf Kraki und seine Berserker, indem sie ihn fragten, ob es wahr sei, dass sie weder Feuer noch Eisen scheueten. Aber Hrolf warf seinen Schild übers Feuer und lief über ihm durch dasselbe. Seine Männer folgten ihm [79]). Aber am sinnigsten schildern sie die Keuschheit der Jungfrau unnahbar wie Feuer. Dem, den das Mädchen nicht liebt, sprüht sie wie Feuerfunken entgegen, verzehrt ihn mit flammenden Augen. Als für den göttlichen Freyr Skirnir eilt um die schöne Gerda zu werben, fuhr er durch flackernde Flammen, um sie zu finden. Auch ihr Haus ist mit Gittern versehen und wüthige Hunde bewachen sie. Sie lassen den Boten durch, nachdem sie Gerda beschwichtigt [80]). Eben so war die Burg von Sigurdrifa von Gluth umgeben, die aus dunkler Flamme geschaffen war. In ihr schlummert die Halbgöttin vom Zauberschlaf befangen. Diesen kann kein Fürstensohn brechen, ehe die Nornen es wollen, das ist, ehe der Berufene kommt. Das ist Sigurd. Ihn hält nicht die Flamme, nicht die Wache ab; er löst ihr den unverwundbaren Panzer vom Herzen, denn ihn will sie und keinen Andern, hätte sie auch zu wählen unter allen Männern [81]). Und Odin schildert selbst im Havamal wie er vergeblich geglaubt habe die Liebe der Tochter Billungs zu gewinnen. Als er am Abend

wieder kam, da war ihm mit brennenden Lichtern und lodern-
der Fackel der Weg zur Lust verwehrt. Ein grausig lebendiges Beispiel von der Gluth, mit der die Frauen die ungeliebten
Freier verzehrt, giebt Sigrid die Königin von Schweden. Die
Könige, die zu ihr kamen, um sie zu werben, liess sie im
Rausch und Schlaf von Flammen, mit denen sie ihre Schlafkam-
mer umgab, verzehren [82]). Auch in die Sage ist diese Vorstel-
lung übergegangen. Zu Schildheiss im wüsten Wald von Deutsch-
böhmen fanden die Werkleute einst tief unten in der Erde ein
Gewölbe, wo ein König im Sessel sass und eine holdselige
Jungfrau neben ihm stand. Der Ritter wollte eindringen, aber
der Rauch schlug ihm entgegen. Als er trotz Warnung gierig
eindringen wollte, ward er von den Flammen verschlungen [83]).
Auf der Vogelsburg erscheint zu gewissen Zeiten eine weisse
Jungfrau. Ein Sonntagskind kann sie nur sehen und nur ein
Sündenreiner sie erlösen. Gern bietet sie dem Menschen die
Hand; aber dem Nichtberufenen, Unreinen brennt sie die Hand
ab, mit der er nach ihr fasst [84]).

Feuer leuchtet weithin in die Ferne. Windkaldr sieht die
Flammen um die Mauern strahlen. Weither mit glänzenden
Zinnen und Fenstern schimmernde Schlösser auf bergiger Höhe
stellt die Sage als feurige Schlösser dar, prachtvoll und nicht
zu erreichen. In der Geschichte des heil. Oswald kommt dieser
auf seiner Fahrt an das Land, wo man eine schöne Burg sah,
die von Gold leuchtete, als ob sie brennte [85]). Daher sagt auch
Fiölswidr, dass die Mauern der von ihm bewachten Burg, die
er selbst für alle Zeit errichtet, gegründet seien or leir-brimis
limom aus Stangen brennender Erde. Der brennende Stoff ist
Gold. Diese Mauern heissen Gastropnir, was dem Sinne gemäss
zu fassen ist, als den Gästen und Freunden offen, den Fremden unzugänglich. Nicht blos Tyrus war nach des Pfaffen Lamprecht Schilderung mit solcher Pracht gegründet:

Daz golt sie nie ne hâlen
sie tâten die turne mâlen
daz daz rote gôld darab schein·
gemûset oben an den stein.

Ebenso erzählt er von der Königin Candace, dass ihr Palast
von einem Wasser umgeben, was dem Orpimente (auripigmen-
tum) gleich;

> nah dem golde verweter sih
> dâ was michil wunne
> svenne sô die sunne
> obene an den palas schein
> sô schein daz golt al ein [86]).

Auch in Tausend und Einer Nacht erzählt der dritte Kalender,
dass ihm in der Ferne ein Feuer erschien, was ein Schloss
von rothem Kupfer war, das beschienen von der Sonne wie
brennend aussah [87]). Aber das Mährchen weiss von wirklichen
Flammenschlössern. In Tyrol auf einem hohen Berg liegt ein
altes Schloss, in welchem alle Nacht ein Feuer brennt. Die
Flamme schlägt über die Mauer hinaus und weit und breit kann
man sie sehen [88]). Ein anderes schönes Mährchen ist ausführlicher. Da reiten die drei Söhne des Fischers aus um die Welt
zu besehen. Da kommt der Aelteste bei einem Schloss vorbei
mit einer schönen Königstochter. Diese gewinnt ihn lieb. Er
wird ihr Mann. Doch als sie nach der Hochzeitsmahlzeit aus
dem Fenster schauten, sah er in der Ferne ein grosses Feuer.
Als er frägt, sagt sie: da hat schon mancher Unglück gehabt.
Denn wer das Feuer anrührt, ist verloren. Er lässt sich nicht
abhalten es näher zu untersuchen und wie er näher kam, sah
er, dass es ein Schloss war, welches golden und glühend leuchtete. Kaum hatte er es berührt, war er verwünscht. So ging
es auch dem zweiten Bruder, aber der dritte ist glücklich.
Er kennt den Zauber; ihn verletzt kein Feuer. Er erlöst die
Burg und die Brüder [89]).

Aber die Burg selbst, die so umschlossen ist und doch so
köstlich leuchtet, die so die Sehnsucht reizt und doch so schwer
zu erreichen ist, wie heisst sie! Sage du mir, spricht der
Fremde, wie der Berg genannt, wo ich die Jungfrau, die herrliche schaue. Hyfjaberg, antwortet Fiölsvidr, heisst er und
war jener immer den Schwachen und dem Schmerze Erlösung;

heil wird jede Frau, ob sie auch langes. Uebel hat, die hieher gelangt.

Der Berg, auf welchem Menglöd wohnt, ist ein Berg des Heiles und der Heilung. Auf Bergen in der Höhe wohnt das Heil, das Glück, die Erlösung, die schöne Vorstellung aller Gemüther und Herzen. Oben ist der Himmel, die Wohnung und das Haus der Wonne, Menglöd, die herrliche und reine Jungfrau, das Symbol alles edlen Zieles, nach dem die Völker streben. Ihre Liebe, der köstliche Balsam, der alle Wunden heilt. Denn auf Hyfjaberg ist es wie im Himmel. Wer hinauf kommt hat aufgehört zu leiden. Mann oder Frau finden hier ihren Schmerz gestillt. Die Liebe wird noch oft in den Dichtungen der deutschen Sage mit dem Himmel verglichen. Wie sie wird auch dieser mit einem Freudenberge, Freudensaale bezeichnet. Ein Mons Jovis, der Götterberg, (bei Rom wahrscheinlich das Capitolium) ist zum mons joie, mons gaudii, mendelberg geworden [90]). Die Liebe ist in den Vorstellungen aller Zeiten als ein Heilmittel kranker Gemüther angesehen. Auch Aristophanes sagt im Symposion des Plato vom Eros: „er sei der menschenfreundlichste der Götter, ein Helfer der Menschen und ihr Arzt in den Uebeln, deren Heilung unserem Geschlecht die grösste Glückseligkeit gewähren möchte" [91]). Im Gott Amur wird in einem Bilde Frau Minne auf einem Wagen dargestellt, sitzend auf einem Sessel, an dessen vier Füssen Häupter angebracht waren. Sie enthielten Sprüche, die alle auf die Heilung aus dem Feuer hindeuteten.

So hiess der Eine: hoc igne, quis cremabitur leniter sanabitur; der zweite: ignis hic mitissimus sed durat prima longius; der dritte: fortiter ignis urit sed velocissime transit; der vierte: ardor iste maximus durat et perpetuus [92]). Und auch in Tiecks Zerbino sagt Müller von dem Bach:

> wie heilsam ist der Trank der Quelle,
> Kein so gesundes Wasser weit und breit,
> Man schickt es schon als Labung von der Stelle,
> Ein fremdes Land von uns sein Wasser leiht;
> In jedem Tropfen wirkt die Süssigkeit [93]).

In der That sind den alten Deutschen die Frauen wie die zeitlichen Genossinnen ihres Hauses, so auch die sanften Pflegerinnen ihres Leibes. In den Händen weiser Frauen liegt die Heilkunde. Sie heilen das Herz und verbinden die geschlagene Wunde [93]). Die schöne Analogie zum Hyfiaberg geben die Glasberge [94]), wie sie die Mährchen mit wahrer Lust schildern. Es sind das Schlösser und Burgen, in denen ein herrlich Leben ist; dort sitzen weise und herrliche Jungfrauen; aber zu ihrem Glücke ist schwer zu gelangen. Wunder und Zauber können dem, der die Bestimmung hat, allein helfen. Denn glatt ist der Weg und keine Stufen führen hinauf. Die Glasberge sind ihrem Namen und Wesen nach eine Erinnerung an uralte heidnische Vorstellungen. Gladsheimr ist die Wohnung des Glanzes und Glückes, wo Walhalla steht. In derselben Weise heisst der Palast des Gudmund Glaesirvallir und der goldene Wall um die Asenburg Glasir. Der schimmernde Glanz, wie ihn der sonnenbestrahlte Himmel trägt, ist der Charakter glückseliger Wohnungen. Ein Paradies wohin alte Helden reiten heisst glerhimin, Glanzhimmel. Von dem Glanze, der Helle, welche es durchlässt, hat das Glas den Namen. Erst die neuere Vorstellung hat die Glasburgen so verstanden, dass sie wirklich aus Glas seien, während ihr ursprünglicher Begriff auf den Glanz ging, der von ihnen gold- und feuerähnlich ausging. Man sieht, wie ein Theil der Sagen erst aus der Etymologie des Wortes sich bildete, die an das Glas den Stoff, nicht an Glanz und Schimmer dachten, welche daran erschienen. Man könnte also glauben, dass der steile Berg der Sage, den die Polen sklanna gora, gläsernen Berg nennen, aus deutschen Erzählungen entlehnt sei, weil nur die deutsche Sprache namentlich aus dem Glanzberge zu einem Glasberge gekommen ist. Ein solcher Glanzhimmelberg ist auch Hyfiaberg — er schimmert von Reiz und Gold; er ist ein Berg des Heiles; und indem ich hyfia durch das angelsächsische heofon [95]) am sichersten zu deuten glaube, so ist auch die Natur des gehofften und errungenen Himmels in ihm vorgestellt. Aber noch in anderen sinnigen Analogien stellt sich der Hyfjaberg neben die Glasberge und ähnliche Dichtungen der Sage.

Von der Halle Menglöds (salr) sagt Fiölsvidr: enn hann leingi mun á Brodds oddi bifaz authrans thess muno um aldur hafa frett eina firar. Es bewegt sich der Saal dauernd auf der Lanze Spitze und haben die Menschen von diesem glückseligen Hause nur im Gerüchte vernommen.

Die Unzugänglichkeit der glücklichen Wohnung des Heils wird noch dadurch bezeichnet, dass sie selbst gar nicht stille steht, sondern sich dauernd um sich selbst dreht, als ruhte sie auf der Spitze eines geschwungenen Speers.

Für die Anschauung in der Sage ist das Feste und Feststehende noch immer ein Gegenstand möglicher Erreichung. Wenn aber das Ziel selbst nicht fest ist, sondern schnell im schwebenden Zustand dem Verlangenden und Erfassenden sich entzieht, dann ist keine Hoffnung für ein glückliches Ziel. In einer der Sagen vom Glasberge bewegt sich das Schloss auf Entenfüssen hin und her [96]). Eine Burg des Arthur ist eine in der Luft schwebende Glasburg. Aus dem altfranzösischen Tristan citirt schon Grimm ein chateau en l'air. In der Wundergeschichte von Kilswch und Olwen, welche im Grundgedanken viel Aehnlichkeit mit den Glasbergsagen hat, kommt Arthur mit seinen Genossen in eine Ebene, wo sie ein grosses Schloss sehen, das schönste von allen in der Welt. Aber soviel sie auch reisten, so kamen sie ihm nicht näher; es entschwand immer weiter vor ihren Augen. Endlich durch Zauber kamen sie an [97]). Dieselbe Eigenschaft trägt nun eine Burg, deren Geheimniss und deren Erstrebung nicht minder ein edles Gleichniss des eddischen Hyfiaberges ist. Es ist die Gralsburg, welche munsalvaesche heisst und den Mittelpunkt der Gralsdichtungen bildet. Von ihr sagt Wolfram im Parzival:

> diu ist erden wunsches riche
> swer die suochet flizecliche
> leider der envint ir niht
> Vil liute munz doch werben siht.
> ez muoz unwizzende geschehen,
> swer immer sol die burc gesehen,

Wer sie sucht findet sie nicht; nie sah man noch danach ringen; sie fällt nicht dem Streben, nur dem Berufe des Herzens heim [96]).

Parzival kann ihn darum nicht finden, wie sehr er ihn auch sucht, wie nahe er ihm auch ist, wie ihm Sigune auch die Pfade zu weisen trachtet. Trevrizent sagt es ihm endlich deutlich:

> ir jeht, ir sent iuch umben grâl
> ir tumber man, daz muoz ich klagn.
> jane mac den grâl nie man bejagn,
> wan der ze himel ist sô bekant
> daz er zem Grâle sî benant.
>
> (ed. Lachm. 468. p. 225) [99]).

Niemand mag den Gral erreichen, als den der Himmel selbst dazu erkoren. Sonst sei es thöricht ihn zu suchen. Man werde ihn doch nicht gewinnen. Erst nach vielen Mühseligkeiten, nach Büssungen und Prüfungen wird er erlöst. Es erscheint die Botin, welche ihm verkündet:

> 'nu wis kiusche unt da bi vro
> wol dich des hohen teiles,
> du krône menschen heiles!
> daz epitafjum ist gelesen:
> du solt des grâles herre wesen.
>
> (ed. Lachm. 781. p. 367) [100]).

Er hat errungen die Krone Menschenheiles, berufen durch die Stimme des Grales selber.. Es ist sicher hier nicht der Ort über die bedeutungsvolle Sage vom Gral weiter zu reden. Aber sie ist die Blüthe aller der in den Völkern lebenden Gedanken von Streben und Heil der Erlösung. Was in dem Kampf um verwünschte Prinzessinnen, was in dem Ringen nach den Glasbergen, was in der bestimmten Auserwähltheit ein Wunder zu thun und Wunder zu erfahren ausgedrückt ist, das ist im Gralsliede in das christliche Blut getaucht herrlich und ewig blühend auferstanden. Viele streben, aber nur wenige sind berufen, das ist die Volkslehre und die Gralslehre. In das rechte Ziel der Seligkeit gelanget nur die reine und die berufene Seele. Alles andere Streben ist umsonst. Es verschwindet das Ziel, es ist umrauscht von Gefahr; Niemand erreicht es. Nur der von Gott Bestimmte, durch die Gnade Getragene, mit Wundern Beflügelte siegt. Es ist im Gralsliede kein anderer Gedanke ausgesprochen als der im Fiölvinnsmal enthaltene. Nur dort ist die britisch romantische Historie der Rahmen, und das Christenthum der Odem, der darüber weht. Hier ist der altnordische Geist, der sich darstellt und Ziel und Weg nach seiner Weise färbt. Die Jungfrau, die reine ist hier das Bild des reinen, seligen Zieles. Im keuschen Genuss harrender Liebe wird hier auf dem Berge des Heiles gelebt. Nach dieser Vorstellung hat der Gedanke sein belebend Wort, gleichsam seinen persönlichen Leib erhalten. Von der Liebe empfängt man Heil im Herzen; liebende Frauen pflegen die Seele und den Leib. Sie weben um den Glücklichen das Paradies des Lebens, in welchem alle Genien holder und wohlthätiger Anmuth thätig sind.

Daher fragt der Fremde auch: Wie heissen denn jene Mädchen, welche vor Mengladens Knien sitzen lieblich unter sich? Und Fiölsvidr antwortet: Sie heissen Hlif und Hlifthursa, Tjothwarta, Björt, Blith, Blithur, Frith, Eir und Aurbotha. Es sind neun [101] — neun ist die heilige Zahl der Edda, wie sie auch anderswo erscheint. Es sind lauter Genien der Freude und des Friedens, wie die Hel von lauter Begriffen des Elends umgeben ist. Hlif und Hlifthursa sind helfend und schonend. dietwarta (thiotwarta) wartet und pflegt; blid und blidur besänftigen und schmeicheln; frid macht Frieden; biört wie Bertha ist die heiter leuchtende; eir und aurboda sind die arzneikundig heilenden (numerat plagas [102]) und pflegenden. Alles sind die reizenden Eigenschaften, die von einer Frau und einer germanischen zumal, erwartet werden. In ihnen liegt die Freude, welche dem Glücklichen, der zu Hyfiaberg gelangt ist, bereitet wird. Sie drücken die linde Gnade und die wonnige Friedseligkeit aus, welche, wenn sie von der reinen Natur errungen sind, dem germanischen Herzen von jeher den Himmel auf Erden bereiteten. Es ist ein wunderschöner Zug in unserem Liede, dass der Fremde frägt, ob diese neun Genien wohl helfen, wenn man sie durch Opfer ehrt. Allerdings, sagt er, helfen sie denen,

die ihnen opfern, gern aus der Noth. An sie gleichsam muss
man sich bittend wenden, wenn das Streben nicht gelingt, wenn
das gesuchte Heil nicht gefunden, die Burg nicht erstiegen, das
Thor nicht geöffnet wird. Sie sind die holden Vermittlerinnen,
dass Gnade und Liebe dem Bedrängten zu .Theil werde. Sie
haben das barmherzige Wesen der Gnade weiblicher Herzen,
dass sie aus der Noth helfen und die Herzensangst mildern.
Sie haben eben die stillende und heilende Kraft und sitzen zu
den Füssen der Liebe, welche wie Menglöd harrt, bis der Berufene kommt.

§. 4.

1. Der herrliche Schatz ist verschlossen. Er ist unzugänglich Allen, die ihn suchen ohne berufen zu sein. Aber die
Wollenden, obwohl sie nicht berufen sind, werden sie sich be-
gnügen nach dem Goldgenuss nicht zu streben! Wenn sie nicht
freiwillig eingelassen werden, werden sie nicht trachten auf
andere Weise durch List und Trug hineinzukommen! Werden
sie sich nicht Mühe geben, wenn sie können, die Wächter durch
trügerische Mittel zu überwinden. Dies frägt auch der Fremde
den Wächter! Giebt es denn keine Speise, welche man den
Hunden geben könnte, dass sie, während sie essen, dem Eintre-
tenden kein Leid anthun. Die Flamme, das Gitter, die Mauer
sind nicht zu bestechen; die Hunde sind die lebendigen Wächter. Ob man sie nicht beschäftigen könne, dass sie ihres Dienstes vergessen, das ist die einzige Hoffnung des Gewaltsamen.
Es ist ja eine alte Erfahrung, dass man die Treue der Hunde
einzig durch ihre Fressgier zu beschwichtigen versucht. Nach
Virgilen's Dichtung hat Aeneas mit Honigkuchen den furchtbaren
dreihäuptigen Kerberos gefüttert, um den Eingang in die Unterwelt zu finden [103]. (Offa melle soporata et medicatis fructibus.)
Auch die wüthenden Hunde des Geirröd beschwichtigt Thorkill,
indem er ihnen einen Knochen mit Fett bestrichen hinwarf [104].
In dem arabischen Mährchen wird ein Schloss von zwei Löwen
bewacht, deren Augen wie Ofen glühen [105]. Man wirft ihnen
ein halbes Lamm vor, damit sie die Gäste durchlassen. Aber

mit welcher Speise werden Geri und Gifr zu beschwichtigen sein! ·

Fiölswidr giebt darauf einen Bescheid voll Weltkunde und
Ironie, in der sich gleichsam das zweite Bild der ganzen Sage
entfaltet; nur ist es wie jenes hell, von düsterer Färbung; es
entwickelt die dämonische Natur des Lebens und seiner Begier
gegenüber dem schönen Lichte, welches von der Reinheit und
ihrer Sehnsucht ausgeht. Es giebt eine Speise, meint der
Wächter, durch welche die Hunde still werden; es sind die
Flügel des Hahnes Vithofnir (Vidofnir, Vidopnir, Vidrofnir); sobald sie diese empfangen, dann mögen die Menschen
unterdessen wohl eingehen. Wir müssen untersuchen, worin
der Zauber dieser Flügelspeise liegt.

Die erste Anleitung dazu giebt der Name des Hahns, wozu
eine andere Stelle in der Helgisage verhilft. Dort ruft Helgi:
fort muss ich wieder, athr salgofnir sigr-thjoth veki, bis Salgofnir das Siegervolk weckt. Salgofnir ist der Hahn, der Seel-
aufwecker und Seelwächter. Aus der Bildung von Salgofnir ist
mehr als wahrscheinlich, dass man in ofnir, das Aufrufen, das
Wecken, somit auch das Wachen zu erkennen habe [106]). Damit
stimmt vortrefflich der Name des Fafnir zusammen, was man
als ein fe-ofnir, ein Gold wächter (und wecker) zu nehmen hat.
Die Schlangen und Würmer sassen und wachten über dem Gold.
Daher ofnir überhaupt Name einer Schlange. In diesem Sinne
der Kundigkeit, die mit dem Wesen der Wachsamkeit verbunden ist, mag auch Odin den Schlangennamen ofnir tragen. Auch
der Hahn ist ein Wächter und Wecker. Vithofnir ist als
Vithrofnir (wie Vithr-Mimir [107]) zu nehmen und ist ein Wetter-
wächter und Künder, ein Wetterhahn.

Allen Völkern ist der Hahn das Symbol der Wachsamkeit.
Er ist es ja, der den Wechsel von Tag und Nacht durch seinen
weithin tönenden Ruf verkündet. Wenn noch die Welt in grauem
Dunkel lag, rief er laut von der Freude des kommenden Tages.
Daher auch die Alten ihm ein weises prophetisch-verständiges
Wesen zuschrieben. Die Worte Hiobs: „Wer gab dem Sechwi
Verstand" [108]), deutete man vom Hahne und in die jüdische
Morgenliturgie ward das Gebet aufgenommen: „Gesegnet sei

der Herr, welcher dem Hahne Einsicht verlieh". Sein Ruf
(kriat hageber gallicinium) begann den Tag; am Wasserschö-
pfungsfest namentlich war sein Ruf das feierliche Zeichen zur
Posaune [109]). Ein jüdischer Lehrer vergleicht seinen Ruf mit
dem Bileams, anspielend auf das „Neum hageber", weil Geber zugleich Mann und Hahn heisst, denn er weiss die Zeiten voraus,
wie Bileam den Zorn Gottes [110]). Die Griechen leiteten seinen
Namen Alektor daher, dass er sie am Morgen aus dem Lager
ruft (ἀπὸ τοῦ λέκτρου) [111]); Plinius nennt die Hähne die Wächter der Nacht, welche die Natur schuf den Menschen zur Arbeit
zu erwecken und den Schlaf zu brechen. Sie leiden nicht, dass
den Unachtsamen der Sonnenaufgang verborgen bleibe [112]).
Aeschylus nennt ihn in seiner erhabenen Sprache „des Zeus
beschwingten Tagesvogel" [113]). Denn dem Zeus war er heilig,
denn wie er die Zeit verkündigte, war Zeus der Sohn und Herr
der Zeit [114]). Aus demselben Grunde war er dem Monde heilig,
der die Zeitrechnung der Alten bestimmte [115]). Aber er meldete
ja den Aufgang des neuen Lichtes, darum war er auch dem
Helios geweiht, und in dessen Gedanken erscheint er auf Münzen der Basilidianer, einer christlich mystischen Ketzersekte, in
allerlei Gestalten [116]). Sinnig ist seine Widmung an Aesculapius;
die Gesundheit ist ein neues Leben [117]). Sokrates hatte Recht,
diesem einen Hahn zu opfern, denn durch den Giftbecher wurde
er zu einem neuen Leben von den Athenern gesund. Den Tag,
die neue Welt, das neue Jahr verkündet er; darum war er ein
Attribut des Januarius [118]), und auf das neue Jahr Bezug hat
der alte Brauch an Weihnachten in manchen Gegenden Deutsch-
lands, Kuchen in der Gestalt eines Hahnes gebacken zu ver-
schenken [119]). Es ist ein gar kluges Thier, der Hahn, und
wusste für die Alten viele prophetische Dinge. Bekannt ist
seine Rolle in den römischen Augurien. „Die Hähne," sagt
Plinius, „regieren täglich unsere Obrigkeiten und schliessen und
öffnen ihnen ihre Häuser; sie halten unsere Heere auf oder
treiben sie vorwärts und unter ihren Auspicien werden auf dem
ganzen Erdkreise unsere Siege erfochten". Es ist auch ein
Hahn gewesen, der aus Körnern, die mit Buchstaben correspondiren, den Namen Theod., nehmlich den zukünftigen Kaiser

Theodosius herausgepickt [120]) hat. Aber unsere Wackeltische
seit 3 Jahren haben ihn um soweit übertroffen, als natürlich
unsere Zeit die alte übertri..t. Nach einer orientalischen Sage
hatte aber Alexander einen Hahn, der sämmtliche Hirse des
Darius aufass [121]). So überwindet der Geist die ungeschickte
Menge. Auch neueren Anschauungen des Volkes ist er der
wachsame Prophet. Denn die rechte Natur des Propheten ist
die treue Wacht. Wenn er seine Stimme hören lässt, ist es
ein Zeichen von Leben. Er verkündet im Mährchen, dass das
verzauberte Schloss wieder aus dem Schlaf erwacht ist [122]). Daher nennt ihn das Volksräthsel „den Wächter auf der Wart",
der Froschmäusler heisst ihn „Riechwetter" [123]), eine alte Glosse
giebt für Weterhan haruspex wieder; poetisch belegt der
Schweizer den Barometer mit dem Namen Wettervogel. Und
eben weil er das Wetter verkündigt, auch das schlechte, so
hatte die naive alte Zeit zuweilen den Glauben, dass man das
Wetter gut erhalten könne, wenn es nicht verkündet und der
Verkünder eingemauert [124]) wird. So tödtet man auch die
Propheten, indem man damit das Verhängniss aufzuhalten
sucht.

2. Merkwürdiger ist die sittliche Bedeutung, welche aus
des Hahnes Wachsamkeit die Anschauung der Völker entlockt
hat. Der Hahnenruf ist ein Gegner der Faulheit, die sich lang
im Morgenschlummer dehnt. Was zur Ursache hatte, dass die
Sybariten polizeilich keinen Hahn in ihrer Stadt duldeten, um
nicht in ihrer süssen Trägheit gestört zu werden [125]). Auch der
gute Mann beim Lucian ist sehr böse auf den Hahn, das schlaf-
lose Ungethüm, wie er es nennt, das auf seinen schönen Traum
von plötzlich entstandenem Reichthum so wenig Rücksicht nimmt,
als ob er das goldene Vliess zu bewachen hätte [126]). Obschon
sonst die Meinung war, dass Träume, um den Hahnenschrei
geträumt, in Erfüllung gingen [127]). Ganz andere Leute waren
die Einwohner jenes Landes, die sehr lange schliefen; weil sie
keinen Hahn hatten. Da kommt ein Schäfer in das Land mit
einem solchen. Um vier Morgens erschallt sein Ruf; man
erwacht, läuft zusammen und kauft das Wunderthier. „Wir
haben keinen der uns weckt und verschlafen stets" [128]). Es

waren fromme Nonnen in einem Kloster zu Mecheln, die man
zum Hahne nannte, weil sie zu ihrem frühen Gottesdienst durch
einen Hahn, der sie weckte, gerufen wurden. Freilich tödtete
einmal der Fuchs den Hahn und sie schliefen — da fleheten sie
zu S. Romuald, der den Wächter wieder lebendig machte [129]).
Es sind sittliche Beziehungen, die sich darinnen darstellen; es
ist das wachende Gewissen, welches schon das Volk zu alten
Zeiten mit dem Hahn verglichen. Es wacht, es erschreckt —
es kann freilich auch getödtet werden. Wohl dem, dem es
wieder neu erwecket wird. In trefflichen Zügen bewahrt dies
die Volkserzählung. Die schlechte Stiefmutter, die das gute
Kind ihres Mannes quälte, wird bestraft, immer, wann sie ihn
schalt und verleumdete, wie der Hahn Kikeriki zu krähen. Es
ist das Gewissen, das sich strafend immer Luft macht, wenn sie
lügt. „Der böse Junge", Kikeriki scholl es dazu, zum lauten
Zeugnisse ihrer Sünde [130]). Untergegangen ist eine Stadt in der
schwäbischen Alp, in der zwei Nonnen ihre blinde Schwester
betrogen. Aber den Hahn, den Gewissenswächter, hörte man
daraus 3 Tage lang noch krähen [131]). Bei Poppau in der Altmark
liegt ein wunderbarer Stein. Er hat ein zarter Gewissen als
viele Menschen. Er dreht sich dreimal um, wenn er den Hahn
krähen hört [132]). Es ist der Hahn, der treue Wächter, der den
ruchlosen, aber endlich zur Busse sich wendenden Seeburger
Grafen weckt und warnt. Er weiss es, dass dessen Burg wie
Sodom und Gomorrha untergeht, und warnt ihn mit lautem
Schall. „Eil', eil' eh' die Sonne untergeht, aber zieh' allein".
Er flieht und hinter ihm versinkt Wall, Mauer und Thurm in
einen weiten See [133]). Bekannter ist die schöne alte Erzählung
von der untreuen Frau. Sie hatte eine Magd, welche die
Sprache der Vögel verstand. Während ihrer Sünde rief der
Hahn. Was meint der Hahn! ruft die Frau der Magd zu.
„Du sündigst gegen Deinen Mann", hat er gesagt. Dann muss
er sterben und also geschah. Dann krähte der zweite Hahn.
Was meint der Hahn, ruft wieder die Frau. „Mein Genoss,
sprach er, ist für die Wahrheit gestorben, ich bin auch bereit
darauf zu sterben". Dann soll er sterben und also geschah.
Es krähte der dritte Hahn. Was meint der Hahn, fragt sie

wieder. Er sagt: „Schau hin und schweig dazu, so du willst leben in Ruh". Diesen liess sie leben [134]). So tödtet man das Gewissen, wie jenes faule Mädchen den Hahn, der sie früh zur Arbeit und Erbauung weckte.

3. Zur Erbauung, zu Gott ruft jeder Hahnenschrei. Denn er weckt zum Tage und zum Leben. Es giebt kein solches ohne Gott. Wie die Sonne aufgeht, wie der Mensch erwacht schaut er wieder in Gottes Gnade hinein, von der er betend denkt, hofft und bekennt. Der Hahn weckt daher zu Gott, denn er verkündet den Sonnenstrahl, der Nacht und Schlummer vertreibt. Sein Ruf hebt auf den Bann der Nacht — die Menschen leben neu und beginnen in Gott Arbeit und Hoffnung. Dunkel schwebt dieser Gedanke vielleicht schon in der Athene Ergane der Alten vor [135]). Sie ist das Symbol der thätigen, frührüstigen, arbeitslustigen und kundigen Göttin, die keusch und in Gedankenreichthum schafft. Ihrem Wesen entspricht es, wenn früh am Morgen schon die Stadt in Thätigkeit ist, die Hämmer schallen, die Sägen schwirren, die Verkäufer rufen, der Markt lebendig wird [136]). Die Helmjungfrau erscheint deshalb mit einem Hahne auf dem Helme. Als eine solche könnte auch die unerklärte Figur auf einem Thonziegel bei Marini gehalten werden [137]). Auch ein altes Bild, das Schriftsteller als Irminsäule beschreiben, trug einen Hahn auf dem Helm [138]). In einer jüdischen Sittenschrift, die R. Kalonymus aus dem Arabischen bearbeitete, wird der Hahn ein Cantor (der Synagoge), ein Chasan genannt; er weiss, wie es dort heisst, die Zeiten des Gebetes, weckt dazu seinen Herren am Morgen und straft sie mit Sittenreden folgendermassen: „Gedenket doch, ihr Söhne der Gläubigen, wie lange wollt ihr schlafen! Denkt ihr nicht an den Tod! und den Gerichtstag überlegt ihr nicht! Verlangt ihr nach den Tagen der Vergeltung nicht und habet keine Sehnsucht nach dem Paradiese"! [139]) — Also in ähnlicher Weise, wie es im arabischen Mährchen heisst: „Man vernahm den Hahnruf, welcher verkündet: „Ihr Trägen, die ihr schlafet, bezeuget die Einheit und Grösse dessen, der nimmer schläft" [140]). — Aber tiefer und schöner fasst die Natur des Hahnes das christliche Bewusstsein auf. Herrlich ist die Ambrosianische

4 *

Schilderung [141]), auch im Hymnus [142]), dessen Schönheit die alt-
hochdeutsche Uebersetzung nicht verbirgt: „der Hahnenruf, sagt
er, ist angenehm und nützlich in der Nacht, aus der er, wie
ein guter Genosse, den Schlafenden weckt und den Besorgten
ermuntert. Er tröstet den Wanderer, indem er auf das Verschwinden der Nacht weist. Wenn er ruft, lässt der Räuber
von seiner Nachstellung; der Morgenstern, gleichsam erweckt,
geht auf und erleuchtet den Himmel. Wenn er ruft, verbannt
der zagende Fährmann seine Besorgniss. Das durch nächtliche
Wehen erregte Sturmwetter leget sich, durch seinen Ruf erhebt
sich der Fromme im Gemüth zum Gebet und erneuert die
Pflicht zu lesen. Durch den letzten Hahnenruf verlöschte selbst
der Hirt der Kirche, Petrus, die Sünde, die er vor ihm beging.
Durch seinen Ruf kehrt die Hoffnung Allen zurück. Den Kranken wird ihr Leiden gemildert. Den Wunden der Schmerz
besänftigt; die Gluth der Fieber wird geringer. Den Gefallenen
kehrt der Glaube zurück. Jesus sieht auf die Wanken-
den und richtet auf die Irrende'n". Ebenso singt Aurel.
Prudentius Clemens in einem Morgenliede: Der Tagesvogel ist
es, der den nahen Tag verkündet; der Erwecker aller Geister,
Christus, ruft uns zum Leben [143]). In einem andern Hymnus:
„Des Hahnes Sang, des Hahnes Schlag verkündet uns
den nahen Tag,
Lasst singen und erbeten uns, was unsre Seele hoffen
mag" [144]).
Der Hahn erscheint auf christlichen Grabmälern als ein Symbol der Auferstehung und des himmlischen Reichs. Denn er ist
der Verkünder alles neuen Lebens, hinter dem die Nacht versinkt. Darum gehört es zu den tiefsten Darstellungen, wenn
auf den ältesten Katakombenbildern der Christen der Hahn den
Petrus kennzeichnet, wie ihm Christus die dreimalige Verleug-
nung vorhersagt. „Ehe der Hahn krähen wird, wirst du mich
dreimal verleugnen", heisst es im Evangelium Matthäi. Die
Sünde Petri geschieht in der Nacht, aber da der Hahn den
neuen Tag verkündet, überfallen ihn Reue und Thränen. Denn
die Nacht ist das Symbol der Sünde; die Reue kommt mit dem
Hahnenruf vor dem neuen Tage. Auf den Katakomben wird

dies abgebildet. Denn das ganze Leben ist eine Nacht. Es verleugnet den Herrn mehr als einmal. Aber der Hahnruf verkündet das künftige Leben, die Stunde des Gerichts. Er soll auch uns wie den Petrus zu Busse und Thränen wecken. Darum ist Petrus auf byzantinischen Bildern so gezeichnet. Oben am Fenster erscheint der Hahn, der kräht. Unten steht der Apostel und weint [145]).

Die Nacht ist das Symbol der Sünde und aller bösen Geister, die der Hahnruf verscheucht. Fantastica propellere dicitur, die Gespenster soll er verscheuchen, sagt Vincenz v. Beauvais [146]). Der Teufel kann seine Stimme nicht hören. Diesen Gedanken drückt ohne Zweifel schon die alte Tradition aus, dass der Löwe sich vor dem Hahnschrei fürchte, die noch im Mittelalter vorhanden [147]) ist. Denn Löwe ist nicht blos in der christlichen Anschauung, sondern schon in uralten Vorstellungen das Sinnbild des Teufels oder Ahrimans, des bösen Principes bei dem Zendvolk. Lucretius [148]), der es zu erklären sucht, folgt ebenfalls nur einer Erzählung, die symbolisch zu fassen ist. Dagegen erscheint schon im Vendidad der Hahn als der Wächter des guten Principes, der die bösen Geister vertreibt. „Es erhebt, heisst es daselbst, dieser Vogel seine Stimme bei jeder göttlichen Morgenröthe: Stehet auf, ihr Menschen, preiset die beste Reinheit, vertreibet die Daêvas; es läuft zu Euch hin der Daêva Bushyançta-dareghôgava, dieser schläfert die ganze mit Körper begabte Welt, wenn sie aufgewacht ist, wieder ein. Langer Schlaf ziemt sich nicht für Dich. Wendet Euch nicht von den drei besten Dingen, dem guten Denken, Sprechen und Handeln. Wendet Euch von den drei schlechten Dingen ab, dem schlechten Denken, Sprechen und Handeln" [149]). Ebenso wird im Bundehesch geschildert, wie der Hahn die Feinde des Guten überwindet. Seine Stimme zerstört das Böse.

Dem ähnlich ist nun die Sagenkunde des deutschen Mittelalters erfüllt von dem Siege des Hahnenschreis über die bösen Geister der Nacht, über Teufel und teufelähnliches Wesen. Er wird darin gewöhnlich der Hahnkrat genannt. Althochdeutsch hanechrato, mhd. hankrât, hanekrât, angels. hancraed (im Gothischen ist das lateinische crocitare nachgeahmt durch hrukjan;

faur hanins hruk, bevor der Hahn kräht), krat von krähen, ein
onomatopoetisches Wort, was sich überall wiederfindet. Bei Hora-
tius heisst ein Missius Cicirrus, was aus Hesychius verwandelt
ist, wo κικιρρος durch Hahn erklärt ist [150]). Es ist derselbe
Laut, mit der in jüdischen Schriften von dem Schrei der Hähne
karkar (cucurrire) gesagt wird [151]). Im Sanskrit heisst er krika-
vâka. Der Vendidad sagt, dass den Hahn die schlechtredenden
Menschen den kahrkataç d. h. den kikeriki nennen.

Wenn der Hahnkrat erscholl, da hatte der Teufel, der
Alles mögliche aufbietet und zu Allem sich herablässt, eine
neue Menschenseele zu verführen, sein Spiel verloren. Er
konnte sein Versprechen nicht mehr ausführen; die gute Sache,
das Gewissen hatte den Sieg. Unvollendet blieb des Teufels
nächtlich Werk. Dies erkannte man namentlich an grossen Bauwerken, die scheinbar nicht vollendet waren. Man erklärte sie
dadurch, es sei der Teufel vor ihrer Vollendung durch den
Hahnenschrei vor der erwarteten Zeit überrascht worden. Denn
der Hahnenruf vertreibt ihn, auch wenn noch der Morgen selbst
nicht angebrochen ist. Den Menschen ist bange worden über
ihren Bund mit dem Teufel. Da kommt ihnen entweder durch
kluge Veranstaltung oder durch Zufall der Hahnkrat zu Hülfe.
Ihre Seele ist gerettet. Ein Vorspiel dieser Sagen erscheint
schon in der jüngeren Edda. Ein dämonischer Riese verkleidet
sich und verspricht um den Preis von Freia, von Sonne und
Mond eine herrliche, unbezwingbare Burg zu bauen. Kurz vor
der Vollendung wird den Asen leid. Sie überlegen sich, was
sie gethan. Loki muss zur List greifen, um den Baumeister zu
verzögern, dass er sein Spiel verliere, das Werk nicht voll-
ende [152]). Aehnlich so in den deutschen Sagen. Wenn nur erst
der Hahn gerufen, so zittert das von Gewissensangst gepeinigte
Herz, dann ist der Spuk vorbei. Aber der Teufel arbeitet
schnell. Noch immer nicht Tag. Bald wird er fertig sein und
der schreckliche Lohn muss gezahlt werden. Da krähen sie!
Wüthend entflieht der böse Geist, zerstörend und verwüstend.
Von diesen Teufelsbünden zeugen Dämme. Die Teufelsspitze
bei Seeburg ist ein solcher unvollendeter Damm. Der Graf von
Seeburg hatte sich ihm verkauft — nun sollte der Böse ihm

in einer Nacht einen Damm durchs Wasser ziehen. Schon war er beinahe fertig, geht eine alte Frau vorbei, hat Hühner im Korbe, von denen eines zu krähen anfängt. Der Teufel ist besiegt, fort muss er und er entfliegt mit den Worten: „ein altes Weib geht über den Teufel" [153]). Darum heisst auch bei Grosszecher in Lauenburg ein gewaltiger Felsberg am Ende einer Landzunge die Teufelsbrücke. Denn da sollte der Teufel einen Felsdamm durch den See bauen. Aber das Werk, bösen, unchristlichen Zwecken gewidmet, sollte nicht zu Stande kommen. Ein Hahn im nahen Dorfe kräht; freilich erkauft er die Rettung Vieler vor dem Teufel und seinem Genossen durch seinen Tod. Denn noch sieht man das Blut am Steine, da der grimmige Böse ihn erwürgt [154]). Einen ähnlichen Grund haben die Teufelsdämme in der Mark, der eine in Paarstein, der andere bei Galenbeck. Ein Hirt nicht zufrieden, seine Kühe am See zu treiben, will sie auch über einen Damm durch ihn weiden; verspricht sich darum dem Teufel, wenn er einen solchen in einer Nacht baue — dann aber wird ihm bange und er rettet sich in seiner Angst nur dadurch, dass er den Hahn zum Krähen bringt, worauf der böse Geist entflieht. Die Dämme aber blieben unvollendet [155]).

Die Hammerskuhle am Plöner See ist durch einen Hammerwurf des Teufels im Zorn über den Hahnkrat entstanden, was an den Miölnir des Thor allerdings erinnert, freilich in das dämonische umgewandelt [156]). Der Kalkberg bei Segeberg hätte nach Lübeck kommen sollen, das ihn dem Teufel abgekauft hat. Aber auf dem Wege überrascht ihn der Hahnkrat. Er lässt ihn an der Stelle fallen, wo er sich nun befindet [157]). Die Gleichberge bei Römhild haben eine ähnliche Sage. Hier bezeugen ihr zufolge hohe Basalthügel mit doppeltem Kreuz von unordentlich gehäuften Steinen umgeben das Walten des Teufels, dem einst der Ritter um den Bau einer Mauer die junge Tochter versprochen hatte. Aber vor Vollendung krähte der Hahn. Daher die Trümmer [158]). Aber nicht blos der Teufel, auch böse Genien treiben so ihr Spiel. Der Drutenberg hat seinen Namen von den Druten, die einen Stein einem

Bauern nach Stinzendorf (in Mittelfranken) bringen wollten — aber der Gicker krähte und sie mussten ihn fallen lassen [159]).

Die Teufelsmauer habe ihren Namen von der Frechheit des Bösen, der einst die Welt mit dem Herrn Christus so theilen wollen, dass er sich eine Mauer ziehen wollte, die sein Land umzieht. Christus gewährt es, wenn er es in einer Nacht vollendet. Schon ist die That bis auf einen Stein fertig — aber in der letzten Stunde kräht der Hahn [160]). Das Werk ist vergeblich. So wird einst der Herr in der letzten Stunde kommen.

In derselben Weise erklärt sich, warum Ohrfeld so nahe an Gelting liegt. Der Teufel sollte es in einer Nacht anderswohin tragen und musste es durch den Hahnschrei gestört fallen lassen [161]). Nach der Eigenthümlichkeit des Landes wiederholen sich die Volkssagen an Bergen, Mühlen oder Scheuern. Im Murgthal ist eine Teufelsmühle [162]); auf dem Gipfel des Rammberges [163]) liegt eine Teufelsmühle — sie haben in den verrätherischen Baukünsten des Teufels den Grund ihrer Namen.

Anziehend sind zuweilen die besondern ethischen Momente, welche dabei hervortreten. So ist es in manchen Berichten die Mutterliebe, die in ihrem Schmerze den Teufel zu überlisten sich anschickt. Als der Bauer einst dem Teufel für die Erbauung einer Scheune das versprochen, was er noch an v e r b o r g e n e m G u t besitze, erkannte seine Frau gleich, dass der Böse das unter ihrem Herzen ruhende Kind gemeint habe. Die Nacht kam und mit ihr das Teufelswerk. Das Gebäude wuchs mit rasender Schnelligkeit; schon war es der Vollendung nahe — da eilt die Mutter voll Angst in das Hahnenhaus, klatscht in die Hände und ahmt den Hahnenruf nach — alsobald krähten alle Hähne rings umher — der Teufel musste unverrichteter Weise abziehen [164]). — Schön ist die niederländische Sage von der Teufelsscheune zu Montecouvez. Ein Bauer brauchte eine Scheune. Der verkleidete Teufel verspricht ihm den Bau derselben, wenn er ihm mit Frau und Kind das nächste Jahr in sein Land als Vasall folgen wolle. Das Gebäude rückte der Vollendung auf so dämonische Weise nahe, dass dem Bauer Angst ward. O h n e d a s s H a m m e r, S ä g e o d e r B e i l g e h ö r t w a r d wurden himmelhohe

Eichen, gewaltige Felsstücke verwendet [165])., Noch wunderlicher
war es in seinem Wohnhaus. Da drängten sich alle Hausthiere
ängstlich um seine Frau. Namentlich wusste sich ein grosser
Hahn gar nicht vor Furcht zu fassen. Er flog seiner Herrin
auf den Schooss. Aber diese erschrocken, stiess ihn von sich.
Da erhob er plötzlich laut schallend ein Kikeriki und mit einem
Donnerschlage war der Teufel und all sein Gelichter entflohen.
Seit der Zeit ist ein Loch am Giebel der Scheune und ein Hahn
kräht daselbst früher als alle anderen im Dorfe.

Aber nicht blos der bauende Teufel — alles dämonische
Gespensterwesen verfliegt und verbleicht, wenn der lichtverkün-
dende Hahnkrat tönt. Die Seelen, welche um ihrer Sünden und
Lüste willen keine Ruhe haben, erzählen dem Ritter Ulrich
Dienstmann zu Wirtenberg selbst, dass ihr nächtig Treiben nur
bis zum Hahnschrei dauert [166]). Bei Hauerslund liegt ein Hah-
nenberg, weil dort der Hahnruf einen jungen Burschen vor den
Verlockungen zweier dämonischer Mädchen errettet hat [167]). Der
schwarze Hund muss fort, der die Menschen bei Elmshorn
quält [168]). Die Katzenwirthschaft, welche seit dem Zauber
des beleidigten Doctors auf der Anhöhe des Eichelberges
bei Werthheim getrieben wird, nimmt kein Ende, als bis der
Hahn ruft. Er hat junge, lose Mädchen, die ihn verführt,
in Katzen verzaubert [169]). Und bekanntlich will ja auch Abraham Tonelli bei seinem Zusammentreffen mit der verzauberten
Katze diese solange hinhalten bis „der Hahn krähe", weil er
vor dem Gespenste dann sicher sei [170]).

4. Der Glaube an die helfende Macht des Hahnschreis war
so gross, dass christliche Lehrer das Volk ermahnten, ihm nicht
mehr Schutz vor bösen Geistern zuzutrauen, als dem Kreuzes-
zeichen und dem göttlichen Glauben [171]). Aber er war gleichwohl das Symbol des Christenthums in seinem Siege über die
heidnische Nacht. Hahn und Glocke werden die verschiedenen
Attribute kirchlichen Wesens. Sie vertreten im Bilde der Sage
die Kirche selbst. Denn auch die Glocken, welche zum Gebete
riefen, waren wie der Hahnruf, Verscheucherinnen unchristlichen
Wesens. Die Zwerggeister flüchten wenn sie sie hören. Sie
nennen sie die „bellenden Hunde", weil sie wie Hunde wachsam

das Christenvolk zum Gottesdienst wecken. Wo Hahn und Glocke sich hören lassen, da ist eine Stätte christlichen Wesens, eine Kirche. So erklärt sich die schöne Legende von der heiligen Edigna [172]); es war dies eine Prinzessin aus Franken; sie kam auf einem Wagen mit Ochsen bespannt und hatte auf demselben Hahn und Glocke. Wo die Glocke lauten, der Hahn krähen werde, sollte sie ihren Wohnort nehmen. Das heisst in heiliger christlicher Weihe ihr Leben verbringen. Sie that dies 35 Jahre in bussvoller Andacht. Auch Sagen, nach welchen sich verirrte Jungfrauen glücklich preisen, wenn sie den Hahn krähen hören und den Ort beschenken, von wo aus es geschieht, hat diesen Sinn. Denn es ist der Schooss der Kirche, aus welchem für sie der Ruf der Rettung kam, bei denen ihre Verirrung endet und die sie beschenken. Die Kirche in Rainhofen [173]) verdankt ihre Erbauung dem Umstande, dass verirrte Mädchen von da den Göcker hörten. Sie liessen sie erbauen und darauf einen Göcker setzen. Denn in dem Kirchhahn besteht noch eine besondere Verwandtschaft des Hahnes mit kirchlichem Wesen.

Der deutsche Kirchthurm ist entstanden im Gegensatz zu dem heidnischen Baumdienst. Er überragte die höchsten Bäume des Waldes. Auf ihm prangte daher, wie früher auf der Spitze des Baumes, ein Wetterhahn. Man setzte ihn, wie Vincenz von Beauvais lehrt, dem Winde den Schnabel zugewandt. Er war das Symbol der Wetterkunde und Wachsamkeit von jeher. Jetzt wurde er es in besonderem Sinne auch im christlichen Bewustsein des Volkes. Aber sein Charakter als Wetterhahn ist hierbei nicht verwischt worden, wie die vorn angeführten Namen zeigen. Ein Spruch in dem Mährchen heisst: „So lang der Wind wehe und der Hahn krähe" [174]), was auch auf diese Natur des Hahnes deutet. „Bis der Hahn auf den Kirchen lebet" [175]), so lange gelobet noch im vorigen Jahrhundert ein Mann seiner Geliebten treu zu sein. Dass er der Gegensatz sei zu einem sonst auf Bäumen im heidnischen Leben angebrachten Hahne erkennt man nicht blos aus den noch in manchen Gebieten vorhandenen Gebräuchen Hähne auf die Maibäume zu setzen [176]), sondern eben aus der Stelle das Fiölvinnsmal, bei der wir stehen und einigen Analogien.

Denn Vidrofnir sass auf einem Weltbaum Mimameidr, als Welthahn. Einen solchen stellte auch die muhamedanische Phantasie sich vor. Gott habe einen weissen Hahn geschaffen, dessen Flügel mit Smaragden, Perlen und Hyacinthen geschmückt sind und vom Aufgang bis zum Niedergang sich breiten; sein Kopf befinde sich unter dem Throne der Herrlichkeit, seine Füsse wären im höchsten Himmel, er verkünde durch seinen Ruf täglich die Stunde des Gebetes und es hören denselben alle Bewohner des Himmels und der Erde — nur die Menschen und bösen Geister hörten ihn nicht [177]).

„Wie heisst der Baum, frägt der Fremde, welcher seine Zweige über alle Lande breitet." Der Wächter antwortet: Mimameidr heisst er; die Menschen wissen wenig aus welcher Wurzel er entspringt; wie er zu fällen ist, nehmen sie gar wenig wahr; ihn verderben nicht Feuer noch Eisen. Was wird aus der Kraft dieses herrlichen Baumes, fragt Windkaldr weiter. Aus seiner Frucht, antwortet man, soll man ins Feuer tragen für die gebährenden Frauen. Von sich geben sie, was innen ist; so ist jener unter den Menschen ein Ordner." —

In das Ideale und Ungemeine übertragen erscheint hier der Baum und der Hahn, denn die ganze Vorstellung trägt ja die Spannung einer weiten, poetisch abstrakten Welt. Von den Flügeln des Hahnes werden die Hunde, welche das Haus Mengladens bewachen, so gelockt, dass sie ihres Dienstes vergessen. Ein tiefer und auf alte Anschauungen treffender Gedanke. Die Hunde sind die Wächter voll Unermüdlichkeit; der Hahn ist das Symbol der Wachsamkeit. Hahn und Hund gleichen sich in ihrer treuen Wacht bei Tag und Nacht. Beide sind sie von derselben Natur in ihrem Verhältniss zu den sie hegenden Menschen. Und darum eben ist blos der Hahnenflügel die einzige Speise, welche den Hund verführt. Das Gleiche wird nur durch das Gleiche überwunden, wie sonst das Gleiche nur durch das Gleiche geheilt wird. Anderswo ist die weitgreifende Anschauung schon zu beleuchten begonnen worden [178]), nach welcher die eigentliche homöopatische Regel, die Heilung des Uebels durch das Uebel, bis in die geistige und religiöse Welt des Alterthums verfolgt werden kann. Das Uebel wird von

demselben Stoff geheilt, welches dasselbe Uebel in der Folge
hatte.

Ivo sagt [179]): Es pflegen erfahrene Aerzte die Krankheiten,
die sie zu heilen übernehmen, zuweilen durch das Entgegenge-
sestzte, zuweilen durch das Aehnliche zu heilen. So wird nach
der Weise der Medicin das Trockene zum Feuchten, das Feuchte
zum Trockenen, das Warme zum Kalten gebracht und das weniger starke Entgegengesetzte von dem stärkeren Gegensätzlichen
überwunden. Auf ähnliche Weise wird das Aehnliche zum Aehn-
lichen gebracht . . . . . . So heilt in Oel gekochtes Scorpionen-
fleisch die Verwundungen der Scorpionen. So begegnet ein Re-
cept aus dem Fleisch der Schlange dem Biss derselben. Ge-
tränke, die mit Gift versehen sind, heben das im Trunke ge-
nommene Gift auf. Also auch Jesus Christus hat nach dieser
Aehnlichkeit den Tod, welcher für unser Fleich aus der Schlange
kam, durch den Tod seines Fleisches geheilt" [180]). Die Antwort
des Wächters ist also im ironischen Gegensatz zu nehmen. Die
Wachsamkeit der Hunde hört auf, wenn sie Speise des Wachsamen zu sich nehmen. Der Fieberzorn des Löwen hört auf,
wenn er Affenfleisch verzehrt. Denn der Affe sieht dem Menschen ähnlich, der ihm den Zorn hervorbringt. Dass das Gleiche das Gleiche aufhebe ist hier nicht auf das Uebel, sondern
auf die Tugend angewandt. Denn den Gierigen, welche unbe-
rufen in die Burg dringen wollen, ist die Wachsamkeit das
Uebel, welches sie verhindert. Man muss sie tödten, um gewaltsam einzudringen. Der Hahn muss erschlagen werden,
wenn er es verhindert, dass die Gier zu ihrem Ziele komme.
Sie soll und muss was der Tugend zum Heile ist, wie einen ihr
verderblichen Widerstand überwinden können, um den verborgenen und ihr nicht bestimmten Schatz zu heben. Durch den
Mord des Hahnes wird die dämonische Kraft frei. Es löst sich
gleichsam das heilige Siegel der lichten Weisheit. Die unberufene Gier und Neugier hat den gewünschten Spielraum errungen.
Es erscheinen in den Volkssagen ganz ähnliche Gedanken. Der
weisse Hahn, den man schlachten muss, um Schätze zu heben,
bedeutet nichts Anderes. Weiss ist die Farbe des Lichts und
des himmlischen Wesens. Alles, was angethan ist mit der Kraft

des guten Princips, ist weiss. Denn das Licht ist der Sieg;
die Tugend, die Freude. Wie in alter Darstellung selbst dem
Wolf ein edler Charakter verliehen ist, weil man in seinem Namen eine ähnliche Bildung mit Licht und weiss zu erkennen
glaubte [181]), so wird der weisse Bär ein Besieger des bösen Ko-
bolds, weil er weiss ist [182]). Die Pythagoräer essen keinen
weissen Hahn, weil dieser das wörtliche Bild des schönen Lichtes und des guten Elementes war [183]). Der Hahn ist ein Wächter. Wenn Schätze verborgen sind, die niemand haben kann,
so muss man den Wächter tödten, der sie verbirgt. Das ist
symbolisch der Hahn. Und tödtet man den weissen Hahn, um
einen Schatz zu gewinnen, so ist das nicht ein Opfer, wie man
es mit weissen Thieren sonst den lichten Göttern darzubringen
pflegte, es ist ein Zwang, den man gegen das gute Princip aus-
übte, um gewaltsam in den Besitz des Schatzes zu kommen.
Es ist eine Concession an dämonische Wesen, wenn man das
Symbol der lichten Wachsamkeit tödtet. Bei Einbeck liegt ein
Schatz, den kann der haben, welcher um Mitternacht zu der
Stelle geht und einen schneeweissen Hahn schlachtet, an dem
kein schwarzes Pünktchen zu finden ist. Mit dem Blute des
geschlachteten Hahnes muss er einen Kreis beschreiben. Dann
wird der Schatz sich heben [184]). Der Mord des Wächters lässt
des gehüteten Gutes sich bemächtigen. Man gewinnt auf dämonische Weise, was sonst nicht zugefallen wäre. Denn wem der
Schatz bestimmt wäre, der würde ihn schon zur rechten Zeit
gefunden haben. Man beschreibt mit Blut einen Kreis, wie man
sonst mit Blut die Dämonen, welche auch hier helfen sollen,
beschwört [185]). Wer den Schatz finden soll, dem wird er nicht
entzogen werden; die Sage drückt es aus, dass der Hahn es
selber melde; in Bruckprödel in Franken befand sich ein
Schloss, das zerstört war. Seit der Zeit, dass dies geschehen
ist, liegt da ein Schatz, der unzugänglich ist, denn ein feuriger Hund bewacht ihn. Aber wenn ein golden Sonntagkind den
Hahn krähen hört, der Mittags auf dem Hügel kräht, so kann
er ihn heben [186]). Die Zeit ist gekommen. Man sehe den Gegensatz. Dort wird der Hahn, getödtet weil er kräht. Hier
wird sein Finden durch das Krähen angezeigt. Dort mordet

man ihn um Mitternacht. Hier erscheint er am hellen Mittag
einem Kinde, das am schönen Sonntag geboren ist. Auch die
Arabische Mährchensammlung enthält ähnliche Vorstellungen.
Bei Musul liegt ein Schatz von Juwelen. Er kann nur gehoben
werden, wenn auf dem Berge ein weisser Hahn geschlachtet,
die Erde mit seinem Blute befeuchtet wird [187]). In der Erzählung von Abu Muhammed Alkeslan wird ein kupfernes Becken
voll Gold und Edelsteinen geschildert. In der Mitte ist ein
blendend weisser Hahn befestigt. Er muss getödtet werden,
wenn man den Schatz heben will [188]).

Aber in andern Sagen hebt man den Schatz gerade, wenn
man einen schwarzen Hahn opfert. Was soll dies bedeuten?
In einer norddeutschen Erzählung hat ein Reicher sein Geld
unter einer alten Linde begraben. Der Teufel wird das Geld
nur austhun für einen pechschwarzen Hahn mit weissem
Kamme [190]). Nach einer Preussischen Sage giebt ein Reicher
dem Teufel den Auftrag, sein Geld in den Heerd zu vergraben.
Nur der soll es heben können, der einen schwarzen Hahn über
das Haus fliegen lässt [191]). Verwünschtes Geld kann man nur
heben, wenn man es mit schwarzen Hühnern auspflüge; auch
gebe es der Teufel nur heraus, wenn man ein schwarzes Huhn
opfere, an dem kein weisses Federchen zu finden ist [192]). Man
sieht, hier ist das Gegentheil. Oben soll kein schwarzes Pünktchen an dem weissen Hahne sein. Der Gedanke davon ist
gleichwohl ähnlich, nur nach anderer Richtung hingewendet.
In beiden Fällen geschieht eine Hingabe an den bösen Geist.
Wo man den weissen Hahn tödtet — vernichtet man das Gegentheil des bösen Geistes, entfernt gleichsam das Hindernisss, das
ihn zurückhielt. Im Opfer des schwarzen Hahnes erkauft man
seine Hülfe durch eine Gabe, die man selbst ihm weiht. Die
Anschauung, dass der Hahn den Schatz bewacht, ist darin von
andern Gedanken bei Weitem überwogen. Denn in der Hingabe
des schwarzen Hahnes giebt man sinnbildlich dem bösen Geiste
was er will. Auch sonst bringt man mit schwarzen Hähnen
und Hühnern Opfer. Bergmänner unterirdischer Art werden
heraufbeschworen, wenn man eine schwarze Henne schlachtet [193]).
Schwarz sind alle Opfer, die man dem Teufel bringt, sei es

Schaf, Bock oder Hahn. Die Sagen vom Opfer des Bockes, der
Kraft des Bockblutes, des Teufels in Bockgestalt wurzeln auf
der biblischen Mittheilung, nach welcher auf den Bock die Sünde
gelegt, er in das Verderben hinausgesendet werde. Der Bock
ward die Sühne für das Volk, welches Gott um Versöhnung
anflehte. Der Bock wurde dem Asasel zugeschickt, welchen
man mit dem Teufel zusammengefasst hat. Dass dieser keinen
Theil habe an dem Volke, dafür empfängt er als Ersatz den in
die Wüste fortgesandten Bock. An die Stelle des Bockes haben die neueren Juden seit dem Mittelalter den Hahn treten
lassen.

Am Vorabend des Versöhnungstages, an welchem der ganze
Sühnecultus des Judenthums culminirt, schlachtet man in den
einzelnen Familien Hähne und Hühner zur Entlastung von der
Sünde. Wie alt dieser Brauch ist, lässt sich nicht genau sagen.
Man citirt ihn schon aus den Zeiten der Geonim [194]), deren
Letzter in der Mitte des zehnten Jahrhunderts geendet hat. Aber
die zu Grunde liegenden Gedanken sind bei weitem älter. Der
Doppelsinn, welchen man dem Worte Geber (Mann) unterlegte,
ist die sprachliche Basis davon; Geber der Mann wurde auch
durch Hahn wieder gegeben in ähnlichen Gedanken, wie man,
anderswo auch ein Vogelmännchen Hahn zu nennen pflegte. Es
herrscht die Annahme dieses Doppelsinnes in den chaldäischen
Uebersetzungen vor, ging zu den Kirchenvätern [195]) über und
man hat es ihm zugeschrieben, wenn an verschiedenen Stellen,
wo in der Schrift, selbst in Ortsnamen [196]) Geber vorkommt,
Hahn wiedergegeben worden ist. In der griechischen Uebersetzung der LXX ist davon noch keine Spur [197]). Es dünkt
mich daher, dass Gedanken, welche das Christenthum berühren,
dazu beigetragen haben diese Version zu pflegen. Wenigstens
zeugen schon Auslegungen des Origenes [198]), dass man in den
Hähnen und Hühnern ähnliche Sühnethiere zu betrachten ange-
fangen hat, wie sie die Böcke im Tempelcultus waren. Und
es treffen diese Auslegungen nahe mit solchen zusammen, welche man in der Polemik des Judenthums gegen die Geheimnisse
des Todes Christi noch später anwendete [199]). Das Schlachten
des Hahnes am Vorabend des Versöhnungstages war ein per-

sönliches Stellvertretungsopfer. Es wurde ein Hahn für eine Person männlichen, eine Henne für eine Person weiblichen Geschlechts, als Geber tachath Geber, d. h. als Person (Hahn) für eine Person geopfert. Ein Gebet begleitet die Ceremonie [200]). Man thut dem Hahne nach alter Deutung alle die Todesarten an, welche der sündige Israelit zu erdulden hat. An einigen Orten verschenkte man sein Fleisch an die Armen, wie man auch sonst Böcklein schlachten und an die Armen vertheilen liess [201]). Der Brauch ist namentlich in Deutschland und Polen bis auf den heutigen Tag vorhanden, obschon seit dem 16. Jahrhundert sich dagegen nachdrückliche Stimmen als gegen einen unbegründeten Aberglauben erhoben haben [202]). Man zog einen weissen Hahn vor, was man zwar auf den Vers des Jesaias 1, 18 bezog: „ob seine Sünden roth sind von Purpur, weiss wie Schnee sollen sie werden", aber damit offenbar von dem Volksglauben an den Vorzug des weissen vor dem schwarzen Hahne ausging. Nichts desto minder ging der allgemeine Volkswahn, dass ein schwarzer Hahn geopfert statt einer Seele, die dem Teufel heimfallen soll, zu dienen im Stande sei, aus jenem jüdischen Brauche hervor. Nur weil es hier bestimmt und abgesondert von allem religiösen Cultus dem Teufel galt ein Opfer zu bringen, wurde ein schwarzer Hahn nothwendig. In dem Gedanken des jüdischen Brauches stirbt der Hahn für die Sünde des Menschen [203]), der ihn begangen — an den Satan wird dabei nicht gedacht — im Volksbrauch ist dies derber aufgefasst; der Hahn ist des Teufels, statt dass es die Seele, für die er stirbt, geworden wäre. Dass es ganz der jüdische Ersatzsühnebrauch ist, der im Volke nur nach dessen Art Platz gegriffen hat, wird man aus den Beispielen ersehen. Stirbt im Elsass auf dem Lande ein Huhn, so soll man „Gott Lob und Dank" sagen, denn es vertritt die Stelle einer Person im Hause, die hätte sterben sollen [204]). Es war ein furchtbarer Aberglaube bei Bauten grosser Art ein Menschenleben opfern zu wollen. Er beruhte auf dem alten Wahne, dass der Teufel ein Recht an Lohn für solche fordern könne [205]). Als ob solche Bauten ein Widerstand seien gegen Gott, wie der babylonische Thurmbau. Der Teufel ist daher weit und breit in den Sagen des Volkes der Baumeister. Doch hat dabei die dämonisch mystische Kraft, die in riesenhaften Bauwerken dem Volke imponirte, eine grosse Mitwirkung. Statt des Menschenopfers liess man daher den Hahn als vertretendes Opferthier dem bösen Geiste anheimfallen. Als die Sachsenhäuser Brücke vollendet wurde, wollte der Teufel, der es möglich gemacht hatte, seinen Lohn, nehmlich das erste lebende Wesen, welches darüber ging. Der Baumeister täuschte ihn und trieb einen Hahn über die Brücke. Der Teufel war wüthend über den Trug, musste aber nolens volens zufrieden sein, warf das Thier durch die Brücke und fuhr davon. Ein goldner Hahn auf einer Eisenstange steht noch jetzt als Wahrzeichen [206]). Andrerseitig muss, wie in Griechenland, der Maurer auf dem Grundsteine einen Hahn oder ein Lamm schlachten, um Unheil an Menschen zu verhüten [207]). Wenn statt des Hahnes auch eine Gemse oder eine Ziege erscheinen, so sind das Beziehungen auf den Bock der Sühne.

So reichen denn noch verzerrt und dämonisch-hässliche Gedanken aus dem heiligen Opfercultus bis in die Nacht des Aberglaubens tief hinein. Die Macht des bösen Geistes soll nicht blos mehr abgewendet und beschwichtigt werden; man fordert sie auch heraus und erkauft sie. Man will sich nicht blos mit ihm abfinden, sondern braucht ihn zur Befriedigung von ihm selber erweckter Lüste. So soll man denn auch den Hahn auf Mimameidr tödten, um den himmlischen Besitz und Schatz gewaltsam zu erobern. Mit der zauberisch wachsamen Natur seiner Flügel wird man die Wachsamen von ihrer Pflicht bringen. Es ist eine rechte Thätigkeit des dämonischen Geistes, die guten Wächter dadurch zu lähmen, dass er sie gegenseitig sich verzehren lässt.

Der Gedanke lässt sich noch weiter verfolgen. Warum sollen denn namentlich die Flügel die Speise abgeben, welche die Hunde kirre machen. Die Flügel sind es, mit welchen der Hahn, wie durch seine Stimme, den kommenden Tag, das Licht verkündet und sein Wächteramt übt. Er kräht und schlägt die Flügel, wie die Beobachter aller Zeiten angemerkt haben, zu gleicher Zeit. Aelian sagt: Die Hühner verkünden durch Flügelschlag und Krähen das Wetter [208]). Daher gab man auch

den Flügeln der Wetterhähne auf Bäumen und Thürmen von
jeher ein glänzend Aussehen, wie rothes Gold, dass man an
ihnen von unten schon den Wechsel von Wind und Wetter erkannte. Als die Ungarn in das Kloster St. Gallen einbrachen,
stand ihre Lust nach dem Hahne auf dem Kirchthurme, den sie
für Gold hielten [209]. Der Hahn in Asgard, der die Götter gellenden Rufes weckt, hatte einen Goldkamm. Widofnir glänzte
ganz von Gold. Seine Flügel leuchteten weit hinüber von dem
ragenden Weltbaum.

In der That waren die Flügel des Hahnes nicht blos ein
wesentliches Zeichen seiner wachsamen Lichtnatur, sie waren
auf Mimameidr auch von Gold, und mit goldnen Flügeln
überwindet man freilich alle Wachsamkeit. Auch den nordischen
Völkern war die verhängnissvolle Gewalt des Goldes wie aller
Welt bekannt. Es sagt allerdings Görres [210] mit nicht üblem
Scherze, „dass die ganze Weltgeschichte ein Argonautenzug nach
dem goldnen Vliesse sei.“ Das höchste Glück der Götter schildert auch die Edda „als sie die Gier des Goldes noch nicht
kannten.“ Und doch war Gold die Bezeichnung alles Schönen,
Echten und Himmlischen. Seine Pracht diente zur symbolischen
Verherrlichung aller Reize der Jugend und der Schönheit.
Gleichwohl ist auch die alte Sage voll von dem verderbenbrin-
genden Wesen des gelben Metalls. Fafnir schildert es dem Sigurd in sehr bezeichnenden Worten: „Das gellende Gold, der
blutrothe Schatz, diese Ringe verderben dich, Goldesrathen will
doch ein Jeder bis auf den einen Tag. Denn einmal muss doch
Jeder niederfahren zu Hel.“ Darum bewachen es Dämonen, wie
Würmer, Schlangen, Drachen. Um es zu heben wird gemordet. Wie
der Hahn fallen muss, dass man seine Flügel habe. So heisst
es auch in der Völuspa: „Mord wurde zuerst, als sie mit Ga-
beln auf das Gold stiessen.“ Durch Mord um Goldes willen
ward des Helden Hreidmar Haus zerstört. Fafnir der Wurm
tödtet seinen Vater und hat das Gold. Regin, sein Bruder,
schmiedet dem Sigurd ein wunderbares Schwerdt, den Fafnir zu
tödten, das Gold zu nehmen [211].

Es ist keine Erfahrung von heut und gestern, welche Macht
das Gold auch in den zarten Bezügen der menschlichen Gesell-

schaft äussert. Dass es den Verstand vermehrt, die Narrheit verdeckt, das Laster beschönigt, ist eine seiner Zaubereien, die das Menschengeschlecht noch täglich erfährt. Dass es auch in Sachen der Liebe eine gauz wunderbare, sicherlich dämonische Wirkung äussert, ist ohne Zweifel. Wie hinreissend hat es von jeher auf die zarten Gemüther poetischer Mädchen gewirkt; wie schmilzt das stolze Herz hochgeborner Ritter vor seinem Zauberglanze an der Hand eines plebejischen Fräuleins. Wahrlich Lucian hat schon trefflich zu karrikiren verstanden, da er seinen Micyllus schildert. Dieser Romantiker gerieth ausser sich, als er in dem abscheulichen Simon, nachdem er reich geworden, einen Gegenstand der Huldigung schöner Mädchen erkannte. „Da siehest du es, ruft er aus, welcher Reize Ursache das Gold ist, da es sogar die Ungestalten umbildet und wie jener poetische Gürtel liebenswürdig macht [212]). Darum sagt auch Einer der Dichter (Euripides): O Gold, du bestes Gut der Sterblichen. Das Gold ist's was die Sterblichen regiert" [213]). Freilich in Gott Amur wird ein besserer Trost gegeben: „Kehr dich nicht daran, heisst es, wenn ein hübscher Mann nach reiner Minne strebet, der wird eher erhört, als die Reichen, die untugendlich nach Liebe streben und mit Gold und Silber sich die Frauen hold machen wollen" [214]). Der goldne Regen, mit dem nach griechischen Mythus Zeus das verschlossene Gewölbe unter der Erde öffnet, um zur Danae zu gelangen, wird zwar in neuerer Zeit als Ergiessung des himmlischen Lichtes in die Nacht gedeutet [215]).

Ob nicht doch ein ähnlicher Gedanke, wie in der Ueberwindung der wachsamen Hunde durch die goldnen Hahnenflügel darinnen liegt, ist wenigstens hier kein Grund weitläuftiger zu behandeln.

. Der Hahn, um welchen es sich handelt, steht auf Mimameidr, einem Weltbaume, dem weder Feuer noch Eisen schadet. Von seinen Früchten soll man ins Feuer tragen, wenn Frauen in ihrer schweren Stunde sind; dann ist die Frucht gelöst und die Fortpflanzung des menschlichen Geschlechtes verbürgt. Die Untersuchung über Mimameidr führt nur durch Beobachtung dieser letzten Schilderung zu einem lichteren Ziel. Ob er derselbe Baum sei, wie Yggdrasill, ist gar nicht der Mittelpunkt

es selbst *o.* Es werden hier wie da allgemeine Gedanken ge-
tierbwrt, welche in die Höhe und Weite des Ideals gezogen
endlich als Weltbaum charakterisirt erscheinen. Es steht dem
nordischen Alterthum sehr schön, seine Ideen in der vollen Gestalt grosser Bäume darzustellen, die mit ihren breiten Zweigen
und Blättern die Welt und ihre Einwohner beschatten. Dass
von den Früchten dieses Baumes in das Feuer geworfen werden
müssen, um die Geburt zu erleichtern, deutet offenbar auf
einen Brauch hin, den die Alten etwa während der Wehen ihrer
Frauen anzuwenden pflegten. Es ist eine Parsische Sitte, während der Geburtswehen der Frau grosse Feuer in dem Zimmer
anzuzünden. Bei den Braminen ist dies ebenfalls Sitte und
werfen sie auch nach der Geburt des Kindes Räucherwerk und
andere Dinge hinein ²¹⁶). Ist von einem Baume die Rede, dessen
Früchte in das Feuer geworfen eine solche Wirkung ausüben
sollen, so können nur Aepfel gemeint sein. Der Apfel ist das
Symbol der menschlichen Liebe und Fruchtbarkeit, also
der menschlichen Verjüngung. Es sind die Aepfel der Iduna,
welche die ewige Jugend der Asen hervorbringen; als sie fehlen,
werden sie alt. Der Kraft des Mimameidr, weil er an den
Brunnen des Mimir erinnert, scheint die Eigenschaft der Ju-
gendquelle zu correspondiren, welche in einem altfranzösischen
Romane erwähnt wird, neben der Aepfel wachsen, die die
Kraft der Todtenerweckung und Verjüngung haben ²¹⁷). Dass
Aepfel eine uralte symbolische Beziehung auf Fruchtbarkeit der
Ehe haben, bezeugen viele alte Anschauungen und Gebräuche.
Man soll sonst wohl einer schwangern Frau Aepfel zu essen
geben, aber durchaus nicht solche, welche auf einen Weissdorn-
stamm gepfropft sind ²¹⁸), denn der Weissdorn ist der Gegensatz
des genussvollen Apfels. Er ist das Symbol der aus der Frau
aufkeimenden Liebe und Wollust. Wenn man, heisst es in
Schwaben, die Nachgeburt einer Wöchnerin unter einem Aepfel-
baum vergräbt, bekommt sie ein Mädchen, wenn unter einem
Birnbaum, einen Knaben ²¹⁹). Auf einen Baum, der für die
Fortpflanzung der Menschheit durch die Ehe bestimmt ist, gehört der Schmuck eines Hahnes im vollen Sinne. Denn es ist
der Hahn, welcher mit seinem lichtverkündenden Wesen der

Lucina entspricht, der Göttin, die vom Lichte ihre wyne er-
hat und den Gebährenden beisteht, dass ihre Kinder das Licht
der Welt erblicken. Aelian hat eine merkwürdige Stelle, in
der er sagt: Ich erfahre auch, dass auch der Leto sehr lieb
ist der Hahn. Der Grund ist, sagen sie, er stand ihr bei als
sie von der Doppelgeburt glücklich genas. Auch jetzt noch
steht der Hahn den Gebährenden bei und scheint gute
Geburten hervorzubringen" [220]). Leto ist die Mutter des
Sonnengottes; Licht und Geburt sind mit einander eines Wesens.
Wer geboren wird kommt zum Licht, welches der Hahn verkündet. Aber auch ausserdem ist der Hahn, der ländlichen
Anschauung gegenüber, das Princip der Familie und ihrer Lust
an der sinnlich-leiblichen Fortpflanzung. Daher er bis in
neue Zeit hinein der rechte Symbolvogel der Hochzeiten war.
Es lassen sich daraus eine Menge von Gebräuchen erklären, die
bei Hochzeiten volksthümlich waren. Man speist einen Bräut-
hahn [221]), schiesst nach Hähnen, köpft sie [222]), wirft Hühner
durch das Fenster und hält Hahnenritte [223]). Verlobt sich ein
Mädchen noch in den Kinderjahren, verspottet man sie [224]), dass
man ihr ein unausgewachsenes Huhn mit Katzenmusik darreicht.
Wie alt diese Vorstellungen sind, bezeugt schon die Sage vom
Alectorius dem Hahnenstein, von dem schon Plinius erzählt,
dass er im Bauche der Hühner wachse, einem Krystall ähnlich,
von der Grösse einer Bohne, der den, welcher ihn besitzt, zum
Sieger über alle macht [225]). Hierinnen bildet im allgemeinen die
männliche Natur des Hahnes, sein Muth und seine Kampflust
ein Moment; wahrscheinlich aber ist auch eine Beziehung auf
das hebräische „Geber" unbewusst aus dem Orient mit herüber-
gekommen. Von Geber leitet sich gebura die Kraft, Gibor der
Held. Vincentius von Beauvais hat aus älteren und jüngeren
Schriften mit Fleiss die Eigenschaften zusammengestellt, welche
man dem Hahnenstein zuschreibt, darunter auch aus dem Phy-
siologus, der sie in präciser Kürze so fasst: „er löscht den
Durst, macht den Menschen beredt und angenehm, namentlich der Frau den Mann" [226]); auf dies letztere legen auch
noch spätere Nachdruck. Es hilft der Hahnenstein den Männern, sagt Jacob Horst, wie der Adlerstein den Frauen; er will

es selbst erprobt haben [227]). In einem handschriftlichen Recep-
tierbuche findet sich: „legt man einen dreijährigen Hahn verschlossen in einen Ameisenhaufen, so findet sich nach dem
neunten Tage ein weisser Stein in seinem Kopfe, der bei sich
getragen unwiderstehlich in Liebe und Liebesbegehr macht" [228]).

Es ist ein schöner Zug, der sich am Grunde dieser Vorstellungen findet; ihm sind Liebe und Licht herrlich zusammenstim-
mende Stoffe. Liebe ruft hervor ans Licht und es ist die Liebe
wie das Licht, wärmend, erzeugend und pflegend. Der Hahn
ist das Symbol beider; er weckt und verkündet überall die
fruchttragende Wärme die im Sonnenstrahl aus der tragenden
Erde und dem zeugenden Herzen liebliche Früchte lockt.

Um so schöner ist sein Sitz auf dem Baume Mimameidr,
dem Baume des Mimir.

Er ist der Vogel des Lichts auf dem Baume der Weisheit
und der Erkenntniss, denn als solcher ist er zu fassen. Schon
aus der Natur des Hahnes, des lichtverkündenden prophetischen
Vogels erhellt, dass man sich bei dem Namen Mimameidr an
den weisen Mimir erinnern muss. In Mimir sieht die altnordische Sage das persönliche Symbol aller Weisheit. So ist das
Gleichniss der Edda deutlich. Mimir hat einen Brunnen; für
einen Trunk aus ihm versetzte Odin sein eines Auge bei ihm,
das jener in dem Brunnen verbarg. Die Sonne ist das Symbol
aller Weisheit, denn sie sieht Alles. Ihr Auge hat Mimir der
Weise, der aus dem Bronnen der Erfahrung schöpft. Er hat
ein Auge, wie Odin, Alles zu sehen, daher hat er es von ihm
empfangen. Es ist wie in den zwei Augen gleichsam alle Weisheit des Schauens in Odin und Mimir verborgen. Aber alle Weisheit hält nicht Stich, wenn die Dämmerung einbricht. Da murmelt Odin vergeblich mit Mimirs Haupt. Seine Wissenschaft ist wie
die anderer Weisen durch einen Brunnen sinnig dargestellt. Denn
die menschliche Wissenschaft und Erkenntniss, die Mimir vorstellt,
schöpft aus dem Vergangenen, aus der Erfahrung, aus dem Gedächtniss. Darum ist gar kein Zweifel, dass Mimir mit dem Ags. mimor,
meomor weise, klug zusammenhängt, dass es im Stamm eins ist
mit mimerian, eingedenk sein, memoria, memor, meminisse [229])
und in ihm das Wesen der durch Erinnerung und Erfahrung

gewonnenen Kunde verstanden werden muss, wie Mnemosyne als Mutter aller Musen angesehen ward. Statt Mnemosyne erscheint auch Mnemo oder Mneme, wie bei Orpheus die Göttin genannt wurde [230]). Prometheus rühmt sich den Menschen erfunden zu haben die Mneme, die Mutter aller Musenarbeit [231]). Von den Aegyptern rühmt Herodot, dass sie von allen Menschen den meisten Werth auf die Mneme gelegt haben, woraus man schliessen will, dass auch des Pythagoras Lehre von der Wichtigkeit derselben für die Wahrheit geflossen ist [232]). Es wird von Philostratus ein Hymnus des Simonides citirt, in welchem gesagt wird, dass alles in der Zeit vergehe, die Zeit aber selbst durch die Mnemosyne nicht altere und unsterblich sei [233]). Mimir ist der Weise, welcher weiss und gedenkt, daher heisst Odin vidrmimir, der Wetterkundige, hreggmimir, vetmimir der Regen- und Thaukundige [234]). Er ist der, welcher die Zeit des Wetters und des Regens weiss.

Diese Weisheit verbürgt die Heilung aller Uebel; sie weiss für alles Rath; sie ist die heilende, die lösende, die schmerzstillende Kunst. Denn den Alten gab es eben nur eine Weisheit und diese geschöpft aus dem Bronnen der Erfahrung umschloss nach ihrer idealen Auffassung Alles. So ist auch Salomo, der Universalweise, der alle Wurzeln und Kräuter kennt und aller Arzneien Meister ist [235]). Diesen Begriff allgemeiner Weisheit erkennt man auch aus dem Liede, das sich in der Edda Odin selber singt [236]). Ein solcher Vielweiser und Künstler in der christlichen Sage ist der heil. Dunstan, gleichsam ein heiliger Wieland und Mime.

Mimameidr ist der Baum dieser Weisheit, welche das Leben und die Dauer verbürgt. Von ihren Früchten werden die schwersten Geburten heil. Die Fortpflanzung des Menschengeschlechts ist ihr praktischer Nutzen. Wie tief diese Gedanken menschlicher Weisheit mit der Kunde das Leben zu erhalten und zu verlängern zusammenhängen, zeigt auch eine Sage bei Gervasius von Tilbury [237]). Alexander hatte seiner Mutter aus Indien geschrieben von den Priesterbäumen der Sonne und des Mondes, die so beschaffen sind, dass, wenn die Sonne die Spitze der Bäume bescheint, sie bis an die Wurzeln erschüttert werden und den

Fragenden auf alles zu antworten im Stande sind. Hier empfing Alexander über seine Frau, seine Familie, seinen Tod, wenn er Babylonien betreten würde, Kunde. Diese Bäume tragen auch Aepfel, durch deren Genuss die Priester vierhundert Jahre leben.

Mimameidr ist ein Baum der Erkenntniss, des Wissens, bei dem das heilige Beispiel aus der Lehre der Schrift unwillkürlich beifällt. Es ist dort Wissen und ewiges Leben in zwei Bäumen getrennt. Die Menschen rauben von dem Einen. Von dem Andern werden sie vom göttlichen Befehle verhindert. Sie stehen in dem köstlichen Garten, aus dem das Menschengeschlecht vertrieben ist.

So ist Mimameidr der Himmelsbaum, von dem die Gier — weil er selbst unzerstörbar ist, zu rauben sinnt.

Es ist offenbar ein sinnig Bild den Hahn des Lichts und der Liebe auf dem Baume des Wissens und der Geburt zu finden.

Die Gier möchte ihn tödten. Wenn sie das Mittel gewinnt, das zum Morde nöthig ist.

§. 5.

1. Der Hahn ist gleichsam der zweite Wächter zu Menglöds Berg. Denn ihn muss man tödten, um die Hunde zu beschwichtigen, welche rastlos wachen. Aber wem soll das gelingen. Er steht auf der Krone des Weltbaumes und es kann kein Mensch ihn tödten, es sei denn, dass andere Mächte dazu herausgefordert sind, die unten am Todtenthor weilen. Wer mit Gewalt eindringen will, darf auch vor dem Aeussersten nicht zurückschrecken. Ist der Mord des Hahnes das einzige Mittel, um die Lust zu befriedigen — wie natürlich, dass man nach den Waffen frägt, denselben auszuführen. Allerdings antwortet der Wächter: „Haevatein heisst die Ruthe und es hat sie mit Runen Loptr gefertigt vor dem Gitter der Todten; sie ruht in einem eisernen Kasten bei Sinmara und halten denselben neun Schlösser". Mit diesem Stabe kann der Hahn getödtet werden und offen liegt der Zauber des Himmels. Der

ganze Gegensatz von Licht und Nacht, Leben und Tod, Himmel und Hölle ist in dieser Antwort treffend gezeichnet. In den Händen der Unterwelt befanden sich allerdings die dämonischen Mittel, mit denen auf verbrecherische Art der Eingang zum erstrebten Ziel erreicht werden kann. Es ist auch hier der dämonische Krieg geschildert, den das neidische Element der Bösen gegen die Herrlichkeit und Freude der Reinheit führt und den die Edda oft behandelt. In der tragischen Katastrophe von Baldurs Tod ist er am schönsten dargestellt. Es ist Baldur, der in der Edda das Princip der sündenlosen Unschuld und Reinheit darstellt. Wo seine Stätte ist, wird nichts Unreines geduldet. Aber darum musste sein Tod den Asen zum Verderben gereichen. Nur dann konnten sie untergehen, wenn Baldur starb. Aber auch deswegen hatte Loki das Gelüst ihn zu verderben. Er war es, der den Mistiltein, die Mistelwurzel suchte, um sie dem Hödur zu geben, damit er in seiner Blindheit unwissender Weise den Baldur damit tödtete. Er war es, der es verhinderte, dass Baldur wieder nach Asgard zurückkehrte. Er ist es auch, der den Häwatein mit Zauberrunen zubereitet hat, mit dem der herrliche Wächter, der Hahn, getödtet werden kann. Denn Loptr [238]) war der andere Name Lokis, „den sie, wie die jüngere Edda sagt, den Verleumder der Götter, den Stifter alles Trugs und die Schande aller Götter und Menschen nannten". Wie dort Baldur mit einem Zweige getödtet ist, wird hier der Hahn mit einem ähnlichen bedroht, hävatein geheissen, was ich Gierzweig übersetzen möchte. Menglöd ist wie jener Gott das Ideal von Liebe und Schönheit. Die Genien des Heils umgeben sie. Nur den Berufenen steht die Pforte offen. Aber Loki, der böse Geist, hat eine Freude daran auch dieses Heiligthum zu zerstören. Die dämonische Natur des Zweiges geht noch weiter daraus hervor, dass Sinmara [239]) das „alte Weib" es ist, welche am Todtenthor den Zweig im eisernen Kasten verwahrt. Es ist eigentlich ein trüber Zug in der deutschen Sage, dass die alten Frauen in ihr einen hohen Grad von Verachtung und Spott erfahren. Auf alten Weibern ruht aller dämonische Spuk des Bösen und Gespenstischen; sie stellen in ihnen gleichsam die natürlichen Ver-

...en des Teufels dar. Gewiss ruht es in mancher tiefen bündet... oachtung der weiblichen Natur. Das alte Weib dünkt ihnen wie der Gegensatz zur blühenden Jugend. Wie die Nacht den Tag hasst, wie der Winter den Frühling, so ist die alte Frau der schroffe Gegensatz zu der reizenden Jungfrau. Diese ist das Symbol des Glückes, des Tages, des Lichtes. Jene das Gegentheil. Als wenn mit der Reizlosigkeit die schöne menschliche Natur des Weibes ausgezogen wäre. Als wenn mit der süssen Hoffnung auf Gefallen und auf die Liebe auch das weise Herz der Theilnahme am Guten verstummt wäre! Die alte Frau ist ihnen die Quelle aller List, aller Intrigue, aller bösen Anschläge gegen den Genuss und gegen die Freude der Jugend. Ein altes Weib geht über den Teufel, sagt das Volkssprichwort in einem Mährchen [240]). Alte Frauen sind ein übles Omen bei Begegnungen, namentlich für Bräute auf ihren Wegen zur Kirche [241]). Ihnen traut man zu, dass sie Lust daran haben, die Tugend junger Mädchen und Frauen zu verführen, wie in der tiefen Sage der Gesta Romanorum [242]), oder anderseitig ihre geheimnissvolle Liebe zu verrathen und in den bösen Mund der Leute zu bringen [243]). In diesem Widerwillen gegen alte Frauen ruht auch der Brauch den ehrwürdigen Namen der Grossmutter mit dem einer Hexe fast zu identificiren [244]). Denn eine Grossmutter schliesst natürlich schon das Wesen einer alten Frau nach der Natur des Lebens ein. Als ob es ein schöneres Familienbild gäbe, wie die greise Grossmutter im Kreise ihrer Kinder, wenn der blonde Lockenkopf des Enkels sich abzeichnet von dem weissen Haupte seiner Ahne; wenn man als Kind zu ihren Füssen sitzt, wenn sie Rath ertheilt und Wunderdinge aus ihrer Jugend erzählt [245]). Aber es liebt die Volksanschauung, so tief und gemüthlich sonst, die ironischen Gegenstücke; sie hat oft eine koboldartige Freude am neckischen und satyrischen; die alte Grossmutter, sonst am häuslichen Heerde ein theurer Gegenstand der Verehrung und Liebe, wird ihr anderseitig wieder die Zielscheibe des Spottes und des Hasses. Des Teufels Grossmutter erscheint daher überall als der besondere Ausbund aller hexenartigen Natur. Denn selbst der Teufel ist nicht so schlimm, wenn seine Grossmutter nicht daheim ist [246]). In dem Mährchen von dem bösen Geiste Nägenkopp, der neun Köpfe hat, ist die Grossmutter ebenfalls das böse Princip, an dem die armen Verlockten traurig untergehen, bis der Erretter kommt [247]). Von unangenehmen Scenen zwischen dem Teufel und seiner Grossmutter berichten die Teufelsteine bei Mohrin in der Neumark; dort hat nehmlich einst die Grossmutter dem Teufel kein Essen kochen wollen; er wurde darüber zornig, packte sie bei der Kehle und drückte sie mit solcher Gewalt gegen den Stein, dass Achsel und grosse Nase sich darin wiedergaben [248]). Ein Jäger muss den Schlüssel aus dem Drachenhause holen; vor demselben sitzt ein altes Weib [249]). Als Thor und Tyr zu Hymir kommen treffen sie die alte Grossmutter, ein Scheusal mit 900 Köpfen [250]). Auch Loki verkleidet sich als altes Weib, um Frigg auszuforschen, ob alle Pflanzen für Baldur vereidet wären [251]). Auch Sinmara ist hier die Freundin Loptrs, sie bewahrt ihm den verhängnissvollen Zweig und sitzt am Todtenthor — am Thore Hel's. Das Bild des Grauens und Verderbens ist mit dem Thor der Todten ausgedrückt. Als Skirnir der Gerda droht, wenn sie noch ferner den Freyr zurückweisen würde, meint er, dass Hrimgrimnir sie haben solle, der garstige Riese hinter dem Todtenthor (fyr nergrindr nedhan); den Loki selbst droht Thor bei fernerer Unverschämtheit hinter das Todtenthor zu senden. Der Zweig ruht dort in eiserner Truhe. Eisen ist das Gegentheil des Goldes, das Metall der Nacht, des Todes, des dämonischen Wesens. Es ist dunkel, wie das Gold hell. Es ist das Instrument des Krieges und des Mordes. Es sollte nicht über Steinen geschwungen werden, aus denen der Altar Gottes erbaut wird [252]). Man sollte sich bei Opfern auch nach deutscher Anschauung keiner eisernen und stählernen Werkzeuge bedienen [253]). Zugleich ist es auch der Ausdruck der Kraft und Unzerstörbarkeit. Die Bänder, an denen Loki gefesselt wird, werden zu Eisen. Thor hat Handschuhe, mit denen er den Miölnir fasst, aus Eisen. Den Zauberknoten des Skrymir hätte Thor wohl lösen können, aber er war unsichtbar mit Eisenbändern zugeschnürt. Wo reizende Mädchen wie Aschenputtel, wenn es auf dem Ball erscheint, goldene Schuhe tragen, hat die böse Dirne am Rachelsee mit ihren eisernen Pantoffeln die Magd erschlagen. Am Jahrestage legte sie solche auf einen schwarzen Stein [254]).

Der Stab, mit welchem der Hahn geschlagen wird, heisst haevatein. tein ist der Zweig; goth. tains, althochd. zein, ags. tân. Aehnlich ist gebildet gambantein im Hlebardslied (Strophe 19). Es sagt darin Harbard zu Thor: Viele List habe ich vollbracht; ein harter Riese ist Hlebàrd gewesen, aber er gab mir den gambantein und ich trog ihn mit List. Man ist über die Deutung von gamban im Dunkeln [255]). Ich fasse es wie gabban und übersetze Trugzweig. gabba ist trügen; gabbere im Angelsächsischen ein Zauberer und Beschwörer. Hlaut teinar heissen die Stäbchen, mit denen man das Blut beim Opfer sprengte [256]). In Haevatein ist der besondere Gedanke ausgedrückt, dem es dient. haeva, der Habezweig (altn. hafa, schwed. hafva, dän. have), der Zweig, durch den man haben will oder haben kann, in ähnlicher Weise wie Wünschelruthe, die Ruthe, welche die Wünsche erfüllt, bedeutet. Mit Stäben, Zweigen, Ruthen zu zaubern ist eine im Alterthume weitverbreitete Anschauung, der in heiliger Urkunde selbst der Stab des Mosis entspricht. Durch Berührung mit dem Stabe wird das Todte lebendig, das Lebende todt; öffnet und verschliesst man — verwandelt und stellt wieder her in mannigfachster Dichtung und Darstellung. Athene verwandelt den Odysseus bis zum Nichterkennen; Circe die Freunde desselben zu Thieren durch einen Zauberstab. Von dem Stabe des Merkur gilt der schöne Vers des Homer, dass er mit ihm die Augen aller Menschen einschlummern, dann wieder vom Schlafe [257]) erwachen lässt. Die Zauberruthe dient wie zum Heile, so zum Verderben. Ihrer bedienen sich die bösen Geister, welche die Sterbenden in Stein verwandeln, wie in mannigfacher Weise berichtet wird, wie dies auch der Mann ohne Herz thut, in der Sage bei Müllenhof (p. 405). Sinmara bewahrt in eisernem Kasten die Ruthe, welche den Wächter erschlägt und zum Ziele auf diesem wilden Wege gereichen lässt. Oft werden die Ruthen auch in freundlichem Sinne in der Sage verwendet. Die verzauberte Urschel verspricht dem, der sie erlösen will, eine eiserne Ruthe; wenn er nun an einen Trog kommen werde, der voll mit Geld sei, werde

davor ein feuriger Pudel sitzen; den sollte er mit einer Ruthe
schlagen und der Trog würde von ihm erworben werden können.
Als ein gutes Mädchen das Weisse Fräulein erlösen wollte,
schlang sich ihm eine grosse Schlange um den Hals. Aber es
berührte sie kaum mit einem Wachholderzweige und die Schlange
war besiegt. Auch das Pelzweible giebt zu ihrer Erlösung eine
Ruthe, wilde Thiere und feurige Pudel zu vertreiben [258]). Der
männliche Aschenbrödel empfängt in der ungrischen Sage eine
Gerte; wenn die drei Pferde, das goldene, silberne und kupferne
kommen würden, um die Tauben zu zerstampfen, sollte er sie
damit schlagen und sie würden gleich zahm werden [259]). Zu
einem jungen Schäfer, der berufen war Jungfrauen, die verwünscht sind, zu erlösen wird gesagt, er solle vom Holderbusch
im Garten drei Stöcklein schneiden und auf einen Platz schlagen,
dann würden Thiere erscheinen — er aber sollte sich nicht
fürchten; sie würden ihn vor eine Thür führen, die zu grossem
Schatze führt; auf seine Schläge werde sie sich öffnen. Allein
es gelang ihm nicht [260]). Mit einem Zauberstabe, den ihm ein
graues Männchen giebt, öffnet der Schäfer von Schochwitz die
Pforte der Hölle, um zu erfahren, wo der Gutsherr die Quittung für den Pacht, den er bezahlt, hingethan hätte. Denn der
Gutsherr hatte zwar das Geld empfangen, war aber, bevor die
Quittung gegeben war, gestorben [261]). Als die schöne Königstochter in die Hände eines gräulichen Popanzes gefallen war,
konnten sie und der Königssohn, der sie auf einer Irrfahrt gefunden hatte, sich nur retten, dass sie den Zauberstab nahmen,
welchen das Ungethüm hatte. Mit ihm konnten sie sich so verwandeln, dass der Popanz, der die Flüchtigen verfolgte, sie nicht
fänd. Wer wollte auch eine Blume erkennen, in die sich das
holde Mädchen verzaubert hatte, unter tausend ihres Gleichen
in einem paradiesischen Garten [262])! Ebenso häufig aber benutzen
die bösen alten Weiber die Ruthen, um ihren Zauber auszuführ-
ren, die gegenüberstehenden Kräfte zu lähmen und das blühende
Leben in kalten Stein zu verwandeln. Was half es dem jungen
Könige, dass er eine schöne Frau und ein grosses Reich gewonnen; er geht auf die Jagd, begegnet einem alten Weibe, die
ihm übel nimmt, dass er einen Hasen jagt; sie berührt ihn mit

der Ruthe und der König ist eine steinerne Statue, wie sie das
Volk auf Strassen und in Städten bewundert [268]). Ebenso schlimm
geht es andern Prinzen; gutherziger Weise wollen sie einem alten Weibe helfen, was frostig thut und jämmerlich um Hülfe
ruft. Aus Dank dafür liess sie seine Gefährten durch eine Ruthe
in Stein verzaubern [264]). Wir haben schon das Mährchen vom
Feuerschloss erwähnt. Es leuchtet und lockt, dass kühne Jünglinge nahen. Sind sie aber näher gekommen, ist auch eine alte
Hexe da, die den Hoffnungsvollen oft in seinem Streben zu
todtem Steine umschafft [265]). Mit solchen Zauberruthen verkeh-
ren Hexen und Dämonen; man kann sie auch damit hervorlocken,
manchmal zu gutem Zwecke, wie der Zauberer die bösen Geister
für den armen Jungen beschwor, um zu erfahren, wo der ver-
lorene Dukaten ist, den er gestohlen haben sollte. Er schlug
mit der Ruthe dreimal auf die Erde; auf einmal wimmelte es
von lauter Katzen [266]) um ihn her, die redeten und böse Hexen
waren, aber doch die Wahrheit sagen mussten, was ihnen immer
am schwersten fällt. Man kann sie auch durch eine Ruthe erkennen, namentlich an Charfreitag, wo aller dämonischen Kraft
das Scepter genommen ist [267]).

Im Besitze solcher Ruthen zu sein, um zu zaubern, ist auch
ein solches Affenkunststück des bösen Geistes, der dem heiligen
Geiste und seinen Werken nachäfft. Der Stab Mosis war das
Werkzeug, um die Ungläubigen zu überwinden, dass Gottes
Kraft grösser denn alle menschliche Magie sei. Der Teufel, wie
ihn die Volkssagen malen und wie er sich darstellt, regirt mit
seinen Hexen, als könnte er, was Gott durch seinen Diener thut,
desgleichen thun. Er will auch Wunder machen, freilich zu seinem Zweck, um das Gute zu tödten, das Streben nach edlen
Zielen zu lähmen und die blühende Welt in eine Wüste voll
Tod und Hässlichkeit zu verwandeln.

Darum hat Sinmara eine Ruthe, welche tödten kann. Es
ist die Gewalt des bösen Geistes, welcher durch seine Künste
wohl im Stande ist den Wächter des reinen und edeln Herzens
zu tödten. Unten am Todtenthor und nur da findet man die
Mittel, mit denen man sich des Unerlaubten mit Gewalt bemächtigen kann. In den Werkzeugen Loptrs allein ruhen die Listen.

durch die das Glück des lautern Ideals, des himmlischen Genusses gestohlen werden mag. Man muss den bösen Geist entfesseln, der keine Unthat scheut, um auf krummem Wege zu gewinnen, was den Unberufenen sonst nie möglich ist. Man muss den Schmuck des Lebens, gleichsam das wachende Gewissen erst tödten, die Scham, welche in röthlichem Schimmer die Wange umfliegt, erst mit dem Dämon der Gier vernichten — ehe man zur Befriedigung gelangt. Aber niemals zum rechten Glück. Denn der Teufel thut nichts umsonst. Man ruft die Leidenschaft der Nacht nicht umsonst von ihrem Todtenthor herauf. „So nutzen meine Gaben", ruft der Böse höhnisch aus, als wegen des Goldes, den er einem an ihn verkauften gegeben, die Neffen den Oheim erschlugen [268]). Die Sage von der Schlüsseljungfrau giebt zu unserem Gedicht eine schöne Analogie. Zu Möhren in Mittelfranken lebte im 12ten Jahrhundert eine Jungfrau, Armgart genannt, reich, liebenswürdig, tugendhaft. Sie wollte sich nicht vermählen und hatte sich einen goldnen Schlüssel machen lassen, den sie wohl verbarg, mit dem Bemerken, dass nur der, welcher ihr diesen bringen werde, ihr Gemahl werden sollte. Eben nur der Rechte, welcher den Schlüssel ihres Herzens finden werde. Es gelang aber keinem auf ehrlichem Wege. Ein wilder Ritter aber wollte den Schlüssel um jeden Preis. Mit Gold bestach er die Magd des Fräuleins, diese gab ihr einen Schlaftrunk ein; so raubte er den Schlüssel, während sie im Schlafe lag. So meinte er sie zur Ehe zwingen zu können, als er ihr am nächsten Tage die Kunde meldete. Vor Verzweiflung stiess sie den Dolch sich in die Brust. Er aber ergab sich ganz dem Bösen, bis er vom Geiste der Gemordeten geängstigt im Kloster Busse that [269]). Es lässt die Tugend sich wohl überlisten — aber sie lässt den Bösen nicht geniessen. Lieber stirbt sie — wie viele Beispiele der Legende und Geschichte lehren — und der gierige Verbrecher sieht, wie sehr er sich getäuscht, wenn er in die Arme des bösen Geistes sich geworfen [270]).

Auch Sinmara giebt die Waffe nicht Jedem; sie hält sie fest verschlossen unter neun Schlössern und verlangt einen kostbaren Preis für ihre Zaubermacht.

Sage Du mir, fragt Windkáldr weiter, ob wieder ķommt, welcher ihretwegen geht und will diese Ruthe haben? Wieder kommen kann er, war geantwortet, wenn er das mit sich nimmt, was wenige haben.

Giebt es denn aber ein Klenodium, das die Menschen haben und diese gelbe Unholdin freut? Allerdings, spricht der Vielwisser, die leuchtende Sichel sollst Du im Sakke haben, die gefunden wird in Vidofnirs Schweife. Diese musst Du ihr geben, bevor es jener gefällt Dir das Geschoss zum Morde zu leihen.

Diese Antwort, so dunkel sie auch scheint, dürfte doch bei näherer Betrachtung den Gedanken des Gedichtes in sinniger Weise fortsetzen.

Für den Stab, welcher allein im Stande ist den Hahn zu tödten, verlangt Sinmara nichts als die grosse Schwungfeder in desselben Hahnes Schweif. Die Flügel des getödteten Hahnes können die Hunde beschwichtigen. In ihnen ist das Wesen des wachsamen Hahnes ausgedrückt, mit dem die Wachsamkeit des Hundes eingeschläfert wird. Die alte Sinmara am Todtenthor verlangt für ihren Stab nur die Hahnenfeder. Offenbar soll auch hier eine Idee wiedergegeben werden, jener analog, die eben behandelt worden ist. Nicht ohne Grund waren Hahnenflügel besonders geeignet die Wachsamkeit der Hunde zu beschwichtigen. Ohne Zweifel wird auch die Hahnenfeder für Sinmara aus bestimmten ihrer Natur eigenthümlichen Motiven so werthvoll gewesen sein. Es ist eine Ergänzung des früheren Gedankens, der sich in diesem Motiv von der Feder ausspricht; auch sie entspringt aus tieferem Quell gemüthlicher Erfahrung. —

Es ist eine weit verbreitete Anschauung des Volksgeistes, dass der thierische Organismus die Beschaffenheit habe in jedem seiner einzelnen Theile die Kraft und integrirende Wesenheit des Ganzen auszudrücken. Und zwar nicht blos die thierische, auch die moralische Natur, welche man ihm zuschreibt. Es wurzelt darin die Heilkraft, welche man an so vielen Theilen des thierischen Leibes haftend glaubte, wie darin die Möglichkeit die intellectuelle oder ethische Essenz der einen Natur in die Andere überzuleiten [271]). Daher die Eigenthümlichkeiten, welche man der Anwendung des Blutes, des Fleisches, der Knochen, des Gehirnes in der Volkssage und Volksmedicin bis auf neuere Zeiten zuschrieb. In der Erklärung zum Beispiel, welche die Pariser Theologen 1398 gegen den Aberglauben ausgehen liessen, heisst es zum zwanzigsten: „wer glaubt, dass das Blut der Widhopfen, eines Bockes oder sonst eines andern Thieres, oder der Jungfrauen Pergament, oder die Haut eines Löwen die Kraft die Teufel zu vertreiben oder zu zwingen haben solle, der irrt" [272]). Es ist also kein Wunder, dass man auch dem Gefieder eine ähnliche Eigenschaft zuschrieb. Auch am Schweife vierfüssiger Thiere erkennt man ihre Gesinnung. So die des Löwen, sagt Plinius, wie die der Pferde an den Ohren [273]). Wenn die Aegypter die Nacht vorstellen wollten mit ihren Schrecken, so zeichneten sie den Schweif des Crocodills [274]). Dasselbe gilt von befiederten Thieren. Die Federn des Adlers sollen noch so viel von dem Wesen des Thieres an sich tragen, dass sie unter andere Vögel gemischt diese verschlingen [275]). Darum ist auch die Hahnenfeder mit einer besondern Kraft begabt zu finden, die dem Hahne gehört, nicht auffallend. Am Hahne hat alles eine wunderbare Kraft. Vom Hahnensteine haben wir schon geredet. Vom Hahnenblute ist ebenfalls schon Erwähnung geschehen. Vom Hahnenbeine folgen noch einige Notizen. Das Blut des Hahnenkammes zaubert [276]). Den Kropf eines Hahnes zwischen Sohle und Schuh gelegt bringt Liebesgedanken hervor [277]). Hahnenei ist dringend nothwendig, wenn man durch eine Mischung von Gold, Vitriol, Quecksilber und Weinstein den Stein der Weisen fabriciren will [278]). Um wie viel musste denn eine Hahnenfeder gelten, die man, wenn man es im Stande ist, noch dem lebenden entreissen konnte. Es ist ein schwäbischer Aberglaube, dass, wenn man drei Federn aus dem Schwanze eines Hahnes reisst und einem Mädchen unvermerkt in die Hand drückt, so muss es den Mann lieben und kann nicht von ihm lassen. Es ist die Natur des Hahnes die in der Liebe hier concentrirt ist, welche sich in den Federn kund giebt [279]).

Eine merkwürdige Notiz giebt Lucian in seinem geistreichen Dialoge, den er den Traum oder den Hahn genannt hat. Dort unterhält sich ein Hahn mit dem Micyllus über die Natur des Lebens und des Reichthums. Er bestreitet, dass Gold immer glücklich und zufrieden mache, und will es ihm durch persönliche Anschauung vor das Auge führen. „Aber wie soll ich das, ruft jener, bei verschlossenen Thüren! Soll ich die Wände durchgraben! Keineswegs, spricht jener, aber Hermes, dem ich heilig bin, hat mir dies zum Vorzug gegeben, dass, wenn Einer mir die längste Feder am Schweife, welche wegen ihrer Weichheit sich biegt, auszieht, so kann er jede Thür öffnen und alles selbst ungesehen mit ansehen." [280]).

Man muss nicht glauben, dass man hier mit einer Erfindung Lucians zu thun hat. Offenbar beruht dies, was er hier von der Kraft seiner Feder den Hahn sagen lässt, auf abergläubischen Volksmeinungen, die er ja an vielen Stellen zu geisseln den Geist und auch den Muth hatte.

Der Hahn repräsentierte nicht blos die Liebe, sondern vor Allem das Licht. Denn aus seiner Natur das Licht zu ahnen und zu finden, ist sein mythisches Wesen namentlich ausgeflossen. Das Licht der Sonne ist aber durchdringend und allwissend. Mit dem Auge der Sonne überschaut Odin alle Welten. Helios, sagt der Dichter der Odyssee, hört und sieht Alles [281]). Nur Zeus kann einen Nebel spannen, den das scharfe Gesicht des Helios nicht durchdringt. Das Sonnenlicht dringt in alle Schlupfwinkel, auch in jedes enge Thal; mitunter kommt man zu ihr in manchem Mährchen um das Verborgenste zu fragen. Denn es ist nichts so fein 'gesponnen, es kommt doch an das Licht der Sonnen. Der arme Gemordete kann sich mit gutem Grund auf das Zeugniss der Sonne berufen [282]). Sie hat es gesehen und führt die Strafe herbei. Darum heisst eben das Ross des Sonnenwagens am Himmel der Edda Alswidr, Alles wissend. Diese Allwissenheit besitzt auch der Hahn, denn er ist wie das Ross Symbol des Sonnenlichtes, seine Feder ist von der Kraft desselben tingirt. Mit ihr kann man, wie mit dem Lichte, durch alle Ecken, durch alle Wände, wie durch das Schlüsselloch schlüpfen.

Die Notiz bei Lucian ist durch ihren Bericht eigenthümlich, dass der Hahn dem Hermes heilig sei und dass dieser ihm die Kraft verliehen habe, durch alle Luken, überall hinzukommen und zu schauen. Es nennt sich noch sonst bei ihm der Hahn „der beständige Genosse des Hermes, des beredtesten und schlauesten aller Götter" [283]). An und für sich ist ja der Hahn der Wächter der Nacht, er der die Diebe beobachtet und von ihren schlimmen Thaten weiss. Er wusste auch, dass Micyllus bestohlen worden war, und hatte darum so laut als möglich gekräht [284]). Hermes ist aber der Gott des nächtlichen Truges, der Schalkheit, der stehllustige Freund der Finsterniss [285]). Darin bekundet sich gerade ein merkwürdiger und tiefer Gedanke, den Lucian nur scherzhaft berührt, der aber tief eingreift in das Gemüth und die Beobachtung aller Völker. Es ist der Gegensatz, der darin heraustritt, aus dem auch Sinmara's Verlangen nach der Hahnenfeder klar wird. Die unterirdische Welt bildet den Gegensatz des lichten Ueberirdischen; sie will in ihrer schwarzen Ungeheuerlichkeit nachbilden die Pracht, den Glanz und Reiz des Tages. Wie jene will auch sie ausgestattet sein. Helios fährt auf Sonnenrossen um die Welt; auch die Nacht geht mit dunkeln Rossen langsam empor die Erde mit dem Mantel des Schweigens zu bedecken. Diese Vorstellungen setzen sich durch alle Zeiten fort bis in die Regionen des Christenthums, wo die Nacht immer gespenstischer und diabolischer erscheint. Es ist der böse Geist, welcher den Contrast von Dunkel und Licht ganz in sich aufnimmt und das Streben darstellt, dem Himmel es nachzuthun, um wie er mächtig zu werden. Wie auf lichten Rossen die Englein reiten und die streitenden Heiligen ruhig emporfahren, so hat die Hölle ein Gespann von schwarzen Pferden. Auf weissem Rosse reitet in der Offenbarung Johannis der Sieger, welcher überwindet. Auf schwarzen Rossen kommt das dunkle Gericht der Hölle [286]). Ein Greis wie Michael Glycas kommt in der Stadt zu einem Reichen, der im Sterben liegt. Da sieht er viel schwarze Männer einherreiten mit feurigen Stöcken in der Hand. Sie gehen in das Zimmer des Kranken. Als er sie sieht, ruft er, Gott helf mir und erbarm Dich! Sie aber sprachen: Jetzt

gedenkst da Gott, da die Sonne unter geht. Als sie auf-
ging, vergassest du seiner [287]). All das gespenstische Wesen, welches in den Volkssagen der christlichen Völker das
schwarze Ross umgiebt, ist im Gegensatz zu dem lichten Son-
nenross entstanden, welches den Wagen des Odin wie des Helios fährt. Dem Rosse des Lichts entspricht der Hahn des
Lichts. Es hat etwas eigenthümlich Gespenstisches, wenn in
Sagen der Hahn als Zugthier erscheint. Bei dem Dorfe Wa-
dekath sieht man, wenn man sich einlässt nach einem Schatze
zu graben, einen schwerbeladenen Wagen kommen, den ein
Hahn mit grosser Leichtigkeit zieht [288]). Bei Feeben sah man
bei ähnlicher Gelegenheit einen Hahn einen ungeheuren Balken
spielend ziehen [289]). Auf einem schwarzen Hahn reitet die Hexe
wie auf einem Pferde nach dem Blocksberge [290]); Hühner sind
oft das Gespann von Hexen [291]). Um einen Kranken zu heilen,
wird in einem Irischen Mährchen erzählt, musste die zauber-
kundige Frau auf einer weissen Henne zum stillen Volke reiten [292]). Es ist der Hahn der Vertreter des Rosses. Wie dieses
in die Welt der Nacht hinabgestiegen, um dem Geiste der Finsterniss zu dienen, so steht der Hahn statt seiner. Beide, die
alten Vertreter des Lichtes werden von dem Teufel gebraucht,
um die himmlische Natur nachzuahmen. Schon auf alten geschnittenen Steinen erscheinen wunderliche Vorstellungen, die
man nicht anders deuten kann: Hähne ziehen einen Wagen, auf
dem eine Maus sitzt. Anderseitig wird ein Fuchs, auf einem
andern Steine ein Rabe von Hähnen gezogen [293]). Der wachsame Hahn wird selbst zum Gespann für den räuberischen Fuchs,
für den diebischen Raben und die naschhafte Maus [294]). Die
Wachsamkeit wird den Mächten dienstbar, gegen welche sie ihr
Auge zu richten hat. Diese traurige Ironie verfolgt schon Lucian, wenn er Merkur und Hahn zu Freunden macht, wenn er
dem Hahn die Kraft, welche er besitzt, nicht vom Helios gegeben zuschreibt, sondern als eine Gabe von dessen Gegner,
seinem Antipoden von der Wiege auf, darstellt.

Es ist in der That des bösen Geistes emsigstes Bestreben,
die Lichtnatur des Himmels in seine Knechtschaft zu bringen.
Darum braucht er die Gestalt und Symbole der guten Princi-

pien, um mit ihnen zu täuschen und zu agiren. Davon sind nun in warnenden Beispielen Lehren, Legenden und Sagen der christlichen Völker voll. Hat er es doch gewagt dem heiligen Martinus in der Gestalt des Heilandes selbst zu erscheinen. Aber der Heilige erkannte ihn. Denn es fehlten ihm die Wunden unsers in Dornen erlösenden Gottes [295]). Frech wie er ist, denkt er in der Gestalt der heil. Dreieinigkeit den Erzbischof Norbert zu verführen [296]), aber es war kein wunderbares Säuseln in dem sie erschien; ein Dunst wie von dem Vater alles Bösen wehete umher. Das Affenthum ist daher mit Recht seine eigenthümliche Gestalt. Als solcher sucht er den heiligen Dominicus zu schrecken [297]). Als solcher verkleidet er sich zum Famulus der ihm verschriebenen Menschen [298]). Die böse Elfin in Irland erschien dem armen Hirten wie ein Affe mit Entenfüssen und schlug ein Rad, wie ein welscher Hahn [299]). Es ist sein Aerger, dass der Hahn dem Lichte dient und durch seinen Ruf sein Teufelswerk verscheucht. Er verschmähet nicht, um die Leute zu verlocken, wie ein Hahn zu krähen. Da dieser die Hebung von Schätzen verkündigt, ahmte er dessen Schrei nach, als dem Schwarzkünstler Kilian Schmidt zu Elbing gelüstete einen Schatz zu heben; aber statt Gold schüttete er Schwären und Beulen auf ihn herab [300]). Sehr bezeichnend ist, was Caesarius von Heisterbach erzählt. Ein Ritter hatte an Dämonen nicht geglaubt. Ein Zauberer verspricht ihm den Teufel zu citiren, warnt ihn aber, diesem auch nur das Geringste zu versprechen oder zu schenken. Der Teufel kommt. Der Ritter fragt ihn was er will. Nachdem er mehrmals verlangt, nichts erhalten, fordert er seinen Haushahn. Wozu brauchst du meinen Hahn fragt der Ritter. „Dass er mir krähe" war die Antwort [301]).

Dass Sinmara die Kraft der Hahnenfeder haben will, durch welche man wie das Licht überall hin dringen und kommen könne, ist daher ganz natürlich. Dann ist sie gern zufrieden, wenn der Hahn gemordet wird. Der böse Geist ist ja dann mit der Kraft des Lichtes ausgestattet. Der Himmel ist zwar beraubt, sie aber hat was sie bedarf.

Die Idee der Hahnenfeder, welche oft des Teufels Schmuck ist [302]), wird hierdurch klar. Zuweilen schmückt er sich mit einer weissen Feder, um glauben zu machen [303]), er habe bereits über die Gewalt des Lichtes triumphirt. Wie als Trophäe glänzt die Feder an seinem Barrett.

Aus dieser Vorstellung von der Hahnenfeder erläutern sich noch einige andere Sagen von dämonischen Federn. Wenn man die Hahnenfeder hat, so ist man der Natur des Lichtes versichert; man kann überall hinschauen und sehen. Es ist ein neckischer Nebengedanke damit verbunden, wenn es in dem Mährchen vom Hahne mit der Goldfeder heisst, man brauche blos eine Feder aus seinem Schweife zu ziehen [304]) und damit schreiben, dann könne man sich wünschen, was man wolle. Denn der Nachdruck liegt auch auf dem Gold der Federn und mit Gold, so meint das Volk zuweilen, kann man Alles beschaffen, alles erobern.

Auch der Teufel erscheint in einigen Sagen mit Federn. Nach der Einen hatte einmal ein Räuber einen Vater gefangen; der Sohn wollte ihn lösen, aber dieser blieb unerschüttert gegen all sein Flehen. Endlich versprach er, dass, wenn er ihm die drei Federn von des Teufels Haupte brächte, er den Vater freilassen würde [305]). Was konnte einem Räuber wichtiger sein als die Federn von Teufels Kopfe! Denn gewährt die Hahnenfeder die Natur des lichtschauenden Hahnes, so die Teufelsfeder die Kraft des teuflischen Wesens. Der Sohn brachte sie zwar durch die Güte von des Teufels Haushälterin und der Vater ward gelöst. Aber den Räuber holte der Teufel selbst und nahm ihm die drei Federn wieder ab. Aehnlicherweise soll Jemand die Hand der Königstochter empfangen, welcher drei goldene Haare vom Kopfe des Teufels bringt. Wobei wiederum der Zusatz, dass es goldéne Haare sind, die man will, zu beachten ist [306]). Denn sonst hat der Teufel keine goldenen Haare. Statt des Teufels erscheint nicht selten ein Drache. Und so wird es klar, warum ein solcher, nachdem ihm während des Schlafes die Federn ausgerissen sind, über sonst unerforschliche Dinge die gewünschte Auskunft giebt [307]). Dass der Teufel hier mit Federn erscheint, erinnert an einen Nebengedanken, in welchem Hahn und Teufel neben einander vorkommen, auf den mit Wenigem

eingegangen werden kann. Es ist aus den Faustsagen, wie sie
weit und breit bekannt sind, als Famulus Wagner's und als
Teufelchen selber der Auerhahn bekannt. Es führet auch dieses auf die jüdischen Sagen zurück, welche sich an Salomo an-
lehnen und im muhamedanischen Kreise weiter ausgedehnt worden sind. Salomo war der Weise des Orients; ihm waren alle
Thiere unterthan und er verstand alle Sprachen der Thiere auf
dem Felde und in den Lüften. Ihm waren sie dienstbar und sie
versammelten sich wie Vasallen an seinem Hofe, um nach seinen
Befehlen zu fragen. Einer der in der heiligen Schrift genannten
Vögel heisst Dukiphath, den man gewöhnlich mit dem Wiedehopf, Epops wiedergiebt. Diesen nennt die chaldäische und rabbinische Auslegung Tarnegol bera d. h. wilder Hahn, Waldhahn
oder Auerhahn. Durch die Sagen, welche sonst vom Wiedehopf
Epops umgingen, wurde dessen Eigenschaft auf den Auerhahn
übertragen; dieser aber trat darum in Beziehungen zu dem Ge-
dankenkreise, der sich an Schamir lehnte, wozu die Etymologie
und die rabbinische Auslegung des Berichtes vom Salomonischen
Tempelbau Veranlassung gab [306]). Es wurzelt in diesen Combinationen, welche anderswo weitläufig vorgetragen worden sind,
dass der Epops, als Nagartura und Auerhahn zum besondern
Diener, Boten und Famulus von Salomo geworden ist, wie es
für den Muhamedanischen Sagenkreis über Salomo, vom Koran
an, der Hudhud war [309]). Schon in den talmudischen Sagen steht
Asmodai der böse Geist unter der Herrschaft Salomo's, wie die
bösen Geister überhaupt ihm unterworfen sind. Asmodai giebt
ihm auch zuerst Bericht über das Wesen des Auerhahns. Später
und nach andern Färbungen der Sage war es dieser, welcher
Befehle erledigte, Nachricht brachte und weitläuftige Kenntniss
aller Dinge und Orte hatte [310]). Aber alles, was sonst dem
Dienste Gottes und seinen Weisen gehorsam war, äffen der
Teufel und also die mit ihm verbundenen Sünder und Zauberer
nach. Was Salomo durch Gottes Hand war, ein weiser Mann
und Herr der bösen Geister, das wollen Andere sein durch den
Teufel und seine Künste. Die Fauste aller Zeiten wollen Salo-
mone werden an Macht und Glück durch einen Pakt mit diesem.
Alles was jener konnte, jener hatte, das wollen auch sie durch

ihre schwarze Kunst haben. Salomo hatte einén Famulus, der ihm diente zu Gottes Ehre. Auch die Knechte des Teufels haben einen solchen. Salomonis war ein Auerhahn; so ist auch Dr. Faust Herr eines solchen, den er Wagner hinterlässt. Man muss bemerken, dass es namentlich das älteste Wagnerbuch sei, in dem der Auerhahn eine Rolle spielt. [811]). Als Faustus stirbt, fragt er Wagner, in welcher Gestalt er einen Geist zu haben wünsche; in eines Affen [812]) Gestalt, antwortet dieser. Er bewilligt das; ein Bild zeigt, wie der Affe herumspringt; „er soll dir gleichergestalt dienen, als mir Mephistophiles dient, aber du musst ihm dein Verbündniss halten und ihn Auerhahn nennen." Mit diesem schliesst nun Wagner seinen Contrakt ab: Er muss ihm unter andern versichern, dass er, „wenn ichs begehre, sich zu einem fliegenden Ross, wie der Pegasus gewest, verändere und mit mir in fremde Land, da ich Lust habe, ohne einigen Schaden hin und wieder herführe" und dass „ich alle verbogene und heimliche Schätze unter der Erde wissen und überkommen mögen." Auerhahn ist ein ernster Teufel, er warnt Wagner eindringlich, treibt aber, als er sich nicht warnen lässt, alle möglichen Schalkheiten und Possen für seinen Herrn. Endlich gewährt er ihm eine besondere Gnade. Er bringt ihm einen Geist mit in der Gestalt eines Haushahns, aber unaussprechlich gross, und heisset er ihn Bilet, „der ist ein Meister über das Land, er durchstreichet und durchwandert Alles in der Lufft und dem Erdboden, auch in dem Meer, er fahret in die Höll, in Summa, er ist so geschwinde, dass er bald des Menschen Gedanken übertreffen kann." Auf dem fährt er nun zu allerhand sündlichen und greulichen Werken. Hähne sind eben die gewöhnlichen Luftrosse, auf denen die Teufel reiten. So reisen sie auf solchen nach Toledo. Auf einem Hahn fährt Wagner, welcher es begehrt, mit Auerhahn nach der neuen Welt. So erschreckte er auch die Indianer, als er sich mitten unter sie auf seinem Hahne tragen liess. Ein anderes Mal fuhren sie zusammen, Wagner und Johann de Luna, Wagner als Affe des Elias auf seinem Mantel, Johann auf einem Hahn Bethor. Aber der Hahn, auf dem Wagner gewöhnlich fuhr, das war Bilet. Den sieht er später, als er die Hölle betrachten darf, in Menschengestalt auf einem bleichen Pferde [312]). Endlich war die Zeit um und Auerhahn zeigt die Stunde ihm an.

Man sieht, dass die Wagnersage sich an die jüdischen Traditionen vom Auerhahn anlehnt; es ist das Jahrhundert, in welchem sie zuerst erscheint, ausgezeichnet durch das Bestreben von dem biblischen und nachbiblischen Judenthum Kenntniss zu gewinnen; es ist daher nicht anzunehmen, dass Fridericus Schotus Tolet, der sich als ihr Herausgeber nennt, die Erscheinung von Auerhahn aus den Salomonischen Sagen selbst erst eingeführt hat; doch beruhet sie zumeist auf einer Kenntniss, die in den Zeiten seit der Reformation erworben zu sein scheint [314]). Dass es eine neuere Anlehnung ist, ergiebt sich auch daraus, dass der Famulus ein Affe ist, welcher Auerhahn nur heisst. Dass der Teufel als Affe dienstbar ist, kann als alt nachgewiesen werden. Man legt ihm den Namen Auerhahn bei, um auf den Gegensatz zur Salomonischen Weisheit zu deuten. Jedenfalls ist der Grund seines Namens sicherer, als der von Mephistopheles. Es ist bekannt, dass dessen Herleitung bisher misslungen ist. Für uns ist kein Zweifel, dass er auch aus den heiligen Quellen biblischen Lebens stammt und dass die Meinung, „nach welcher er im Semitischen nicht aufzufinden sein soll", nicht sehr tief gegangen zu sein scheint [315]). Man behauptet zwar, dass die älteste Schreibweise Mephostophiles gewesen sei, aber dass für Namen dieser Art auf ein solches Factum nicht viel Werth zu legen ist, wird daraus deutlich, dass die Schriften, in welchen sie zuerst erscheinen, Volksschriften sind, welche die Namen nicht gebildet, sondern schon überliefert und daher nicht selten verstümmelt erhalten haben. Ob also zwanzig oder dreissig Jahre früher ein Volksbuch in England Mephostophiles, ein deutsches Mephistophiles hat, wird weder für das Eine noch für das Andere entscheiden. Die Meinung, welche ich mir zu äussern erlaube, würde ein Mephitofel als Urform statuiren. Man muss sich in die mittelalterliche, wie die ältere kabbalistische und gnostische Namenbildung versetzen, um einzusehen, dass Spielereien wie feine Bezüge auf biblische wie volksthümliche Auslegungen und Vorstellungen gewöhnlich die Elemente dazu gewähren [316]). Es giebt in der heiligen Schrift einen weisen Mann, der Rathgeber des Königs David, Achitofel. Diesen stellt die Auslegung an Weisheit dem Bileam gleich [317]). Aber sie hinderte nicht, dass er abfiel, also seine Weisheit verblendet und er des Himmelreichs verlustig ward. Er war der Rathgeber, der famulirende Diener von David, dem Vater Salomo's, eigentlich der Urtypus eines solchen Famulus des weisen Königs. Ich weiss nicht ob man auch denken kann, dass Vorstellungen in tofel auch eine nahe Wortverwandtschaft mit Teufel, ags. deofol isl. djöfull, sonst Tiufel, Tüfel u. s. w. erkannt haben. Aber nahe liegend mögen sie bei der Bildung des Namens miteingewirkt haben. Doch den bösen Geist in seinem Famulus Achitofel zu nennen, wäre zu wenig markirt gewesen. Denn in Achi liegt nichts entschieden auf das Wesen, wie man sich Mephistophiles dachte, hinweisendes. Dies drückt aber Mephi auf das treffendste aus. In der Geschichte Davids erscheint ein armer Spross aus dem Hause Sauls mit dem Namen Mefiboschet [318]), Sohn Jonathan. Die Sylben Mefi bilden eine Composition, denn es erscheint noch sonst ein Jsbocheth [319]). Das boscheth als ein Götze ausgelegt werden könnte, will ich nicht besonders urgiren, aber es tritt hinzu, dass Mephiboschet lahm war sein lebenlang, denn er war von den Armen seiner Wärterin gefallen. So ist Hephaestos [320]) lahm von seinem Sturze auf die Erde. Der Teufel aber ist beständig hinkend, wahrscheinlich von seinem Fall [321]) wie jener und um ein unverlöschlich Kennzeichen seiner Hässlichkeit zu bewahren. Er ist der Hinkebein [322]), darum erscheinen auch gespenstische Hähne mit hinkendem einem Fusse. Mefiboscheth war nach dem Midrasch ein sehr weiser und gelehrter Mann. Man nahm an, dass Mefiboschet den Zusatz Mefi von seiner Lahmheit erhalten habe. Mefi wurde daher der treffende Zusatz zum tofel, durch welchen nun im Wortspiel und im weiteren Sinne der Mefitofel, der hinkende Teufel, erkennbar ist. Es ist doch zu erwähnen, dass während also Mefitofel aus der Geschichte Davids entlehnt wäre, der Famulus in zweiter Linie, Auerhahn, der Salomonischen Sage angehört. —

Aber auch der Name Bilet, welchen der Hahn trug, dessen Wagner meist als Pferd sich bediente, der in der Hölle ihm in Menschengestalt erschien, ist aus dem biblischen Alterthum zu deuten. Ich halte ihn für keinen Andern als für Pilatus. Er ist es, dem die christliche Legende die Busse nicht vorenthält, die sein Verfahren gegen Christus herausfordern musste. Sein Zusammenhang mit dem Auerhahn und Hahn erläutert sich durch analoge Sagen von seinem Wesen. Der Auerhahn, welcher vom Meeresfürsten den Schamir sich geborgt hat, um seine Jungen zu lösen, tödtet sich selbst, als er ihn erschrocken verliert und in die Hände Salomo's gefallen sieht [323]). Das Gewissen über seine Veruntreuung bewältigt ihn und er ermordet sich selbst. Auch Pilatus wird in der Sage stets als Selbstmörder vorgestellt. Seit der Zeit geht er gespenstisch um, namentlich am Pilatusberge in Lucern, wo der Teufel, wie Luther sagte, ein wüst und gräulich Wesen treibt [324]). Aber sonst ist er in Hausen geboren, neben dieser hatte er eine Stadt erbaut; sie ging unter, als er sein Urtheil sprach. „Wenn, heisst es, sich Hausen einst so vergrössert haben wird, dass ein Hahn in den Pilatus gehen kann, so wird dieser die Thurmspitze ausscharren und die Stadt Pilatus sich wieder erheben" [325]).

Aber auch andere Zauberer, wie Zyto am Hofe König Wenzels, fuhren auf Wagen von Hähnen gezogen [326]). Faust selbst hat ein solches Gespann in Erfurt benutzt. Er fuhr durch das Faustgässchen mit einem mächtigen Fuder Heu, an welches ein Paar starke Ochsen gespannt waren, hindurch; als aber ein Mönch einen exorcistischen Spruch über die Erscheinung sprach, verschwand das Blendwerk und die Ochsen verwandelten sich in zwei rothe Hähne, die einen Strohhalm zogen [327]). — So sucht der böse Geist — das ist der Sinn von Allem — die herrlichen Güter des Lichtes in seinen Dienst zu stellen. So will „Sinmara" die Hahnenfeder, um die Kraft seines lichten und schauenden Wesens zu haben. Unter der Bedingung wird sie gern den Stab jenem geben, welcher ihn tödten möchte. Aber nur unter dieser. Denn sie will nicht, dass jene himmlische Weisheit anders verloren gehe, als um in ihren Besitz zu gelangen. Es ist in der That ein dunkeles Bild, welches das eddische Lied in den wenigen Strophen entfaltet, aber es haben eben alle Völker erfahren, dass die diabolische Kraft des Lebens danach trachtet, den Himmel zu stürmen und das Gewissen zu tödten, damit sie allein regiere. Es tödten auch die Wanen den weisen Mimir, um die Asen seines Rathes zu berauben. Was ihnen glücklicher Weise nicht gelingt. Es lauert überall die Finsterniss um Sonne und Mond zu verschlingen, damit sie nicht mehr schwarz und traurig heisse. Die bösen Geister lauschen auf den Moment, wo ein schwacher Augenblick die Pforte offen lässt, durch welche sie eindringen können. Jahrelang gebändigt bemächtigen sie sich in einer von Gott nicht geweiheten Stunde des Ringes von Salomon, um mit ihm nach ihrer traurigen Kraft die Welt in Sünde und Unfug zu stürzen. Sie nehmen die Gestalt des Salomo an — und die Völker wissen nicht zu unterscheiden, wo die Weisheit und die Sünde ist. Dazu will auch Sinmara die Hahnenfeder haben. Ihre Lüste mit der Weisheit des Lichtes zu verfeinern und den Stempel der himmlischen Wahrheit darauf zu drücken. Die Faustsagen lehren deutlich, wie das Volk verstand, wozu der Teufel seine Macht missbraucht, die er hat; wir erfahren alltäglich, wie viel schöne und köstliche Gaben des Geistes, des Wissens und des Herzens den Mächten der Lüge und der rohen Sinnlichkeit, den beiden Teufelsflügeln, mit denen er dahin fährt, anheimfallen.

Es ist daher ein ungemein sinniger Gedanke, den wir in den Sagen von Glasbergen bemerken, wenn es heisst, dass sie nur mit einer Treppe von Hahnenbeinen zu ersteigen sind. Diese Anschauung begleitet alle Mährchen, welche vom Glasberge handeln. Es liegt eine schöne Tiefe des Gemüthes darin, wenn das jüngste Geschwister die unglücklich verwünschten älteren aufzusuchen sich bemüht. Es weiss das Mädchen nicht, wo es suchen soll, es hat keinen andern Wegweiser als die Liebe. Aber wem zeigte diese nicht den rechten Weg! So kommt es denn durch Gefahren aller Art und zu Ungeheuern furchtbarer Natur, zum Donner, zum Blitz, zum Sturm, zum Mond, die alle menschenverzehrend sind. Aber das gute Kind rührt

durch seine Liebe dié alten Frauen, welche die Haushaltung
der Ungeheuer führen. Denn wie könnten Frauen — wie häss-
lich und alt auch — einem holden Kinde widerstehen, das seine
Geschwister sucht. Sie kochen einen Hahn. Die Ungeheuer
riechen Menschenfleisch. Aber, sagt die Alte, es sei nur des
Hahnes Fleisch, das er rieche. Zuletzt, nach manchen Varia-
tionen, die die Sagen hier oder da enthalten, giebt man ihr die
Hahnenbeinchen in das Tüchlein eingewickelt. Die sollte sie wohl
bewahren. Denn sie werde an den Glasberg kommen. Er sei ganz
glatt und könne nur durch eine Leiter aus Hahnbeinchen erstiegen werden. Das Mädchen kommt hin, thut dies, aber es fehlt
ihm eine Sprosse. Da ist es schnell entschlossen. Es nimmt
sein Messer, schneidet sich den kleinen Finger ab und macht
daraus die letzte Stufe. So kommt es hinauf und bringt die
Erlösung [328]).

Dass der Hahn oder die Henne geschlachtet wird, um das
Kind zu retten, welches das Ungeheuer ergreifen will, wird an
die oben erwähnte Anschauung erinnern, nach der ein Hahn das
Ersatzopfer für einen Menschen ausdrückt. Denselben Gedanken
führt die Sage rührend darin aus, dass das kleine Fingerchen
in derselben Wirksamkeit besteht, als die Hahnenknochen.

Dass die Verwünschten erlöset werden sollen, muss ein
Opfer der Liebe fallen. Die Menschen steigen auf den Gebeinen
dieses Opfers wie auf einer Himmelsleiter hinauf. Der Hahn ist
das Symbol des Mannes, der fällt für die Sünde und durch dessen Tod man in den Himmel gelangt. Aber es reicht nicht aus,
dass der Hahn gestorben ist — das Kind verliert ein Beinchen
— und es kann nicht hinauf; selber muss man an sich ein Opfer
thun; dann kommt die Liebe in den Himmel.

Der Hahn ist das Sinnbild des „Menschen“, welcher gestorben ist für die Sünde.

Gäbe es keinen Hahn, wie sollte die Erlösung der Gebannten möglich sein. Wie den Weg finden in den Ort der Verdammniss, um die Seelen zu retten! Auch diesen Hahn — dieses
Opfer — den Menschen unnütz, vergeblich und eitel zu machen
strengt sich der Teufel an.

Den Hahn, auf welchem das Kreuz glänzt, möchte er gerne

niederschmettern — dass alles ihm anheim fiele, und sein Tod wieder herrsche.

Seine Macht will er nicht entbehren, aber sein Heil will er zertrümmern. Ob es ihm gelingt! Doch sein Hoffen ist vergebens. —

2. In dem schönen Eddaliede ist das Reich des Himmels noch nicht gestürzt; der Baum Mimameidr steht noch, Vidofnir sitzt noch darauf — Sinmara hat sie nicht, die ersehnte Goldfeder — es ist noch keiner gekommen, der sie hätte erobern wollen. 'Aber wäre er erschienen, hätte den Hahn um seine Goldfeder betrügen können — und Fiölswidr sagt nicht, dass dies unmöglich sei — wäre wie Hermodur um der Rettung Baldur's, der Reinheit willen, um des Mordes der Reinheit wegen zu Hels Gitter hinabgestiegen, hätte den Stab erlangt, den Hahn erschlagen, die Hunde beschwichtigt, wäre eingedrungen in die Gitter, welche die Burg der Menglöd schützen — würde er nach allem dem es jemals erreichen die Liebe der Jungfrau zu geniessen!

Nachdem er alles erkundet über Beschaffenheit und Hinderniss von Hyfjaberg — frägt der Fremdling — abbrechend wie aus innerer Ungeduld — Ist denn ein Mann überhaupt vorhanden, der ruhen könnte in Menglöds süssen Armen!

Kein andrer Mann, antwortet Fiölswidr, kann ruhen in Menglöds Armen, als Swipdagr, „ihm ist sie seit lange verlobt, die sonnenglänzende."

Als er dies sagt, ruft der Fremdling begeistert aus, „Reiss auf das Gitter, mach weiten Raum, hier kannst Du Swipdagr schauen; künde Menglöd es an, ob sie will meine Freuden geniessen!"

Wahrhaftig dramatisch fortreissend endet das schöne Lied. Der Fremde hält es nicht länger aus in seiner Maske. Er hat genug erfahren, um zu wissen, dass Menglöd noch sein ist und frei. Er hat lange genug an sich gehalten. Wie aus dem Herzen des Odysseus bricht endlich die lang verhaltene Liebe in entzücktem Jubel strömend aus.

Wahrlich wie ein Ulysses ist er umhergeirrt; auf windkalten, stürmischen Wogen trieb ihn das Geschick; nicht nach

Wunsch kann man die Wege der Nornen fügen. Windkaldr
darum nannte er sich — ein schöner Name für den in Wind
und kalten Tagen und Herzen umgetriebenen Menschen. Aber
wie dem Odysseus sich öffnet die treu gebliebene Heimath —
so erkennt aller Zauber der Burg, dass der berufene Bräutigam
gekommen ist; die Hunde schmeicheln, die Thore öffnen sich
von selbst — schöner und lichter ist das Bild [329]), als wo im
Argonautenliede Orpheus und Medea in den unterirdischen Hain
steigen und durch dämonisches Opfer den Eingang gewinnen,
die Hunde schweigen und die Pforten springen —; Fiölswidr ist
selbst überrascht und beschämt, — aber lebendig geht die Dichtung
weiter — auf sein Rufen erscheinet Menglöd selbst. Sie kann
vor Freuden nicht glauben, dass er es sei. Sie zittert, er könne
sie täuschen; sie will ein Zeichen haben [330]), dass der Langer-
sehnte wirklich gekommen sei zu ihrer Burg; sie frägt ihn nach
Weg, nach Zeichen und Namen. Die Sprache des Gedichtes
trägt selbst den vibrirenden Ton der zitternden Erwartung.
Drohung gegen den, der sie täuschen könnte, Angst, es möchte
der Geliebte noch nicht sein, freudiges Bewusstsein, dass er es ist,
mischen sich herrlich zusammen. Aber er giebt richtige Auskunft: Swipdagr heisse ich, Solbjartr war mein Vater; auf windkalten Wogen bin ich getrieben worden. Swipdagr [331]) ist ein
Name, der auch sonst vorkommt; soll er hier gedeutet werden,
so bietet sich ein schöner Inhalt seines Namens dar; Swipdagr
könnte der „die Tage drängende", etwa der sehnsüchtige, stre-
bende, durch die Zeit hin ringende bedeuten. Im Grôgaldr ist
gleichsam eine Ergänzung zu Fiölvinnsmal — aber mit einer
dunkleren Färbung, denn Gróa ist todt. Ihr Sohn kommt an
ihr Grab, um sie um Rath zu bitten. Auch er zieht aus, um
Liebe der Frauen zu suchen; sie soll ihm helfen und Rath geben,
dass er es erlange. Da spricht auch sie: Lang ist der Weg,
lang sind die Pfade und lang dauert der Menschen Verlangen.
Wenn das kommt, dass Du Deines Wunsches Herr wirst, dann
ist Dir ein günstig Geschick geworden. Sie singt ihm Zauberlieder in mütterlicher Liebe um das einzige Kind, dass er zum
Ziel gelange. Neun Zauberlieder singt sie ihm und spricht: „Der
Mutter Worte trage mein Sohn von hier und lass sie im Herzen

wohnen; Du wirst genug des Glückes dann im Leben haben, so lange Du meine Worte im Gedächtniss behältst."

Der mütterliche Segen, schöner als aller andere, den Menschen geben, muss auf Swipdagr geruhet haben. Er hat Alles durchdrungen; die windkalten Wege sind zu Ende. Die ganze Tiefe und Zartheit des deutschen Gemüthes zeigen die Schlussworte, mit denen Menglöd ihren Bräutigam begrüsst. Ganz die stille aber unerschöpfliche Sehnsucht eines deutschen Frauenherzens thut sich kund. Es brennt keine wilde Leidenschaft — aber ein unaussprechlich tiefsanftes Glühen, welches einen morgenröthlichen Schimmer auf Wort und Antlitz legt. Ganz die Gluth einer reinen Liebe, die der Fülle ihrer süssen Berechtigung sich bewusst ist, die jetzt ihr Herz ihr öffnen kann, weil sie es in Reinheit darf, die aufbricht die lang verschlossene Knospe eines himmlischen Verlangens, um im ersten Kusse verzückt und lautlos den göttlichen Bund zu schliessen.

> Du bist mir willkommen
> Erfüllt ist die Sehnsucht
> Dem Grusse soll folgen der Kuss;
> Unerwartet Schauen
> Macht freudigen Herzens
> Die Liebe zu einander tragen.

> Lange sass ich
> Auf liebem Berge,
> Harrend dein Tag um Tag;
> Nun ist mirs geschehen,
> Was ich ersehnte
> Dass du wieder gekommen
> Jüngling in meinen Saal.

> Sehnsucht war mir immer
> Sehr nach deiner Liebe;
> Und dir nach meiner Minne;
> Nun aber ist es sicher
> Dass wir umschlungen leben
> Sollen Zeit und Alter zusammen.

1). Apostelgesch. 24, 26. „Μαίνη, Παῦλε· τὰ πολλὰ σε γράμματα εἰς μανίαν περιτρέπει."

2) Mährchen kommt bekanntlich vom mittelhochd. maere, Erzählung. Goth. merjan ist mit dem Munde überliefern, das ist verkünden, εὐαγγελίζεσθαι, daher vajamerjan, βλασφημεῖν, lästern, Uebles mit dem Munde weiter tragen. Althochd. mârjan hat dieselbe Bedeutung, daraus maere, die Erzählung, die im Munde des Volkes fortgetragene Tradition. Daraus ist das adj. maere, beredet, berühmt, in aller Leute Munde, gebildet, namentlich dem inclytus entsprechend. Denn κλυτὸς (wie κλύειν) heisst ein celebris, ein Bekannter, vom dem Rühmens und Redens gemacht, also gehört wird. Unserer Bildung maere, Mährchen entspricht das Griechische Klymene vortrefflich. Personificirt erscheint Klymene als uralte Genie, deren Kinder berühmte Heroen waren, in vielfacher Wandelung. Am sinnigsten ist, dass Homeros der Dichter ein Sohn der Klymene, der Tradition genannt wird, wie Pausanias (Phocica 10. 24. 3.) erzählt: „τὴν κλυμένην μητέρα εἶναι τοῦ Ὁμήρου λέγοντες". Ueber die Sprachverwandtschaft des Stammes ist man nicht klar. Näher als das Sanskritische smri, erinnern, womit es Bopp, Pott, Benfey vergleichen und denen Dieffenbach folgt, ist das hebräische amar, sagen, erzählen, verkünden, d. h. imēr das Wort, die Erzählung, das Lied. Wie die Grammatiker eine Wurzel, mar, annehmen, so erscheint es auch in dieser Form im Chaldäischen und namentlich im Sprachgebrauche des spätern Palästina, wie aus dem Palästinischen Talmud hervorgeht. Dieser Form steht narrare nahe, was aus dem häufigen Wechsel des m und n bezeugt wird. Eine maere ist dem Begriffe nach nichts anderes als eine Sage, wie es zusammen in zahllosen Stellen gebraucht wird, wofür der Artikel maere im mittelhochd. Wörterbuch (II. Bearb. v. Zarncke p. 76) hinreichende Belege giebt. Es kommt ja sage-maere oft genug vor. Zum Mährchen im Gegensatze zur Sage ist es erst aus der Anschauung worden, dass es eine nur im Munde

der Leute vorhandene Historie sei und auf keinem in begründeter und ge-
schriebener Urkunde vorhandenem Berichte ruht. Uns ist eben ein Mährchen, was nur maere ist, Sage, was einen Grund hat. Die Ursache dieses Unterschieds erklärt sich aus dem Veralten des Wortes maere selbst in
seiner früheren Bedeutung. Die maere wurde die lügenhafte erfundene Sage,
fabella — die Sage selbst war auf einem Grunde aufgerichtet, nach dem
schönen Volksbegriff, dass das Gesagte auch einen Fonds von Wahrheit enthalten müsse. Im Veralten des Wortes liegt nicht selten die Schwächung
seines Sinnes.

3) Es wird einer besonderen Betrachtung der Beweis anheimgegeben
werden müssen, wie sehr sich die Gesta Romanorum im Einzelnen und in
den Redactionen von den Sammlungen, mit denen sie gewöhnlich zusammengestellt werden, der disciplina clericalis, der legenda aurea u. s. w. unterscheiden. Und wie sehr sie in Composition und Redaction den Charakter
tragen, der trotz seiner meist weltlichen Weise als gegenheidnisch und universal-
christlich sich darstellt. Die Gesta Romanorum sind zum grössten Theil im
Odem des christlich - römischen Kaiserthums entstanden. Darauf deutet vor
Allem die Liebe zur historischen Anlehnung an Römische Kaisernamen, deren
historischer Charakter aber ganz verwischt ist. Es stellen diese Namen eben
nur für das Volk allgemeine Begriffe von Kaiserthum und Herrschaft vor,
um welche die Mähre ihren Inhalt und ihre Lehre anlegt. Es ist keine Spur
von individueller Wahrheit an den Kaisern Tiberius, Diocletianus, Gordianus
oder den Königen Pompejus, Plinius, Dorotheus — aber bezeichnend ist es
doch, dass Römische Kaisernamen, Römische Erinnerungen, wenn auch nur
im Volksgeiste zu den Ausstattungen, die die Fabel brauchte, genommen sind.
Es giebt auch eine jüdisch-römische Kaisersage; in welcher namentlich Antoninus, Hadrianus, Trajanus, Diocletianus vorkommen. Auch hier tragen
diese Fürsten nicht ihren historischen Charakter, aber der, welcher ihnen
gegeben wird, wurzelt in den nationalen günstigen oder übeln Geschicken,
die die Juden von ihnen erlitten haben. Antoninus ist also ein herrlicher
Mann, ob es nun Caracalla oder Heliogabal ist — Trajan und Hadrian und
Titus aber Fürsten, die verdammt sind, weil sie die Verfolgung und Zerstörung der jüdischen Nationalität bewirkt. Dies ist den Acten ähnlicher, in
welchen die Christenverfolgungen legendenartig dargestellt werden. Die Gesta
Romanorum, obschon nicht alle gleichen Alters, sind doch weit jünger. Alle
sind entstanden, als das Christenthum im Römischen Reiche herrschte — aber
das Römische Reich als solches in lebhafte Erinnerung getreten war. Auch
dieser Umstand wird zur nähern Bestimmung des Alters eines grossen Theils
der früheren Stücke der Gesta verhelfen können.

4) „Das Morgenland, muss man gestehen, ist die Wiege der Fabel und
die Quelle der Mährchen, welche die Welt erfüllt haben", sagte Laharpe.
Vergl. Gauttier's Vorrede zu den Tausend und Einen Nacht. Aus einer
Tunes. Handschrift ergänzt und vollständig übersetzt von Max. Habicht,
Hagen und Schall. Wien 1826. 1. p. 14.

5) Tausend und Eine Nacht 492. Nacht. ed. Habicht. 14. p. 17.

6) In der kleinen Ausgabe der Kinder- und Hausmährchen der Brüder
Grimm ist es das letzte.

7) Mir dünkt, Jacob Grimm habe in der Erklärung von Wunsch, nicht tief genug gegriffen. Der liebe Mann sagt (Simrock Mythologie p. 209 und Menzel Odin p. 147) u. A. folgendes: „Dieses Wort ist wahrscheinlich von wunja, wunnja, Wonne abstammend", was wir ihm nicht zugeben können. Der Wunsch hat das 'n nur eingeschoben, wie dies in der ähnlichen Sanskritform erscheint. Vâksh wie vanksh heisst wünschen, altnord. ôska (dänisch n eingeschoben önske) ags. vyscan, engl. wish. Demselben entspricht griechisch εὔχομαι (Benfey Gr. Grammatik 1. 17.) Dagegen ist wonne, ags. vyn an das n· gebunden. Aber sie gehen auch im Begriff auseinander. Die Wonne ruht im Genuss der Gegenwart. Sie ist die augenblickliche Freude. Es ist das Auge im Weiden, wenn es Wonne geniesst. Daher Wonne und Weide eins und stellt man, was anderswo auszuführen ist, Wonne zu vinja, wie zur Weide. Aber Wunsch ist Wonne des Ideals, der Idee, des Begehrens. Es ist auch unmöglich, wie Grimm meint, „dass die Bedeutung des Begehrens und Verlangens nach solchen Vollkommenheiten sich erst zufällig mit dem Worte wunsk, altn. osk verbunden habe." (Mythol. 126.) Denn „zufällig" durfte sich etwas derartiges nicht gestalten und aus dem wonnevollen Zustande, in dem man nicht mehr wünscht, kann der Begriff Wunsch; der das was man für Wonne hält erst in die Zukunft setzt, sich nicht entfalten. Aber es ist umgekehrt etwas allgemeines, dass aus der Sehnsucht in die Wonne übergegangen wird, weil das, was verlangt wird, für Wonne gehalten wird. So ist ἵμερος, desiderium, das hebr. cheschek, unser Sehnsucht selbst im Gebrauch Ein schönes Beispiel bietet hierfür das griechische λωίων, besser, trefflicher, Sup. λώϊστος, was von λῶ (verlangen, wünschen, Sanskrit las) sich ableitet. Λωίων heisst das Erwünschtere, darum auch das Bessere, das Schönere, das Herrlichere. Simonides singt: „οὐκ ἔστιν ἄλλη τῆςδε λωίων γυνή." Und ist auch in all den Stellen, welche Grimm anführt, vom Wunsche nicht eine, welche den Uebergang vom Wunsche in die Wonne nicht darthäte. Es ist dies ein so schöner poetischer Zug des deutschen Lebens, auf den wir gern einleitend eingegangen sind, weil aus ihm ein ganzer Strom deutschen Sagenlebens geflossen ist.

8) V. 330—334: „man sagt daz nie kint gewan
ein lîp sô gar dem wunsche glîch
Und wære sî gewesen rîch
so gebræste nîht ir lîbe
ze lobelîchem wîbe"

ed. Haupt p. 11. Grimm 127.

9) V. 84—89 ed. F. Roth. p. 3. Grimm p. 128.

10) Grimm hat eine so grosse Menge Stellen angeführt (p. 126 u. s. w. 1205), dass man sich damit genügen lassen könnte. Aber wie klar tritt dies ausser diesen in den Versen Konrad Fleck's hervor: Flore und Blancheflur v. 6926. 27: „die man niht künde baz beschœnen
mit wunsches gewalte."
Wenn man die Gewalt zu wünschen hätte, oder 6940: „der so gar der wunsch benimt
aller slahte missetât
daz si mâl noch flecken hât."

Heinrich von Meissen sagt in den Sprüchen 141. 6. (ed. Ettmüller· p. 102) „durch vollen wunsch ist iu geworht ein Kranz in wibes güete." Reizend ist der Vers desselben 313. 10.: „durchkernet lûter golt nâch wunsches stimel." Vortrefflich ist die Parallele von sælde, an die Grimm p. 827 selbst erinnert, wo ich ebenfalls an eine mythische Reproduction nicht glauben möchte. Dichter und Künstler haben zu allen Zeiten Gedanken, die die Zeit und sie belebten, personificirt. In der griechischen und römischen Welt ist dies etwas Bekanntes, wo Spes, Dolor, Dolores, Dolus u. s. w. erscheinen — aber auch unsere Dichtung und Kunst waltet in diesem Schöpfungsrechte täglich, das Feder und Pinsel in Versen und Fresken ausüben.

11) In der jüngeren Edda 3, wo die Personificationen von Begriffen zu Beinamen von Göttern und Genien ohnedies geliebt werden. Die zwölf Eigenschaften, die daselbst Odin beigelegt werden, sollen seine Allmacht darstellen, doch sind die meisten für die Einzelbedeutung von grosser Schwierigkeit.

(12) Wahrhaft ergötzlich ist die Schilderung im Icaromenippus Cap. 25, wo Menippus Jupiter besucht an der Stelle: „ἔνϑα ἔδει αὐτὸς καϑεζόμενος διακούσαι τῶν εὐχῶν", wo er die Wünsche und Gebete der Menschen anhört. Ed. Reitzius II. 781.

13) Sprüche n. 349:

> „Vil reine magt, du schin der engel
> du blüende rôse, ein werder liljenstengel
> du balsams smac, du trônes glast
> du lebendes touwes-sprengel
> du zuckersüeze vin des himels Klôsen;
> du wunsches wunsc,h, der êren wunne,
> du vrôner gotes tempel, liehtiu sunne,
> vertriben hât der sünden last
> dîn übervlüzzic brunne,
> indem sich mac solch kraft mit dir erkôsen."

Desiderium quod omnes sitiunt heisst Maria auch beim Mönch Jacobus: Polyanthea Mariana. Colon. 1684. p. 113.

14) Grimm d. Gr. 4.·656. Auch in den Nibelungen heisst es:

> swêr sô wünschen solde
> der kunde niht gejehen
> daz er ze dirre werlde
> hœte schœners iht gesehen.

v. 281. (Nach dem Lassberg. Texte. 287.)

15) Wie es in der schönen Umschrift heisst, die um eine betende Figur ciselirt an der äussern westlichen Wand der ehemaligen Peterskirche sich befindet, die wir mittheilen, weil sie noch unbekannt. Mir hat sie Herr Lehrer Kruspe freundlichst abgezeichnet: CRIST. GERVCHE. ZV. LEBINE. DI. SELE. DER. BEGRABINE: Aehnliche Formen sind in mittelhochd. Schriften: verdenken (in Verdacht nehmen), vergeben (vergiften), verhaben (verschliessen), verkiesen (verachten, aufgeben), verkuunen (verzichten), vermæren (Böses erzählen), vermelden (verrathen), vermeinen (verzaubern) u.

s. w. denen im neuhochd. viele entsprechen, als eben verhexen, verzaubern, versprechen (im beschwörenden Sinne) u. s. w.

16) So ist hebräisch berach für segnen, Gutes wünschen, aber auch für das Gegentheil, die Lästerung, im Gebrauche (vergl. 1. Kön. 21, 10: „Gott und König lästern." S. Psalm 10, 3.) Zu dieser Stelle bekämpft zwar Hup-feld (die Psalmen 1. p. 211. 1855) mit grosser Sicherheit diese Bedeutung, sie steht aber nichts destominder fest. Man hat sie nicht mit Unrecht für euphemisch erklärt. Aehnlich wurden arabische und äthiopische Formen angeführt. Bekanntlich ist das lateinische precari ebenfalls für imprecari im Gebrauch. Tibull II. 5. 115:

> „Tu miserum torques, tu me mihi dira precari
> Cogis et insana mente nefânda loqui."

was ganz wie das deutsche verwünschen steht. Ebenso wird εὔχεσθαι wie κατεύχεσθαι auch von dem Böses wünschen gebraucht. Lucian: „τὰ κάκιστα εὐχόμενος γίνεσθαι."

17) Sommer: Sagen, Mährchen und Gebräuche aus Sachsen und Thüringen. Halle 1846. P. 17. Die Farbe Grün tragen bei Hexentänzen nach manchen Sagen auch der Teufel und die Hexen. (Nork, Mythol. der Volks. in Scheible's Kloster 9. 413.) Der Wassermann hat grüne Zähne und einen grünen Hut. (Grimm, D. S. 1. 67.) In Schwaben geht die Sage, dass, wenn der Teufel sich zeigt, er grün wie ein Jäger aussehe. (Maier, D. Sagen pag. 168.)

Vgl. Schambach u. Müller: Niedersächsische Sagen und Märchen. Göttingen 1855. p. 253.

18) E. Meier: Deutsche Volksmärchen aus Schwaben. p. 20. Stuttgart 1852. Vergl. Müllenhoff, Sagen, Märchen und Lieder. Der Herz. Schleswig-Holstein und Lauenburg. Kiel 1845. p. 432. Ebenso ist der dritte Sohn der rechte Held der in Geschichte des Sultans von Yemen in Tausend und Eine Nacht. Ed. Habicht 13. 189.

19) E. Meier: Deutsche Sagen, Sitten und Gebräuche in Schwaben. Stuttg. 1852. p. 6 u. s. w.

20) Panzer: Beitrag zur deutschen Mythologie: Bayerische Sagen und Bräuche. München 1855. 2. 200.

21) „O mein theurer Habib, spricht zu dem Helden der gute Geist al Abus, ich muss dich darauf gefasst machen, dass dein Leben mit vielen Mühseligkeiten und Gefahren verknüpft ist, aber die Vorbestimmung verheisst dir den Lohn der Leiden, welche du bestehen wirst. Dieser Lohn ist die schöne Dorrat-al-Gawas, die Beherrscherin der Geister und Menschen in einem von Arabien weitgelegenen Lande." Tausend und Eine Nacht 513. N. ed. Hab. 14. 144. 45. u. s. w.

22) Sant Oswaldes Leben, ed. Ettmüller. Zürich 1835. V. 1081:

> „und sage dem werden vürsten vrî
> daz mir ân got ouch nieman lieber sî
> dan mir ist sîn werder lîp,
> sô liep, daz ich hoffe, ich werde sin êlich wip."

23) Tausend und Eine Nacht. 500. N. ed. Habicht. 14· p. 73 u. s. w.

24) In Grimms Kindermährchen in der kleinen Ausgabe N. 24. In neuester Zeit ist das Thema dieses Mährchens von Genast in Weimar zu einem dramatischen Libretto bearbeitet worden, welches Raff in Musik gesetzt und das sich vielen Beifalls erfreut hat. Das Mährchen selbst hat eine freie heitere Ausführung erhalten in der Besprechung von Raff's Oper durch Franz Liszt in der Abendzeitung 1856 N. 1. p. 2. u. s. w.

25) Jüngere Edda 27. Der Name Heimdalr ist dunkel. Mir dünkt im Worte der Regenbogen selbst ausgedrückt, wie er Bifröst hütet. In Heim findet Grimm (Myth. 213) schon Himin, den Himmel, und in dalr ist die bogenartige Senkung, die den Regenbogen bezeichnet, ausgedrückt. Im Glossar zum 1. Theil der Kopenhagener Edda 449 heisst es: dalr est arcus in Edda, quod nomen probabiliter habet a curvitate sua." Es ist auch die Grundbedeutung des Thales, die Einsenkung, die es bildet, schon im Gothischen. Himmelsring heisst der Regenbogen in Baiern und gebogene Münzen Himmelsringschüsselein (Grimm Myth. 695).

26) Vergl. die Anmerk. von Lady Guest zu Jarlles y fynnaw (Dame an der Quelle. Jarlles ist das engl. girl) die San Marte in der Arthurssage und dem Mährchen des rothen Buches von Hergest (Quedlinburg u. Lpzg. 1842) p. 99 edirt hat.

27) Gesta Romanor. 101:

„Baculum istum accipe . . . . . .
In janua tres ictus percute. Janitor tibi respondebit.
Ostende ei baculum istum et dicas: qui est dominus istius
baculi tibi precepit ut me intrare permittas.

28) In des Bischof Ivo sermones de rebus ecclesiasticis in den ss. de cathol. eccl. divinis offic. Romae 1591, p. 453 wird auch von Petrus gesagt: „O revera beatus caeli janitor, cui non tantum claves regni caelorum commissae sunt sed etiam arcanorum caelestium consilia concredita sunt." De ostiariis ecclesiae noch in symbolischer Beziehung handelt Amalarius Fortunatus de eccl. officiis cap. 7. p. 137. Walafried Strabo nennt ihn (wie auch Wolf, Beiträge zur deutschen Mythol. p. 81 anführt) claviger aetherius, qui portam pandit in aethra.

29) Sehr komisch ist das bei Meier Mährchen N. 18. p. 66 erzählte vom Büttel im Himmel. Ein ganzer Gemeinderath war in den Himmel gelassen worden. Auch der Büttel kam. Petrus wies ihn ab. Es sei ihm schon zuviel. Nur wenn er die andern hinausschaffte, wollte er ihn hineinlassen. Da stellte sich der Büttel an die Thür, dass er seinem Gemeinderathe einen Wink geben konnte und rief: „Pst, pst! Ihr Herrn, haussen giebts en Weinkauf." Im Nu war der Gemeinderath draussen, denn umsonst Wein mit zu trinken, darf er nie versäumen. In dem Mährchen bei Wolf deutsche S. p. 75—77. „Jan im Himmel" sitzt er auf einem Dreifuss vor der Himmelsthür.

30) Der Titel der Schrift heisst: Julius, Dialogus viri cujusdam eruditissimi festivus sane ac elegans quomodo Julius II. P. M. post mortem coeli fores pulsando ab janitore illo D. Petro intromitti nequiverit, quamquam dum viverit sanctissimi atque adeo sanctitatis nomine appellatus totque bellis feliciter gestis praeclarus dominum coeli se esse sperarit."

31) Am Schluss des ersten Gesanges vom Inferno:

„Si chi vegga la **p o r t a di s a n P i e t r o**,
Ed color, cu' tu fai cotanto mesti.

32) Paradiso 24. 34:

„o luce eterna del gran viro
A cui nostro Signor lascio le chiavi“ etc.

34) Bei Fenn Magnussen Lex. Mythol. p. 344 sind wunderliche Deutungen des Namens anzutreffen. ,

Aehnlich gebildet sind fiol-kaldr, der viel kalte, fiölnir, fiölvarr. Alswidr heisst der eine Hengst am Sonnenwagen, der allkluge, wie Grimm (Myth. 621) übersetzt, nicht wie Simrock (Myth. 22), will: der allgeschwinde. Seiner wird Grimnismal 37. Rabenzauber 4. Brunhildaquida 1. 16. Erwähnung gethan. Sonst heisst auch der Genius, der den Riesen Runen schnitt, wie Odin den Asen, Alswidr im Runenliede 6.

Ein weiser Zwerg in der Völuspa heisst Rathswidr (Rathwisser). Odin selbst nennt sich Gladswidr (ein Listenwisser, Grimnismal 47). Die jüngere Edda führt unter den Namen Odins auch den Fiölswidr auf. Den Namen trug der Wächter im Liede, weil Wachsamkeit und Wissen im eigentlichen Begriffe zusammenfallen. Wer viel schaut, weiss viel und ist ein kundiger Wächter. Darum wird die Sonne Alswidr (alleswissend) genannt. Der Wächter der Jo ist Argos, der mit Augen bedeckte Panoptes. Von ihm lässt Aeschylus die Jo sagen: ϑόλων ὄμμ' ἔχων (Prom. desm. 566). Daher auch, wie wir unten sehen, die Verbindung von Wachsamkeit und Wissenschaft im Hahn.

35) Men ist Sanscrit mani (Pott. Etymol. Forsch. I. 89), das Griechische μάννος (μάνος, μάννος), bei den Doriern, wie Pollux angiebt, und das Scholion zu Theokrit 11. 41. ed. Wüstemann p. 174. Angelsächsisch mene und myne. Celtische Namen vergl. Grupen de uxore theotisca dissertatio p. 62. Gotting. 1748. Der Halsschmuck, monile, κόσμος περιτραχήλιον.

36) Grimm Mytholog. 284. Weinhold, die Sagen von Loki bei Haupt (Zeitschrift für deutsches Alterthum 7. 46).

37) Am Schluss der jüngern Edda. Ob man sich den Deutungen Simrocks anschliessen kann (Mythol. p. 393. 94) ist doch noch bedenklich.

38) Die Stelle heisst in den Nibelungen:

Dô rang er nâch ir minne unt zervuorte ir diu kleit.
dô greif nâch eime gürtel diu herliche meit;
daz was ein starker borte, den si alle zite truoc.
Wie lützil si dem künige sines willen dô vertruoc.
Die vueze und ouch die hende ze samne si im bant
sie truoc in zeinem nagele und hieng in an die want.“

39) Die Stellen darüber bei den Alten sind ungemein zahlreich. In der Odyssee 11. 244. λῦσε δὲ παρϑενίην ζώνην. Indem Philostratus (de vita Apollon. Tyanensis lib. 7. cap. 6. ed. Olearius 284.) über die Bestrafung von Vestalinnen redet, sagt er, „ἀπέκτεινεν ἐπ' αἰτίας τῆς ζώνης.“ Catull 2. 11: quod zonam solvit diu ligatam. Vergl. Casalius de ritu nuptiarum ac jure

connubiali Veterum in Gronov. thes. antt. graec. 8. 1306 und den Thesaurus
von Stephanus sub voce. ζώνη, λύειν u. s. w.

40) Unter den Freundinnen der Hippolyte waren auch die Gefährtinnen
der Artemis: Celaeno, Eurybia und Phoebe. Ausserdem war darunter
Aleippe, von der es heisst: αὕτη δὲ ὁμόσασα παρθένος διαμενεῖν τόν
μὲν ὅρκον ἐνήρεσε, τό δὲ ζῆν οὐ διεφύλαξεν." Diodor hist. lib. 4. 16. Der
Gürtel hiess ζωστήρ.

41) Von denen, die Siris bewohnen, heisst es bei Athenäus lib. 12.
cap. 25. p. 523. d, ed. Schw. 4. 445.: ηκαὶ γὰρ ἰδίως πὰρ’ αὐτοῖς ἐπιχωρίασε
φορεῖν ἀνθινοὺς χιτῶνας, οὓς ἐζώννυντο μίτραις πολυτελέσι καὶ ἐκα-
λοῦντο διὰ τοῦτο ὑπὸ τῶν περιοίκων μιτροχίτωνες." u. s. w.

42) Argonautica 4. 1024:

„ἔτι μοι μίτρη μένει ὡς ἐνὶ πατρὸς
δώμασιν, ἄχραντος καὶ ἀκήρατος."

Vergl. Theokrit 27. 54: „φεῦ, φεῦ, καὶ τὰν μίτραν ἀπέστιχες."ʾ Auch Mo-
schus redet von einer παρθενίη μίτρα.

43) Vergl. C. Paschalii Coronae (Parisiis 1610) p. 269. Am geschmack-
vollsten sind die Notizen zusammengestellt bei Becker: Charikles II. 328.

44) Thrymsquida 23.

45) Hyndlulied 12.

46) Fainisbana II. β. Kopenhagener Ed. p. 175. 16.

47) Grimm (Myth. 283.) möchte das Wort aus brisen, breis, nodare,
durchstechen herleiten. Ich finde die Beziehung davon nicht klar. Ich er-
kenne brisinga deutlich im altnord. briost und bringa, schwed. bringa,
dänisch bringe, was wie eine Zusammenziehung aus brisinga erscheinen
muss. Vgl. oberdeutsch brües, pris, brüesle. So verhält sich auch das mhd.
luse (Lust) zum bairischen lusunge. Als brisinga men, als Brustschmuck
ist es an allen Stellen deutlich, welche Grimm anführt.

48) Die Stelle in Grogaldr N. 3’ wo der Sohn die Mutter bittet um
Segen für sein Streben und Ringen, sagt: „er müsse streben moti men-
glauthom“ und kann damit wohl nichts Anderes als das Ziel des Strebens
bezeichnen, wohin er nicht ohne Hülfe der Mutter kommen kann. Dieses
Ziel ist auch ihm das Wesen einer Menglöd, die reine Liebe. Dass in Grogaldr Anklänge an Fiölvinnsmal sich vorfinden, ist im Texte weiterhin noch
bemerkt.

49) Völuspa 11.

50) J. Edda 14. „Sie wohnten in der Erde und im Gestein.“ Es ist
wohl zu weit gegangen, wenn man Thorinn, Durin, Dorin auf die Bedeutung
Berg, Fels zurückweist, die sich in manchen Eigennamen deutscher und cel-
tische Wörter kundgiebt. Bei Dieffenbach Celtica II. 337. sind sie in bunter
Reihe durcheinander gestellt. Schaffarik (slavische Alterthümer übersetzt von
Aehrenfeld p. 385) leitet die Taurisci von einem celtischen und deutschen
Worte taur und lässt sie so viel als Bergbewohner bedeuten. In der That
ist Tauern der Name für ostdeutsche Bergspitzen. Der Name des syrischen
Taurus ist leicht aus chal d. tur, syrisch tura Berg, Fels erklärt.

51) Vgl. J. Edda 14, 61 und 62.

52) Hesiodi Theogonia 579 — 81.

53) Eratosthenes 5.

54) Pausanias Boeotica 9. cap. 41.

55) Schmidt: Märchen des Straparola p. 24.

56) Finn Magnussen Lexicon Mythologicum p. 739. 40.

57) Du Cange' Glossarium sub voce serpentum et serpentinum.

58) In der Helgisage kommt ein König Svafnir vor, derselbe wird in der Prosaerzählung Svava Konungr genannt, wofür die Kopenhagner Editoren meinen svafni lesen zu müssen. Rask schien svafar anzunehmen.

59) Solarliodh ed. Havniensis p. 410. N. 80.

60) Grimm Mythologie 284.

61) Grimm Rechtsalterthümer 389.

62) Nach Erzählungen der j. Edda 46. 49. 55. u. s. w.

63) Thruma ist der Donner, woher auch der Name des Riesen Thrymr. Giall ist Schall, von gialla (tönen, schallen). Daher Giallarhorn die Drommete, welche Heimdall trägt.

64) Gargantua und Pantagruel lib. 5. cap. 37. herausgegeben von Regis Lips. 1832. 1. p. 912.

65) Homer's Dichtung Odyssee 8. 275. u. s. w.

66) Pausanias Attica 1. 20. 2.

67) J. Edda 33. Ueber Sol und Hel bedarf es keiner Bemerkung weiter als Sonne und Helle (Grimm Myth. 287. 88.); blindi ist goth. gablindjan, altn. blinda; vgl. den Artikel blenden in dem Wörterbuch der Gebrüder Grimm 2. p. 104.

68) Grimnismal 46

69) Kuhn'und Schwarz Norddeutsche Sagen p. 341.

70) Grimm Myth. 493.

.71) Odyssee 7. 91. u. s. w.

„ἀθανάτους ὄντας καὶ ἀγήρως ἤματα πάντα.“

72) Histor. Danicae lib. VIII. „Eximiae ferocitatis canes tuentes aditum prae foribus excubare conspecti.“ Vgl. Müller: Zur Symbolik der deutschen Volkssage in Schambach und Müller Niedersächsische Sagen und Mährchen p. 376.

73) Vgl. das Mährchen Kilhwch und·Olwen in den Beiträgen zur britonischen und celtisch-germanischen Heldensage. Quedlinb. u. Leipz. 1847. p. 15; Beispiele über Bewachung durch Hunde zu sammeln ist nicht allzuschwer: Als Odin unter dem Namen Wegtam nach Niflheim fuhr, kam ihm ein grimmer Hund aus Hel entgegen mit wüthendem Gebell (Wegtamsquida 6. 7.) In der Sage von der Neunkammer bei Schamb. u. Müller Nieders. S. p. 94 liegt ein mächtiger Hund, der die Prinzessin bewacht und getödtet werden muss, um jene zu erlösen. Auch in der ersten Erzählung der Gesta Romanorum, die mit dieser Sage harmonirt, liegt vor der Thür der Tochter, die bewacht werden soll, caniculus bene latrans, der getödtet werden muss.

74) Simrock (Edda p. 379) nennt sie eine beliebte Zahl und weisst auf die eilf Aepfel hin, welche Skirnir der Gerda verspricht (Skirnisför 19.)

75) Meier Märchen p. 23.

76) Helgaquida Prosa 2.

77) J. Edda 4. u. 15.

78) Grimnismal Prosa 1.

79) J. Edda 64.

80) Das ist der Inhalt des schönen Eddaliedes Skirnisför. Vgl. Prosa
2 und N. 11 u. s. w.

81) Fafnismal 42. u. s. w.

82) Heimskringla ed. Wachter 2. p. 273 74.

83) Grimm D. Sagen 1. 31.

84) Schamb. u. Müller N. S. p. 77.

85) Sant Oswaltes Leben 79. u. s. w.

> „nû sâhen sie dâ bî dem mere stân
> ein burc, diu was schœne und lobesam,
> die lûht von golde reht als obe si brunne
> und stuont ouch schône gegen der sunne.“

Aehnlich heisst es in der phantastischen Erzählung, die dem Heinrich v. Of-
terdingen v. Novalis eingewebt ist: „Die Königsburg strahlte mit herrli-
chem Glanze über dem Meere.“ (Novalis Schriften herausg. von Schlegel und
Tieck 1. 330.) Ein pur goldnes Schloss kennt das erste Mährchen bei Wolf
deutsche Sagen und M. p. 2. u. s. w. Auch Eisenlaci muss ein golden
Schloss erobern (Stier Ungrische Sagen p. 101).

86) Alexander vom Pfaffen Lamprecht ed. Weismann v. 790. u. s. w.
p. 46. und v. 5765. p. 323.

87) Tausend und Eine Nacht ed. Habicht 3. p. 27.

88) Grimm D. Sagen 1. 369.

89) Wolf D. Sagen p. 134.

90) Die Kaiserchronik (ed. Massmann 2. 94.) hat von dem h. Silvester
auch die Tradition, dass der Heilige einen Drachen in dem Mendelberge
für immer verschlossen habe: v. 10595. u. s. w.

> „Dô karte der gotis werde
> ingegen dem mendelberge
> der trache vor im vlôch.
> sente Silvester im nâch zôch
> daz loch unz an daz ende
> der trache ne mohte dô niht gewenden
> newedir hin noch her.“ u. s. w.

Verschiedene Handschriften haben statt mendelberg, wendelberg, eine
gothaische Handschrift der Repkauischen Chronik: Wendelstein (Massmann
Kaiserchronik 3. 859—61). Was dieser Mendelberg bedeute, wie der Grund
der Sage ist nicht ohne einen tiefern Blick in die christliche Geschichtsan-
schauung zu fassen. S. Silvester besiegt einen Drachen, und zwar
darum, weil er der Sage nach den h. Constantin von der Pest des Heidenthums geheilt und den Kaiser des Heidenthums zum Kaiser Christi getauft
hat. Es ist der Drache besiegt, als Christus in der Macht des Römerthums
Sieger ward. Es ist das der grosse Drache ὁ δράκων ὁ μέγας, ὁ ὄφις ὁ

ἀρχαῖος (Apocalipse 12. 9.), welcher durch die Taufe besiegt wird. Daher erklärt sich, warum der Berg, auf welchem dieser Sieg geschah, *ſèraptin* bei Konrad von Würzburg, bei Jac. de Voragine. Sir aptim genannt wird. (Massmann 860. not.) Denn Sarapis, Serapis, der Schlangengott (Saraf serpens) ist es, welcher mit Jupiter später identificirt wurde. Auf geschnittenen Steinen erscheint die Umschrift: *εἷς Ζεὺς Σάραπις.* (Vgl. Zorn Biblioth. Antiquaria p. 705 not.) Dieser Berg ist nicht Soracte, welches aus sirapte nur verdorben ist, sondern ist der, auf welchem die Schlange, der Drache hauste und besiegt ward. Das war der Sitz des Jupiter Capitolinus, der mons Capitolii, der mons Jovis. Der Jupiter Capitolinus war, wie aus den Sagen über die Bekehrung des Constantin und der christlichen Legende überhaupt hervorgeht, der Repräsentant alles Heidenthums, wie Rom und in Rom wieder das Capitol das Centrum aller heidnischen Macht geworden. Daher auf ihm und bei ihm der Sieg über den Drachen geschah. Denn mendelberg ist mons gaudii, das ist mons jovis; mon jove, giove wurde sprachlich als ein mon joie (span, joya, pr. joia, ital. gioja wie joyau und Juwel) gefasst, dieses in ein Mendelberg übertragen und so der Sieg über den Drachen dahin versetzt. An den Götterberg scheint darin nicht gedacht zu sein, im Sinne eines Wonneaufenthaltes, denn er ist hier nur im Namen Wonnesitz — in der That aber der Sitz des Drachen, welcher überwunden wird. —

Allerdings im christlichen Leben und Dichten hat der Himmel und Christus als Berg, Haus, Saal der Freude und Wonne gegolten. In einem alten schönen Liede des evangelisch-lutherischen Gesangbuchs „Nun will ich mich scheiden von allen Dingen" (N. 371) heisst es von Jesu: „Du bist das Freudenhaus meiner Sinnen, eine feste Burg und Schloss, darinnen die Seele ihre Wohnung hat." „Freudenbahn, Wonnenland" redet Knorr v. Rosenroth Jesum seinen Heiland an im Liede „Morgenglanz der Ewigkeit." (Auch in den 80 Liedern der Preuss. Regulative aufgenommen). Paulus Gerhardt singt: „Ach komm, ach komm o Sonne und hol uns allzumal zum ewgen Licht und Wonne in deinen Freudensaal:" (Geistl. Lieder 1853. p. 5.)

91). Platonis Symposion 14 (p. 189) „ἔστι γὰρ θεῶν φιλανθρωπότατος, ἐπίκουρός τε ὢν τῶν ἀνθρώπων καὶ ἰατρὸς τούτων, ὧν ἰαθέντων μεγίστη εὐδαιμονία ἂν τῷ ἀνθρωπείῳ γένει εἴη."

92) Gott Amur in der Ausgabe von Chr: H. Myller v. 829 u. s. w.

93) Tiecks gesammelte Schriften Bd. 10. 1080. „Komm, du Aufenthalt der Siechen" redet ein inniges geistliches Lied Jesum an. (Im evangelischen Gesangbuch N. 354.)

94) Vgl. meinen Aufsatz „Prophetinnen und Zauberinnen" im Weimarischen Jahrbuch für deutsche Sprache und Literatur 2. p. 386. 87.

95) Vgl. Grimm Myth. 751. Panzer II. 469. 70. Menzel Odin p. 267. Der irrig an das Eis des Nordens denkt, weil von Glasburgen die Rede ist. Der Glasberg ist der Berg des Himmels, welcher glänzt und durchsichtig ist. Davon ist auf das Glas als Stoff der Name übergegangen, weil es das Licht durchschimmern lässt. Daher ist vitrum schön von *αἴθρος* abgeleitet. Ueber das griechische *ὕαλος* hat Benfey (1. 410) keine glückliche Vermuthung, wenn er es mit dem slavischen sklo vergleicht. Vielmehr dünkt es deutlich an *ἥλιος,* hell erinnern zu können. Erst als man unter Glas nur den Stoff,

nicht mehr den Glanz verstand, kam die Beschreibung dessen aus Glas hinzu, den man nur mühsam ersteigen kann. Sehr volksthümlich naiv ist das Mährchen aus Schlesien, wo die gläserne Brücke mit Syrup bestrichen wird, welches Fischer in Wolfs Zeitschrift 1. 312. mittheilt. Denn die andern ähnlichen Bezeichnungen von Hahnbeinchen, auf welchen man zum Glasberg geht, haben einen tieferen Sinn, auf den wir noch unten eine Bemerkung richten. Der Glasberg ist der Himmelsberg der Sage, die Sehnsucht des Paradieses. Daher auch natürlich Avallon der Celten Glasinsel heisst. Ein recht greifliches Beispiel der Volksvorstellung von demselben giebt das Mährchen bei Zingerle Kinder- und Hausmärchen 1. 233., welches auch Panzer II. 122. ausführlich mittheilt. Der Wanderer, welcher ihn sieht, muss die Augen zudrücken vor dem Glanze des vielen Glases, „denn er war ganz vom hellsten Glase und die Bäume und Sträucher und Gräser waren alle von purem Glas" u. s. w.

96) Der bekannte Ausdruck für Himmel im Angelsächsischen ist heofon (hebhan), was Ettmüller (Vorda Veahlstöd p. 460) von hiban expandi ableitet. Klarer und direkter von goth. hafjan, ags. hebban, heben, erheben und als Erhaben zu deuten. Der Himmel ist das in der Höhe Erhabene. Aehnlich ist das biblische schamaim gebildet, von einer Wurzel, die noch im Arabischen vorhanden ist Schamah, hoch sein. Σάμος hiess auf Griechisch die Höhe (Vgl. Magyar. Alterthümer p. 225). Grimm (Mythol. 213) stellt zu einem himinvangr ein heofenfeld; ein himinbiörg ist ja bekanntlich schon in der Edda. Andere Himmelsberge hat Grimm damit verglichen.

97) Stier Ungrische Sagen p. 101. Enten sind sehr oft als verwünschte Mädchen dargestellt. Auf dem Mühlenteich zu Münster erscheinen Nachts zwischen Zwölf und Eins drei Enten. Die schwimmen um den Teich, und kommen sie an der Mühle vorbei, sprechen sie: „Gott erlöse uns". (Wolf Deutsche S. p. 519.) Noch in andern Sagen kommen Enten in Berührung mit dem Glasberge. Ein Prinz, der eine als Ente verwünschte Prinzessin liebte, holte sie nur dadurch ein, dass er einen Schuh von der Hexe bekam, mit welchem er stundenlange Schritte machte. Enten sind verzauberte Mädchen, die mit weissen Schleiern gesehen werden. (Vgl. Panzer II. 120. 121.) Die Sagen sind nicht ohne tiefe Beziehung, aber schon sehr verdunkelt. Wie hier ein Stundenschuh nothwendig ist, um die Jungfrau zu erreichen, so kann in dem aus Zingerle entlehnten Mährchen (N. 94) der Glasberg nur mit riesenhaften Meilenstiefeln erreicht werden.

98) Bei San Marte Beiträge zur breton. Heldensage p. 14.

99) Ed. Lachmann 250. p. 124. Im Mährchen des rothen Buches von Hergest ist Peredur der britische Parzival, der das Wunderschloss sucht, bis er es endlich, weil er dazu bestimmt ist, findet (vgl. San Marte Arthursagen p. 214.).

Man muss flüchtig bei der Gralssage vorübergehen, um nicht allzusehr gefesselt zu sein. Die Literatur ist sehr sorgfältig bei Holland: Crestien u. Troics p. 198 zusammengestellt. Ueber Quelle, über Stoffe, über die selbstständige Schöpfungsweise ist auch in Wolfram's Parzival noch viel zu sagen und zu finden. Doch ist es wohl sicher, dass in Deutschland allein und unter den Bewegungen seines geistigen Lebens ein Werk wie dieses geschrieben werden konnte, obschon nicht zu leugnen ist, dass man es auch noch dem Werke Wolfram's ansieht, wie viele Stoffe, die nicht zusammengehören, hier combinirend zusammengeworfen sind. Vgl. den schönen Vortrag von Göschel: Parzival. Berl. 1855.

100) San Marte (Leben und Dichten Wolfram's von Eschenbach II. 421.) bemerkt mit Recht, dass die Unsichtbarkeit der Gralsburg zum eigentlichen Herzen der Dichtung gehöre, aber der kundige Mann hat in ihre Deutung sich nur sparsam eingelassen.

Der jüngere Titurel beschreibt die Gralsburg noch näher mit dem Walde in dem Dornröschens Schloss liegt verwandt. Es ist der Wald fareis zu salvatsch, in welchem sie liegt, und heisst es von ihm:

> v. 282. Fareis zu salvatsch vil irre — was aller menschen sinne
> Nicht halber mile di virre — Kunde sich verrihten nieman al
> da inne.
> Sehtzic mile der walt was zu allen siten.
> Ein berc in der mitte — alumbe so waren drizzic mile zu riten.
> Der berg was so behalten — den kunt ot niemand
> finden
> Wan das die engel walten und wolten daz er sich alda solt ge-
> finden.

Später wird hinzugefügt:

> Der berc sust was behalten vor cristen juden heiden.
> Des name muste walten, montsalvatsch der nam was
> im bescheiden.
> Alsam der berc und was daruf was wesende
> Das was vor allen noten und vor allen dingen wol genesende.

Hier heisst der Berg monsalvatsch, bei Wolfram munsalvæsche. Ueber die Deutung desselben scheint dies angenommen werden zu müssen: Foreis zu salvatsch wird er genannt, aber foreis und salvatsch sind ursprünglich eins. Denn salvatsch, span. salvage, prov. salvatge, französ. sauvage kommen von sylvaticus, waldig her. (Vgl. Diez Lexicon der Rom. Spr. 303.) Mittelalterlich-lateinisch kommt salvagius und salvaticus für silvaticus vor, wie schon G. J. Voss (de Vitiis Serm. lat. p. 608) u. du Cange bemerken. Foreis de salvatsch war ein Urwald, in dessen Undurchdringlichkeit, wie im Dornenwald der Berg des Grales lag. Aber die Dichter, welche diesen Namen vorfanden, erkannten diese Ableitung nicht und dachten mehr an das ihnen christlich bekannte und liebe salvare, salvus, mit dem der Name des Salvator zusammenhing. Salvamentum, wofür auch salvatge vorkommt, heisst der Schutz, die Sicherheit, die Unverletztheit. Salvator war der, welcher Schutz verleiht, (in anderer Bedeutung als Salvator Christus) qui salvamentum praebet. Salvare hiess schützen, behüten. Es lag daher dem Dichter des Titurel nahe munsalvætsch den behüteten Berg zu nennen. Das Land, in welchem der Wald lag, ward salvaterre genannt; davon sagt er:

v. 306. „Daz er salvaterre da dem namen hielte
Der Cristenheit zu prise. so daz die Heidenschaft niht veste da
wielte.
Daz selbe land da genennet ist noch got dem hohsten.
Ein sin nam erkennet — is uns viel werde des cristenheit sich
trosten."

Ed. Hahn (Quedlinb. u. Lpzg. 1842) p. 28. u. s. w.

San Marte (2. 115.) bemerkt schon, es gebe in Spanien zwei Orte, die Salvaterra hiessen. Aber es ist Berg des Heils schon ein Ausdruck, den der heilige Dichter der Psalmen liebt: zur jischati, Berg, Fels des Heiles wird 2. Sam. 22. 47. — Psalm 89. 27—95. 1. erwähnt. — Heilsberg in Preussen, durch die Ritter im Jahre 1240 angelegt, ist bekannt. Es erscheint als Helsberg, Helisberg, Heilisberg. Voigt ist nicht sicher woher der Name stammt, (Gesch. Preussens 2. 407.) und scheint der Meinung zu sein, dass es aus Heidnischer Zeit den Namen trage, weil um die Stadt viele Erinnerungen an Heidnischen Cultus seien (1. 598). Aber gerade deshalb ist ersichtlich, dass die Ritter an das christliche Heil gedacht haben werden. Ein Heilsberg ist auch ein Dorf in Thüringen, wo die bekannte Inschrift ist in der Nähe von Rudolstadt. (Man glaubt es schon im 9. Jahrhundert unter dem Namen Halechesberg zu finden [statt Habechesberg, wie Einige irrthümlich haben.) Von dem „Berge des Heils" vor Moskau, von dem aus man die grosse Stadt erblickt, erzählt selbst Segur in seiner Schilderung (Histoire de Napoleon et de la grande armée tom II. chap. IV.)

Es haben die Dichter der Gralsage ohne Zweifel in munsalvætsche auch an diesen Sinn gedacht. Aber die Unzugänglichkeit im Dickicht·des wilden Waldes bezeichnet den Namen ursprünglich. Als das unerreichbare Schloss stellt es sich schon darin vor. Es liegt eben nicht in freier Ebene — es erreicht seine Verborgenheit nur der Glücklichere.

101) Hlif von hlifa tueri parcere (parca). Hlif ist die Tochter Dags, welche König Halfdan, Sohn Eyssteins, heirathete. Heimskringla cap. 52. ed. Wachter 1. 123. Ehen so ist Hlifthursa zu deuten, da thursa nur eine allgemeine Namenendung ist und für die alte Anschauung der Nachdruck mehr auf das Segensvolle in hlif als auf die üble Wendung, welche thursa son st als Riesin hat, ruht. Der Sinn ist „helfende Genie".

Thiothwarta. Was Finn Magnussen Myth. 889. bewog darin ein gentium papilla zu finden, lässt sich kaum verstehen. Thioth drückt das Allgemeine, das Allen Geltende aus; warta ist warten, abwarten, beachten, also die Volkswartende, d. h. die herrlich Wartende. (Vgl. unten zum Texte N. 2.) Die Form ist bekannt und unzweifelhaft. (Vgl. ihre·verschiedenen dialektischen Gestalten Dieffenbach 1. 210.)

Biört hat schon Grimm Myth. p. 250. 1102. gedeutet. Es ist die glänzende Perahta, Bertha. Menglöd selbst heisst solbiarta, die Sonnenglänzende, Swipdagr's Vater Solbiart.

Blidh und Blidhur fasse ich zusammen, hierinnen gern dem Glossar. der Kopenhagner Edition 1. 439 folgend. So ist Sigrid und Sigridur, Astrid und Astridur verschiedene Formation desselben Namens. Die Bedeutung ist placida, placans, blijdr, schmeicheln.

Fridh übersetzt schon Grimm mansueta. Frida und Fridur sind weibliche Namen, die noch oft wiederkehren.

Eir und Aurbotha scheinen ebenfalls zusammenzufassen. Eir heisst j. Edda 35. der Aerztinnen beste, von eiran curare. Aurbotha wird sonst die Gemahlin des Gymr genannt, den Grimm meint nicht anders als durch gaumr cura deuten zu können (Myth. 1210.). Finn Magnussen (lex. myth. 291.) gab wieder largitionem nuntians.

102) Die Zahl Neun ist drei mal drei. Es ist aber mehr als diese die Hauptzahl der Edda. Neun Welten und neun Aeste am Weltbaum kennt die Vŏluspa (Str. 2.). Neun Fuss weit fährt der Sohn Fiŏrgyns (Str. 56 bei Simrock, 57 bei Rask, 50 in der ed. Hafn.). Neun Reiche stieg hinab Wafthrudnir bis Nifelheim (Wafthrudnismal 43), welches in der neunten Welt ist (j. Edda 3.). In der neunten Nacht träufeln von Draupnir Ringe (Skirnisf. 21). Nach neun Nächten will Gerda dem Freir Zugang gönnen (Skirnisf. 38). Hymirs Alte hatte neunhundert Köpfe (Hymisqhidha 7). Alwis hat alle neun Himmel durchmessen (Alwismal 9.). Odin hing neun Nächte am windigen Baum (Odins Runatals dhattr 1.) und lernte neun Zauberlieder von Bölthorns Sohn (ib. 3.). Neun Mütter haben Heimdall geboren (Hyndluliodh. 34. und j. Edda 27.). Neun Winter blieben die Walkyren bei ihren irdischen Männern (Volundarquidh. 3.) Neun Rasten Tiefe wünscht Atli Hrungerden in das Grab (Helgaquidha Hatingask. 16.). Zu neun fahren die Walkyren in der Luft (Helgaquidha Hundingsle 16. Prosa). Bei seinem Skaldenkunstabentheuer begegneten Odin neun Knechte, die er verzauberte (j. Edda 58.). Der Pallast von Thor in Thrudwangr hat 540 Gemächer, d. ist neun mal 60 (j. Edda 21.) und 'Walhalla hat 540 Thore (j. Edda 40.). Es passt zu Heimdalls Geburt von neun Müttern, wenn neunherzig im Mittelalter ein Mann von ausserordentlichen Gaben genannt wird (vergl. Wackernagel in Haupt Zeitschrift 2. 541). Die Zahl neun hat auch im Aberglauben des Volkes ihre Stelle, namentlich in Besprechungen und Weihungen (Simrock Myth. 513. hat mehreres aus Grimm's Myth. zusammengetragen.) Aber auch die Sage und das Mährchen verwenden sie überall gern. Neun Nächte muss man wachen um einen Schatz zu finden (Kuhn M. Sagen p. 53. 54.). Aber in neun Monaten geht auch dem Fischer sein Geld verloren (Wolf D. S. 61). Neun Rasten kommt man in die Hölle, aber wenn man glücklich ist befindet man sich im neunten Himmel (Wolf D. S. 140). Auch im gewöhnlichen Leben sagt man neunmal von dem öftern Wiederholen einer Sache. In Schwaben sagt man, es stehe der Hund neunmal auf seinen Herrn zu beschützen, während die Katze sich neunmal erhebe um ihn zu betrügen (Meier D. S. pag. 495.)

Auch in der bretonischen Sage ist sie geltend. Als die Helden in Yspaddadens Schloss drangen, erschlugen sie die neun Pförtner, welche schweigsam an den neun Thoren warteten und die neun Hunde, welche bei ihnen wachten (San Marte bretonische Heldensagen p. 18. 19.). Auch die finnische

Sage Lannawatar hat neun Knaben die alles Unglück des Leibes ausdrücken (Weinhold in Haupt Zeitschrift 7. 73.)

Dass bei den Griechen die Zahl neun den ähnlichen Begriff der unbestimmten Menge trug, ist schon aus den neun Köpfen der Lernäischen Hydra bekannt, mit welchen sie meist bei Dichtern oder auf Bildern (auch mit drei) erscheint. Denn andere haben 50 und μύρια (Preller Myth. 2. 133.). Merkwürdig ist der Ausdruck ἐννεάμυκλος, wofür Hesychius ἰσχυρός wiedergiebt, was an das neunherzige erinnert. Eben so wird ἐννεάχιλος als dichterischer Ausdruck angeführt. Ein Dämon wird ἐννεάμορφος genannt.

Bei den Römern waren die Nonen ein Festtag; man hätte damit den Geburtstag des Servius Tullius gefeiert, sagt Macrobius (Saturnalia I. XIII. ed. Lugd. p. 253), womit auf das Alter des Gebrauchs hingewiesen ist. Denn von den Tuscern erzählt er selbst (cap. XV. p. 261.): „quod hi nono quoque die regem suum salutabant et de propriis negotiis consulebant." .

Im Orient ist bekanntlich neben der Zahl 70 auch die 72 häufig im Gebrauch (vgl. meine Abh. über den goldnen Thron Salomo's p. 101. N. 186.); wie jene aus der 7, so ist diese aus der 9 gebildet.

103) Aeneis lib. VI. 420.

104) Saxo lib. VIII. „Quibus Thorkillus cornu abdomine illitum collambendum objiciens incitatissimam rabiem parvula mitigavit impensa."

105) Tausend und Eine Nacht 484. ed. Hab. 13. 195.

106) Auch im Glossarium der Kopenhagener Edition der Edda II. 767. wird salgofnir als sal opnir, aedem recludens erklärt. Ich werde darin mehr das Aufrufen als das Aufmachen finden. In ofnir, opnir (opiuu ist offen) ist die Ableitung von einem Verbum zu erkennen, welches die Wesenheit des Auf in sich schliesst und in welchem natürlich aufmachen und aufwecken sich nahe berühren. Dann erklärt sich auch Osk-opnir leichter als es Grimm Myth. 131. erscheint, nämlich als Wunschwecker, oder Wunscherschliesser. Finn Magnussen (lex myth. 651.) hat die Neigung ofnir mit ὄφις zu vergleichen, dem ich nicht beitreten möchte. Mir dünkt salgofnir und Fe-ofnir entsprächen sich nach Inhalt und Wort.

107) So heisst Odin Vithrir (Grimm Myth. 603.) Seinen Beinamen Vithr-mimir hat Finn Magnussen lex. myth. 826. Das Wetter, altn. vedr, ags. veder. Uebrigens eben so nahe läge die Ableitung von vidr, vidhr, Baum. Der Hahn ist als Wetterhahn auf der Spitze der Bäume angebracht.

108) Den Grund davon will eine Erklärung des R. Simon ben Lakisch dahin deuten, dass man irgendwo Sechwi mit Hahn übersetze. Vgl. das Nähere in meiner Abhandlung Schamir, ein archäologischer Beitrag zur Natur- und Sagenforschung p. 81. Daher schreibt es sich auch, dass die Vulgata an dieser Stelle übersetzt hat „quis dedit gallo intelligentiam." Sie ist der jüdischen Auslegung gefolgt, denn die LXX hat eine andere Version.

109) Mischna Tamid 5.

110) Baal haturim zu 4. Mos. 24. 3. Diese Stelle ist schon von dem trefflichen Bochart wie manches Andere, das neuerer Gelehrsamkeit ganz entgeht, gekannt. Hierozoicon (Francof. 1675 fol.) 2. 119. Dass Bileam dem Zorne Gottes verfallen ist wird den Einflüsterungen seiner Frau zugeschrie-

ben, die ihn von seinem bessern Wissen ablockte, wie in den 40 Vezieren erzählt ist (ed. Behrnauer Lpzg. 1851. p. 67.)

111) Vgl. Athenäus lib. 9. 16. p. 374. „εἴρηται δ'οὕτως ἐπειδὴ καὶ ἐκ τοῦ λέκτρου ἡμᾶς διεγείρει.“ Das Etymologicum magnum giebt ihm dieselbe Erklärung und fügt noch die andere hinzu ὁ ἐλάχιστα κοιμώμενος. Doch fehlt es nicht an andern Deutungen.

112) Plin. 10. 21.

113) Iketides 212. Dass er den alten Dichtern hinreichend Gelegenheit gab, seine schlummerbrechende Kraft zu besingen ist gar nicht auffallend. Sie nennen ihn κήρυκα νυκτὸς καὶ προφήτην ἡμέρας. Vgl. Bourdelot. ad Heliodor. Aethiop. ed. Schmid. p. 63. not.

114) Diogenes Laertius lib. VIII. 1. §. 34. ἱερὸς τοῦ Ζηνός καὶ ἱκέτης, τῶ τε Μηνὶ ἱερός. σημαίνει γὰρ τὰς ὥρας.“

115) Anschauungen davon thun sich noch spät kund. Denn der im Berge dämonisch krähende Hahn am Schlossberg in Franken thut das besonders am Neumonde (Panzer 1. 135.)

116) Vgl. Joannes Macarius: Abraxas seu Aristopistus, quae est antiquaria de gemmis Basilidianis disquisitio. Antwerpiae 1657. p. 58.

117) Die Stellen sind gegeben in Sprengel Geschichte der Medicin herausg. von Rosenbaum Leipz. 1846. 1. p. 165. 171. Aber die Deutung ist unvollkommen. Vgl. Gronov. zu Aelian var. hist. V. 17. ed. 1731. p. 429.

118) In Graevius Thes. Antt. Rom. 8. 96. ist nach einem Bilde aus der Zeit des Kaisers Constantius, welches den Januarius in der Gestalt eines würdig aussehenden Beamten, der Weihrauch auf einem Dreifuss anzündet, darstellt (vgl. Piper Mythol. der christl. Kunst. 2. 383). Neben dem Dreifuss steht ein Hahn. Wenn nun aber Creuzer (Symbolik 2. 911) damit die talmudische Notiz vom Hahn des Nergal verbindet, so scheint dies irrig. Dieser liegen andere Gedanken unter, wie es mit der Weihung des Hahns an Minerva und Merkur der Fall ist.

119) Montanus die Volksfeste, Volksbräuche u. s. w. 1. Bdn. p. 12. b.

120) Vgl. Tharsander Schauplatz ungereimter Meinungen II. p. 50.

121) Man kann die Erzählung im Auszuge aus Ahmedis Iskendersage in Weismanns Alexander vom Pfaffen Lamprecht II. 600 finden.

122) Schambach u. Müller Nieders. S. u. Mährchen p. 270.

123) Vgl. Schweizerische Volksräthsel aus dem Aargau bei Wolf Zeitschrift 1. 139.

124) In Dieffenbachs Glossen 47. Dort steht für Weterhan auruspex, was nichts als haruspex sein kann. Im Mittelhochd. Wörterb. 1. 626. ist auch aus Mone eine andere Glosse mitgetheilt, wo für Weterhan ventilogium wiedergegeben ist. Dasselbe ist in einem handschriftl. Lexicon der Erf. Bibliothek aus dem Jahre 1478 der Fall. Auch in einem gedruckten von 1518 wo der Zusatz folgt: in turri

125) Athenäus lib. XII. 15. p. 818. d. (Schw. IV. p. 426) „οὐκ ἐξῆν δ' οὐδ' ἀλεκτρυόνα ἐν τῇ πόλει τρέφεσθαι.“

126) Luciani Somnium 1. ed. Reitz. 2. 703. „ὁ δὲ ἄυπνος οὗτος, ὥσπερ τὸ χρυσοῦν ἐκεῖνο κώδιον φυλάττει.“ Dass er unartig genug ist aus dem Schlaf auch die Liebenden zu wecken, weisen scherzhaft mehrere liebliche Epi-

gramme nach. So wird er in einem (Anthol. Graeca ed. F. Jacobs. I. p. 22) angeredet „ὀρϑροβόας δυσέρωτι κακάγγελος τρισάλαστε" oder˙ (ib. 1. 243) „Ὄρνι τί μοι ὕπνον ἀφήρπασας;"

127) Heliodorus Aethiopica 1. 18. schreibt „καϑ᾽ ὃν καιρὸν ἀλεκτρύονες ᾄδουσιν, εἴτε (ὡς λόγος) αἰσϑήσει φυσικῇ, τῆς δὲ ἡλίου καϑ᾽ ἡμᾶς περιστροφῆς ἐπὶ τὴν τοῦ ϑεοῦ πρόσρησιν κινούμενοι εἴτε ὑπὸ ϑερμότητος ἅμα καὶ τῆς περὶ τὸ κινεῖσϑαι καὶ σιτεῖσϑαι ϑᾶττον ἐπιϑυμίας τοὺς συνοικοῦντας ἰδίῳ κηρύγ-ματι ἐπὶ ἔργον ἐγείροντες, ὄναρ αὐτῷ ϑεῖον ἔρχεται."

Dass die Träume am Morgen wahr seien, sagt bekanntlich auch Horaz (Sat. 1. 10. 33.) „post mediam noctem visus, cum somnia ve.ra", wozu Heindorf und Wüstemann zu vergleichen sind.

128) Wolf D. Sagen p. 170.

129) Wolf Niederl. Sagen 228.

130) Wolf D. S. p. 130.

131) Meier D. S. p. 34. N. 29. Aehnliche Erzählungen theilt Panzer mehrere mit. Aus Märzenburg 2. 140. Die ruchlose Stadt Wurzach versank und die Hähne krähten aus der Tiefe, 2. 135. Dasselbe ist mit Hartenberg der Fall, 2. 256. Alle drei Jahre an dem Tage, wo das Schloss verflucht wurde, kräht dreimal der Hahn in den Tiefen˙ der Wehld, 1. 287. Es ist der Hahn, der von der Sünde und der Strafe wie das mahnende Gewissen Kunde giebt.

132) Kuhn Märk. Sagen p. 26.

133) Grimm D. Sagen 1. 203. Dieselbe bei Schamb. und Müller p. 50.

134) Gesta Romanorum 68. Dass Hans Sachs diese Geschichte als Schwank bearbeitet, hat schon Schmidt zum Straparola p. 326 bemerkt. Straparola theilt nämlich die mehr komische Historie von dem Rathe des Hahnes mit, dass man eine Xantippe, wie er seinen Hühnerhof regieren soll. p. 191. Dieser Rath scheint überall nothwendig gewesen zu sein. Denn das arabische Mährchen erzählt sie. Tausend u. Eine Nacht ed. Habicht 1. 74. Und aus Grosskreuz bei Brandenburg theilt sie Kuhn mit, Märk. S. p. 269. Ueber das spätere Schicksal des Hahnes wird nichts mitgetheilt.

135) Vgl. Creuzer Symbolik 2. 746.

136) Creuzer l. l. II. 747.

137) Vgl. Berndt: Das Wappenwesen der Griechen und Römer p. 162. Von˙ den Carern erzählt man, dass sie Hähne auf dem Helme getragen hätten.

138) Paullini Zeitkürzende Erbauliche Lust 1. 327.

139) Igereth baale chajim Pforte 2. cap. 7. Francof. 1704. p. 21. b. Das Buch hat auch jüdisch-deutsche Uebersetzungen erfahren, so Fürth 1783.

140) Tausend und Eine Nacht ed. Habicht 5. 94.

141) Hexaëmeron lib. V. cap. 24. (ed. Paris. 1603. 1. p. 82.) Der letzte Satz lautet: „Istius cantu spes omnibus redit, aegris levatur incommodum, minuitur dolor vulnerum, febrium flagrantia mitigatur, revertitur fides lapsis, Jesus titubantes respicit, errantes corrigit."

142) Daniel Thesaurus hymnologicus 1. p. 15. 16., wo die verschiede-nen Lesarten verglichen sind:˙

v. 9. hoc excitatus Lucifer
Solvit polum caligine
Hoc omnis errorum chorus
Viam nocendi deserit.
Hoc nauta vires colligit
Pontique mitescunt freta
Hoc ipsa petra ecclesiae
Canente culpam diluit. etc.

Vgl. Jacob Grimm Hymnorum veteris ecclesiae XXVI. Interpretatio theotisca. Gottingae 1830. p. 69. 70.

143) Daniel J. 120.

144) Daniel 1. 193. Galli cantus, galli plausus proximum sentit diem. Nos. cantemus et precantes quae futura credimus.

Dass ein anderer Morgenhymnus: Noctis tempus jam praeteriit aus Ambrosius zusammengestickt ist, bemerkt schon Daniel 1. 183.

Die Kirchenväter erwähnen des Hahnes häufig, was bei seiner Erwähnung im neuen Testament nicht auffallend ist. Die Hauptstellen sind zusammen gestellt von Frey Biblisch Vogelbuch. Leipzig 1595. p. 90. 91. Theophylactus vergleicht ihn zum Worte Gottes, das uns nicht schlaff und schläfrig sein lässt, Hieronymus zu einem Prediger, Beda zu einem Lehrer. Schön ist die Stelle des h. Gregorius (Moralia lib. 30. cap. 45) wo er mit einem Prediger verglichen wird.

145) Schäfer: Hermeneia tes zographikes, das Handbuch der Malerei vom Berge Athos p. 201.

146) Speculum naturale lib. 17. cap. 78. Die Anschauung ist alt. Denn dass die Gespenster nicht verweilen, wenn die Sonne nahe ist, bemerken die Alten mehrfach. Vgl. Propertius lib. 4. elog. 7 am Ende: luce jubent leges lethaea ad stagna reverti. Vgl. andere Stellen bei Olearius zu Philostrat. Vita Apollonii lib. 4. cap. 16. p. 154, die darum interessanter ist, weil sie bereits beim Hahnruf die Geister verschwinden lässt. Der Schatten des Achill verschwindet: „καὶ γὰρ δὴ καὶ ἀλεκτρυόνες ᾔδη ᾠδῆς ἥπτοντο." Auch Lucian spottet im Philopseudes darüber, dass sämmtliche schöne Täuschungen verschwänden, als die Hähne kräheten. Wörtlich schon von Panzer 2. 329. angeführt. Auch die Juden kannten den Aberglauben frühzeitig; Wasikrarabba 149. d. §. 5. sagt ein böser Geist (Sched), als der Hahn krähete: hätte der Hahn nicht gekräht, wahrlich ich hätte dich getödtet.

Clichtoveus im Elucidatorium führt zum obengenannten Hymnus Aeterne rerum conditor, wo auch die Stelle vorkam „hoc omnis errorum chorus viam nocendi deserit" noch die Stelle des andern Hymnus an: „Ferunt vagantes daemonas, laetos tenebris noctium, gallo canente exterritos, sparsim timere ac cedere." Basil. 1517. p. 2.

147) Es ist darüber viel zu sagen. Doch fassen wir die Notizen zusammen. Die meisten Stellen der Alten sind bei Voss de origine et progressu Idololatriae lib. III. p. 1017. Auch führt er Camerarius zum Beweise an, dass ein Löwe einst sich nicht vor dem Hahnkrat fürchtend den Krähenden mit den Hühnern zerrissen habe. Doch getraut er sich nicht des Plinius

Notiz zu verwerfen, dass man mit Hahnensuppe, namentlich wenn sie Zwiebel enthält, gegen Löwen geschützt sei.

Nach den Worten des Apostels 1. Petri 1. 8. geht der Teufel umher wie ein brüllender Leu und suchet, wen er verschlinge. Dieser Stelle folgend ist der Löwe in kirchlicher Lehre wie in bildlicher Darstellung (Piper: Gesch. der christlichen Kunst 1. 407.) Symbol des bösen Principes geworden. (vergl. Menzel Symbol 2. 40., Dass es namentlich der weisse Hahn sei, den der Löwe fürchte, mischt andere Gedanken ein, die nicht aus dem Christenthum stammen. Dadurch dass die Notiz Ambrosius aufgenommen, ist sie herrschend im Mittelalter worden und hat sie sowohl Vincenz v. Beauvais, Albert der Grosse (De animal. lib. 23. 24., u. Andere. In weiterer Ausführung benutzen dies spätere; Daniel (lib. 1, p. 120, citirt den Pelbart, wo es heisst „Ambrosius in Hexaëmero dicit quod gallus albus suspensus ad modum crucis naturaliter leonem terret et fugat. Per album gallum figuratur Christus,“ Vergl. was unten noch notirt sein wird und Paullini Zeitkürzende Lust 3. 827.

148) de rerum natura lib. 4. 715. (ed. Lachmann. 1. 138.)

„nimirum, quia sunt gallorum in corpore quaedam,
semina, quae cum sunt oculis immissa leonum
pupillas interfodiunt acremque dolorem
praebent ut nequeant contra durare feroces.“

149) Avesta 18. Fargard in der Uebersetzung von Spiegel. Leipzig 1852. 1. 232. Ueber die wichtige Stelle, die der Löwe als Ahriman in der Anschauung der Perser einnimmt, hoffen wir später ausführlich zu handeln.

150) Sat. I. 5. 52. vgl. Heindorf et Wüstemann ad locum.

151) Vgl. über ähnliche Thierstimmen : meine Abhandlung über den goldnen Thron Salomo's p. 115.

152) J. Edda 42.

153) Sommer Sagen aus Thüringen p. 53.

154) Müllenhoff Sagen aus Schleswig u. s. w. p. 275.

155) Kuhn Märkische Sagen 211. 217.

156) Müllenhoff p. 268.

157) Müllenhoff p. 274.

158) Aus Bechstein. Grimm Myth. 978.

159) Panzer Beiträge 1. 151.

160) Kuhn und Schwarz Nordd. Sagen p. 170.

161) Müllenhoff l. l. p. 272.

162) Meier Sagen aus Schwaben p. 158.

163) Grimm D. Sagen 1. 265.

164) Grimm Myth. 978. Aehnlich sind die schönen Sagen bei Schambach und Müller Nieders. S. 152. 53.

165) Wolf Niederländ. Sagen p. 290. 91. Darin, dass kein Hammer noch Beil gehört wird, liegt eine merkwürdige, wie mir dünkt, nicht zu übersehende Angabe. Es ist in dieser Weise der Arbeit das dämonische Gegenstück des unter göttlicher Anleitung erbauten Salomonischen Tempels. Bei seinem Bau wurde, wie die heilige Schrift berichtet, weder Spitzhammer noch Axt gehört. Daraus die ganze Entwickelung des Schamir.

Vgl. meine Abhandlung p. 56—58. Der Teufel will nun eben der Affe des lieben Gottes sein, darum stellen ihn die mittelalterlichen Vorstellungen so oft in diesem Bilde vor.

166) Grimm D. Sagen II. 265.

167) Müllenhoff l. l. p. 341.

168) Müllenhoff 191.

169) Wolf Zeitschrift für Myth. 1. 32. u. s. w.

170) So erzählt Tieck in der Autobiographie des berühmten Kaisers Abraham Tonelli II. Absch. N. 6.

171) Burchard von Worms schreibt in seiner Sammlung von Decreten: „credidisti quod quidam credere solent, dum necesse habent ante lucem aliorsum exire, non audent dicentes quod posterum sit et ante galli cantum egredi non liceat et periculosum sit, eo quod immundi spiritus ante gallicinium plus ad nocendum potestatis habeant, quam post et gallus suo cantu plus valeat eos repellere et sedare, quam illa divina mens, quae est in homine sua fide et crucis signaculo." (Vergl. Panzer 1. 310.)

172) Panzer II. 51. 52. theilt aus Rader (Bavaria sancta) noch das schöne Bild mit, welches die heilige Edigna mit Hahn und Glocke fahrend darstellt. Schon im ersten Bande p. 60 hatte er auf die Sage aufmerksam gemacht. Den Sinn von Hahn und Glocke hat er allerdings nicht gedeutet, gleichwohl ist es seltsam, dass ihr Sinn dem kundigen Wolf (Beiträge zur d. Mythol. p. 170) entgangen war. Hahn und Glocke sind das kirchlich-christliche Wesen. Darum flohen die Ungarn vor Hahn und Glocke.

173) Panzer 2. 148. 49.

174) Schamb. u. Müller Niders. S. 245.

175) Vgl. Weimarisches Jahrbuch für die deutsche Sprache und Literatur 2. 241.

176) Vgl. Finn Magnussen lex. mythol. 324. Die Wenden errichteten Kreuzbäume und brachten einen Hahn oben an. Hans Meinigels Hahn sitzt auf einem Baum des Waldes (Grimm Mythol. 636). Daselbst 635 sind noch die andern Hähne der Edda genannt. Es sitzt nämlich bei den Göttern im Walde ein anderer goldkammiger, der diese und die Helden gellenden Rufes weckte. Ein dritter sitzt in Hel.

177) Diese Erzählung ist schon viel citirt, so bei Bochart Hierozoicon II. 124. in der Acerra philologica (Stett. 1688) p. 363, in Luden's gelehrtem Criticus 3. 485 u. A. Ausführlicher spricht Bochart II. 855 davon, wo er mit Recht die Quelle derselben in der jüdisch-rabbinischen Sage findet. In der Gemara Baba bathra 73 b., Jalkut Thilim N. 360 wird ein Vogel erwähnt, dessen Haupt bis an den Himmel, dessen Füsse bis an den Meeresgrund gehen. Es solle dies der Sis sein, von welchem es im Psalm 50, 11 heisst: „wesis shadai imadi" und der Sis des Feldes mit mir. Schon der Targum zu diesem Psalm enthält diese Auslegung und sagt, es sei der wilde Hahn, der Auerhahn, der so gross sei. (Ueber diesen weiter unten.) Ueber die Entstehung dieser Sage ist man aber nicht klar; es möge uns gestattet sein einiges zu bemerken. In der Altpersischen Sage erscheint bekanntlich der weise Riesenvogel Simurg, welcher in der Geschichte Sal's und Rustem's

eine wichtige Stelle hat. Er ist für diese gleichsam die göttliche Vorsehung welche hilft.

Ohne dies näher auszuführen, wie ihn Firdusi preist „als der Vögel Schah, den Hülfespender der Hülfentblössten, der Guten Gütigsten, der Leidenden Tröster," genügt es daran zu erinnern, dass den Gedanken dieses Riesenvogels offenbar nach ihrer Weise die jüdische Sage, heimisch in Mesopotamien, wiederzugeben versucht hat. Dazu gab der Psalm 50, 11. die Anlehnung, indem sie nicht lasen „wesis ssadai imadi", der Sis des Feldes ist bei mir, sondern „wesis schadai imadi", der Sis Gottes ist bei mir. Weil er ein Sis Gottes ist, so hat er unermessliche Grösse. Wie die Schwingen der Simurg, „sie kam wie eine Frühlingswolke im Flug", verdunkelt er daher die Sonne (Wajikra Rabba §. 22. p. 164 b. R. D. Kimchi Sefer Scharaschim. Berol. 1847. p. 173 a.) Es ist im Targum der Auerhahn, weil dieser wie wir sehen werden, der besonders weise und gottesfürchtige Begleiter des Salomo war. Er bildet das Seitenstück unter den Vögeln zum Leviathan unter den Fischen. Er ist das in das Ideale gezogene Thier der Luft, wie der Leviathan das des Meeres. Er dient daher mit diesem zu der idealen Speise der Seligen im Paradiese. Wie die nordischen Einherier von dem Eber aller Eber Saehrimnir in Walhalla essen (j. Edda 38.). Wenn auch Sis ursprünglich nicht Vogel hiess, so war es doch leicht, dass man ihn in dieser Deutung so fassen konnte. Sis heisst beweglich sein, flattern. Der Glanz, den ihm die Sage zulegt, wird nicht blos in seiner göttlichen Eigenschaft, wo er, wie der Hahn des Salomo, der Vogel Gottes ist, sondern auch in der Nebendeutung von sis, was Glanz, Pracht, Fülle heisst, ruhen. Der Vogel, der hier Sis genannt wird, heisst sonst bar iuchne, euchne; der Name ist unerklärt; denn die von R. Bechai ist ungenügend (von muchan paratus zubereitet). Aber ich halte ihn für gar nicht semitisch, sondern nur in semitischem Geiste aus dem Griechischen gebildet. Die Hauptstelle über ihn ist Bechoroth 570. (Vgl. Tisbi ed. Fagius 145. Buxtorf sub voce etc.) — Der Auerhahn, Tarnegal bera, hat seine Einsicht daher, weil er wie ein Frommer Gott zu loben weiss. Darum erklärt man von ihm den Ausdruck Kenaf renanim Hiob 39, 16., weil renan preisen, loben heisst (Schamir 108. 109). Eben so leitete man alauda von laudare. Bar iuchne, euchne leitet sich aus dem Griechischen $εὐχή$, preces; denn der Hahn verkündet auch die Stunde des Gebetes.

178) In meiner Abhandlung: zum armen Heinrich im Weimarischen Jahrbuche tom. 1. §. 1. p. 408 u. s. w.

179) l. l. Anmerkung 15. u. s. w.

180) De rebus ecclesiasticis in den 55. de rebus divinis et officiis cathol. eccl. Rom. 1591. p. 436.

181) Es fehlt dem Hellenischen Alterthum nicht an etymologischen Verbindungen von $λύκος$, Wolf mit $λευκός$ und $λύκη$, Licht, die Kreuzer, wie es scheint, zu weit ausgedehnt fasst (Symbol. 2. 133. u. s. w.). Vgl. Lobeck Aglaophamus p. 1186.

182) So deute ich auch die Sage vom Hausgeist, den der weisse Bär überwindet, die bei Grimm in der Einleitung zu den Irischen Elfenmärchen p. CXV mitgetheilt ist.

183) Diogenes Laertius lib. VIII. 1. 34. „ἀλεκτρυονος μὴ ἅπτεςϑαι λευκοῦ, ὅτι ἱερὸς τοῦ Ζηνὸς καὶ ἱκέτης (τὸ δὲ λευκὸν ἦν τῶν ἀγαϑῶν)

184) Schamb. u. Müller p. 158.

185) Vgl. Weimarisches Jahrbuch 1. 418.

186) Panzer II. p. 60.

187) Tausend und Eine Nacht ed. Habicht 13. 210.

188) Tausend und Eine Nacht 16. 136.

189) Müllenhoff 203.

190) Aus Reusch Samland 29. Bei Kuhn und Schwarz Nordd. Sagen pag. 468.

191) Grimm Mythol. p. 929.

192) Grimm Deutsche Sagen 1. 48. Vgl. Grimm Myth. 961. 62.

193) Die Untersuchung über Asasel in biblischer und späterer Auffassung würde weit abführen, sollte man sie hier weiter verfolgen. Es darf dieselbe bis auf eine Betrachtung des biblischen Opfergedankens überhaupt verschoben werden.

194) Sefer Hataschbaz von R. Meir aus Rothenburg p. 11 a.

195) Bei Bochart Hierozoicon tom II. lib. I. cap. 16. findet man, wie auch in Frey's biblischem Vogelbuch u. A. die Stellen behandelt, in welchen Geber von den Kirchenvätern und der Vulgata als Hahn aufgefasst ist. Eine nähere Behandlung derselben kann hier erspart werden.

196) Die Targumim geben z. B. Ezjon Geber durch Krach Tarnegola wieder. (Numeri 33. 5. Deuteron 2. 9.) Auch in dem Targum der Chronik wird dies nachgeahmt. Vergl. Meine Magyar. Alterth. p. 191. Tarnegal ist chaldäisch und syrisch der Hahn. Man möchte dieses Wort für eine wunderliche Corruption, wie dies bei vielen syrischen Worten der Fall ist, aus dem Graeco - latinimus halten, wie er' dort herrschend war. In der Endung gal sehe ich mit Bestimmtheit gallus; da aber gallus als griechisch γάλλος einen ganz andern Sinn haben konnte (nehmlich Eunuchus spado) so scheint man es durch das griechische ἀλεκτρύων näher erklärt zu haben. In dem Anfang des Wortes trn sehe ich das apocopirte (ἀλεκ) τρύων. Wer die Verstümmelungen kennt, denen die graeco-latinischen Worte ausgesetzt waren, die im chaldäischen, rabbinischen und syrischen sich vorfinden, wird kaum einen Anstoss nehmen. Dass ähnliche Bildungen angenommen wurden, geht schon aus der talmudischen Deutung des Nergal hervor. Dies ist bekanntlich der Name eines Götzen der Cuthäer (2. Kön. 17. 30.) und der Theil eines chaldäischen Namens (vergl. Neriglissar). Der Talmud erklärt den Götzen daher, dass sie einen Hahn verehrt hätten und hat also Gal als Gallus bestimmt im Auge (vergl. Bochart. 2. 113, 114). Die Auffassung ist jedenfalls sinnig, denn ner ist Licht; sie hatten daher in ihrem Feuer und Lichtdienste das Licht unter der Gestalt eines Hahnes verehrt, was bei dem, was wir vor der Verehrung des Hahnes bei den Parsen wissen, sehr treffend ist. Doch müssen wir verzichten auf die Natur des Nergal weiter einzugehen, weil es in einen Knäul von Fragen führen würde, aus denen sobald nicht herauszukommen wäre. Soviel ist gewiss, dass mit Sleidanus de diis Syris 326. 27. die Sache nicht erledigt, auch nicht mit dem, was die Neueren bemerkt haben. Ueber andere Eigennamen ähnlicher Art vergl. meine Thüring. Ortsnamen p. 118.

120. Eine ähnliche Bildung stellt **papagallo im Italienischen** vor. Im Mittellateinischen kommt auch Papagoso, Papagaldaa vor. Man führt es auf mgr. u. ngr. παπαγάς und παπαγάλλος zurück. (Pott Etymol. Forschungen 2. 501). Hierdurch würden die Formen Spanisch papagayo, provenz. papagai, papegaut, engl. popingay am Besten erklärt. Auch Arabisch babagali. (Diez. Lex der Roman. Spr. 251). Denn papa ist ein onomapoetisches Wort vom unvollständigen Plappern, wie ähnliche Formen viele vorhanden sind, daher von unarticulirten Lauten und von Kinderredeweise gebraucht. παπαπᾶ ruft der.trunkene Cyklop bei Euripides vergl. pappare, παππάζειν etc.

197) Der Ausdruck ἀλεκτρύων kommt in der LXX. gar nicht vor.

198) Leviticus 14. 4. heisst es von der Sühne eines Aussätzigen, dass er zu seiner Reinigung schte ziporim bedürfe. Ueber die gewöhnliche und über die nothwendige Auffassung von zipor (Vogel) ist früher schon von mir einiges bemerkt im Weimarischen Jahrbuch 1. p. 428. Origenes hat eine eigenthümliche Auslegung, er fasst die Ziporim als Hühner. Er sagt in der 8. Homilie zum Leviticus: „Es scheinen mir auch jene zwei Hühner irgend eine Aehnlichkeit mit den zwei Böcken zu haben, von denen der Eine dem Herrn dargebracht, der Andere ins Feld entlassen wird. Ich glaube, dass der Sinn jener Hühner versteckt sich so verhalte, dass durch ihn die Sühne des Sünders bewirkt wird, von der geschrieben ist." Er fährt später fort: „es wird getödtet das Huhn in einem Topfe, in welchen lebendiges Wasser gegossen ist, damit Wasser genommen würde zur Sühne und erfüllt werde die Fülle des Geheimnisses in Wasser und Blut, welches aus der Seite des Erlösers gegangen sein soll. Und jenes nichtsdestoweniger was Johannes in seinem Briefe sagt und spricht, dass eine Sühne geschehe an Wasser, Blut und Geist. Woher ich auch hier sehe, dass Alles erfüllt werde. Denn der Geist ist das Huhn jenes, welches getödtet ward etc."

199) Vergl. Schebet Jehuda cap. 32 quaest. 13 ed. Wiener (Hannover 1855) p. 61 a, wo eine wunderliche Auslegung von Jeremia 3. 1 mitgetheilt wird, um das Leiden Christi aus dieser Stelle wegzudeuten.

200) Die Ceremonie ist folgende: der Hausvater ergreift das Thier an den gebundenen Füssen, spricht ein aus Psalm 107. 17 — 22 (meist ist auch V. 11 und 14 vorausgesandt) und aus Hiob 33, 23. 24 zusammengesetztes Gebet, schwingt den Hahn dreimal um sein Haupt oder um den, dem das Sühneopfer gilt und sagt: „Das ist meine Erstattung, das ist mein Ersatz, das ist meine Sühne; dieser Hahn geht zum Tode, ich aber (oder du, ihr etc.) gehe zum zu gutem Leben mit ganz Israel, Amen. Vergl. die Minhagim in der Ausgabe, Frankfurt 1692, wo ein Holzschnitt die Beschreibung begleitet. Sonst ist auch in den christlichen Schriften, die die jüdischen Gebräuche berichten, viel davon die Rede, wenn sie auch etwas mehr Wohlwollen anzuwenden gar wohl ein Recht gehabt hätten. So bei Margaritha. Buxtorf (Syn. jud. 1718 p. 561). Schudt jüd. Merkwürd. II* 298 etc. Bodenschatz vergl. Verf. der h. Juden 2, 217 etc.

201) Vgl. Sefer R. Mordechai (Riva di Trenta 1559 fol. p. 27 a.) Die Hähne verschenkt jeder Mann (die Notiz hat auch Taschbaz), aber die sehr Reichen schlachten ajalim, Kewaschim, gediim und vertheilen sie unter die Armen. Die Notizen von Mordechai deutet auch Agur p. 72 b. an (Venezia

1506. 4.). Wenn kein Hahn vorhanden ist, so nimmt man wohl auch eine
Gans. Merkwürdiger ist, dass der Brauch vorhanden war, falls es an Ge-
flügel fehlte, Fische zu nehmen. Diese Notiz wird aus dem Lebusch auch
in den Ritualcodices der Juden mitgetheilt (vgl. Orach Chajim in der Octav-
Ausgabe. Dyhrnfurt 1799. p. 309 b. not. In Magine Erez fol. 293 b. u. s. w.).
Denn der Fisch ist nur durch das christliche Bewusstsein ein Symbol
geworden, das diesem Gedanken entspricht. Man hat niemals als ein Spiel
angesehen, dass ἰχϑύς den Anfangsbuchstaben der Worte Ἰησοῦς χριστὸς ϑεοῦ
υἱὸς σωτήρ enthält (wie Menzel meint Symbol. 1. 289.), an den wir die nach-
folgenden Bemerkungen richten. Der Fisch ist darin das Sinnbild Christi
geworden, den Augustinus selbst einen Fisch nennt. (De civitate dei 18. 23.)
Clemens von Alexandrien will darum einen Fisch zum Sinnbild der Siegel-
ringe (Neander Gesch. der christl. Kirche 1. 2. 507). Daher erklärt sich,
wenn Julius Africanus Christum mit dem Fisch vergleicht, der die
ganze Welt nährt; er sei der Leviathan, den die messianische
Anschauung erwarte. Eine Vorstellung, welche bei den alten Christen
dem Judenthum gegenüber sehr viel beigetragen hat den Werth jenes Akro-
stichs, das auch in den Sibyllenbüchern weissagend auftritt, zu erhöhen und
zu befestigen. Daher liegt zuweilen auf Bildern des Abendmahles statt eines
Lammes ein Fisch in der Schüssel; denn Lamm und Fisch symbolisiren
dasselbe welterlösende Opfer. Daher hing man in allen christlichen Kirchen
einen Fisch an der Decke auf, darum dürfen in den Fasten, wie in den
jüdischen Halbfasten, Fische gegessen werden. Die Streifen an den abge-
bildeten Fischen sind die Merkmale der Wunden. Gleich dem Kreuze symbolisirt er daher das Taufbecken und christliche Gräber. Es ist merkwürdig,
dass die Juden, wie in dem Hahnversöhnungsopfer (Geber ist der Mann),
auch darin scheinen einen christlichen Gedanken zu sich verpflanzen zu wollen.
Denn Christus als Fisch ist das Weltopfer der Sühne für alle Welt. Ein
Opfer zur Sühne des Einzelnen war den Juden der Hahn, Bock und Fisch.
Denn wenn auch die jüdische Auslegung von Leviathan erst zu dem Fisch-
symbol im Christenthum Basis verliehen haben wird, so ist doch der Fisch
für den Hahn als Sühne zu gebrauchen, nur aus dem Gedanken Christi zu
erklären. Der Leviathan bietet keine Anknüpfung für ein Sühneopfer.

202) Leo' de Modena sagt in seiner trefflichen Schrift über die Ceremo-
nien der heutigen Juden: „Jene Ceremonie hiess Kappara und ist diese Gewohnheit heute in Italien und im Orient fast veraltet und abgekommen,
nachdem man befunden, dass es blosse Thorheit und Eitelkeit sei und auf
keinem Grunde ruhe.“

203) Mischna Joma 7. 8. heisst es: „Der Tod und der Versöhnungs-
tag versöhnen unter Busse.“

204) Vgl. Stoeber Sagen aus dem Elsass bei Wolf Zeitschrift für Mythol. 1. 408.

205) Daumer wälzt sich in solchen Anschauungen des Volksaberglau-
bens, die er in seinem Buche, das ein merkwürdig Zeugniss von Sammel-
wahnsinn bleibt, als wahre Geschichten ansieht und entstellt (1. 138 u. s. w.)
während sie doch meist mit gelehrtem Schein aus Grimm entlehnt sind.

206) Grimm D. S. 1. 268.

10

207) Grimm Myth. 972. 1096.

208) Natura animal. 7. 7. „οἱ ἠθάδες πτερυσσόμενοι καὶ ηρυαττόμενοι καὶ ὑποτρύζοντες χειμῶνα δηλοῦσιν.‘ Auch Albert. Magnus (de animal. Mantuae 1478.) lib. 28. 24. macht darauf aufmerksam: „et nocte canens se erigit et alis percutit et se excutit ut vigilantius cantet.‘

209) Grimm Mythol. 636.

210) Deutsche Volksbücher p. 71.

211) Völuspa Str. 8 u. 25. Fafnismal 9. 10. u. s. w.

212) Lucians Gallus 9. 15. ed. Reitz II. p. 725.

213) Gott Amur 1365. (In der Ausg. von Chr. H. Myller p. 11.)

214) Preller Griech. Mythol. II. 42.

215) Vgl. Zendavesta übers. von Kleuker 3. p. 233. Eine Notiz, welche eben so gut weiter unten hin gegeben werden könnte, wollen wir hier anschliessen. Der Riesenvogel der persischen Sage, wie sie Firdusi verherrlicht, ist Simurg. Sie war die Beschützerin und Erzieherin des ausgesetzten Sal. Als sie ihn seinem Vater zurück giebt, giebt sie ihm eine Feder aus ihrem Schweife. Von Schack (Heldensagen von Firdusi p. 182) übersetzt:

„Erhebt sich Feindschaft wider deine Thaten,
So wirf nur diese Feder in das Feuer,
Alsbald erschein' ich dir als Freund, als Treuer.“

Wie dem Simurg der Hahn unserer Sage, entspricht dieser Feder die Zauberhahnfeder, von der noch die Rede sein wird. Aber nun ist merkwürdig, dass es die schwere Geburt des Rustem ist, bei welcher Sal genöthigt ist die Feder in das Feuer zu werfen. Rudabe die Mutter droht zu sterben. Da erscheint, sobald die Feder brennt, Simurg und giebt helfenden Rath (ib. p. 192). Der Baum, auf welchem den Hahn sitzt, der die nordische Simurg vorstellt, thut ähnliche Wirkung.

216) Valentin Schmidt zu den Erzählungen des Straparola p. 80.

217) Meier Deutsche Sagen u. s. w. p. 474. Ueber Apfel und Dorn sei an anderer Stelle gehandelt.

218) Meier Deutsche S. p. 475.

219) De natura animalium 4. 29 „πυνθάνομαι δὲ ἄρα ὅτι καὶ τῇ Λητοῖ φίλον ἐστὶ ὁ ἀλεκτρυὼν τὸ ὄρνεον· τὸ δὲ αἴτιον παρέστη, φασίν, αὐτῇ τὴν διπλῆν τι καὶ μακαρίαν ὠδῖνα ὠδινούσῃ· ταῦτά τοι καὶ νῦν ταῖς τικτούσαις ἀλεκτρυὼν πάρεστι καὶ δοκεῖ πως εὐώδινας ἀποφαίνειν.‘

220) Kuhn Märkische Sagen p. 360.

221) Nork Sitten und Gebr. der Deutschen bei Scheible Kloster 12. 1, 201.

222) Meier Deutsche S. p. 483. 487.

223) Montanus Die deutschen Volksfeste p. 83.

224) Salmasius exercitationes Plinian. p. 27.

225) Speculum naturale lib. 9. cap. 43. Vgl. Zahn Specula Physico-mathematico-historica tom II. p. 50.

226) Von den wunderbaren Geheimnissen der Natur (Leipzig 1588) 5. 291.

227) Wolf Zeitschrift für Myth. 1. 140.

228) Grimm Myth. p. 353. Verschiedenes babe ich schon darüber bemerkt in meiner Abhandlung über den goldenen Thron Salomo's p. 44. Vgl. dazu meine Abhandl. über Thüringische Ortsnamen p. 157.

229) Lobeck Aglaophamus p. 732.

230) Aeschylus Prometheus desmotes 460. 61. „ἐξεῦρον αὐτοῖς, γραμμάτων τε συνθέσεις μνήμην δ᾽ ἁπάντων μουσομήτορ ἐργάτιν."

231) Herodot 2. 77. Vgl. Lobeck l. l. 732. 33.

232) Vita Apollonii Tyanensis 1. 14. ed. Olearius p. 17.

233 Vgl. Grimm Myth. 663.

234) Ueber den Thion Salomo's p. 45.

235) In dem Anbange zum Havamal, welcher Odins Runenlied heisst.

236) Otia imperialia 14. Bei Leibnitz ss. rerum Brunswicensium 1. 895.

237) In der schönen Episode vom Tode Baldurs ist der siegreiche Kampf des Dämons der Finsterniss über das Licht und den reinen Tag ausgedrückt. Nicht blos dem Geiste, sondern auch den Worten nach. Es giebt seitdem kein fleckenloses Licht und keine Reinheit mehr. Es ist eine Art Sündenlehre der Welt darin verkündet. Wenn Baldur todt ist, muss die Dämmerung nahen. Denn wo er fehlt, wo die Sünde ist, droht Tod und Untergang. Der Sold der Sünde ist der Tod.

Baldur ist von Grimm mit Phol zusammengestellt worden. Phol ist Apollo, wie ich schon früher bemerkt habe (Weimarisches Jahrbuch 2. p. 382) und Apollo entspricht auch dem Namen nach dem Wesen von Baldur. Die alte Etymologie von ἀπόλλυμι ist erst aus dem Homerischen und zwar strahlenpfeilsendenden Gott ersonnen worden. Apollo heisst nach andern Formen nichts anderes als licht, hell, rein. Auf Creta ist die Sonne Abelios, in Lacedaemon nannte man nach Hesychius das Licht, den Strahl Bela. Ich stelle diese Namen mit dem Lateinischen pulcher und bellus, welche schön heissen, zusammen. In Apollo ist eine falsche Etymologie thätig gewesen, wie im horazischen Apelles Denn Apelles steht für Apollas, wie Rellio für Pollio. Im altlateinischen heisst der Gott wirklich Apello.

Apollo verhält sich zu Phol, wie sich ἀγαθός zu gut verhält. Das a ist abgeworfen wie in tausend andern Fällen. Zu Apollo, dem Namen wie dem Worte nach, hat man nun ein Recht die celtischen Beal, Beul, Belenos zu stellen (Dieffenbach Celtica I. p. 203). Bei Herodian 8. 3. heisst es: „Βέλιν δὲ καλοῦσι (die Einwohner von Aquileja), Ἀπόλλωνα εἶναι θέλοντες." Der Venetianische Codex hat Βέλεν. Es würde weit führen auch den babylonischen Bel heranzuführen (vgl. Selden de diis syris 217. 218. u. s. w.). Es ist nun durch die Sprache dem Stamme sein lichtes Wesen bewahrt worden. Der slavische Bjelbog ist der lichte Gott, der weisse Gott, denn bjel ist weiss. Das Licht heisst bei den Magyaren vilag. Bei den Lithauern ist baltas weiss, und Grimm hatte völlig recht sich bei letzterem an Baldur zu erinnern. Baldur ist der lichte Herr. Der Consonant, der hinzugetreten, ist dann so leicht erklärlich wie im goth. baltha, ags. Bealdor, die sich in exotischen Formen (Dieffenbach Goth. Lex. 1. 271.) derselben Bedeutung ohne den Consonanten darstellen, wie altnordisch ballr und balldr als tapfer und heldenmüthig vorkommt. An diesen Stamm hat sich die spätere Sage bei Saxo von einem kriegerischen Baldr angeschlossen. Der. in der Edda erwähnte ist ein lichtes Wesen, das der nächtigen Sünde unterliegt. Merkwürdiger Weise treten im Mythus von Balder die Eigennahmen sehr nahe an griechische Mythen heran. Nicht blos Balder ist Phol, Apollo — sondern Hödur vergleiche ich gern mit dem Hades; auch Finn Magnussen (lex. myth. p. 465) hat schon daran gedacht, aber an den blinden Hödur die Bedeutung des Ἀἴδης anzuknüpfen, ist nicht möglich, wenn es auch sinnig ist. Nach meiner Ansicht ist aber die Form Hades ein Zeugniss, dass auch die Deutung Ἀἴδης als ἀειδής eine von den Griechen poetisch erfundene Etymologie ist, wie selbst im Kratylus von Plato anerkannt ist, der den spiritus asper nicht verloren haben will (p. 404 a.)

Es fehlt auch an andern Ableitungen nicht. Mir dünkt, der Name kann aus dem vorliegenden Sprachschatz der Griechen wie viele andere uralte Begriffe nicht genügend gedeutet werden. Hades gehört, wie ich glaube, zu dem Sanskritstamme bhad, der verhüllen, bedecken bedeutet. Es ist derselbe Stamm, mit dem man das goth. skadus, Schatten, nach allen Dialekten zusammenstellt. Es ist derselbe, an den allein das ags. heodhan verborgen, engl. hide erinnern kann, daher hodhma die Nacht (Ettmüller lex. anglos. p. 484). Der Begriff kann nicht klarer sein. Hades ist das Reich der Schatten, der Nacht, des Dunkels, das Bedeckte, Unterirdische. Daher der Helm des Hades, welcher in Schatten hüllt. Die Nacht, das von der Erde bedeckte Dunkel, wodurch keine Sonne hindringt, ist der Charakter des Hades, nicht die Unsichtbarkeit, da Pluto-Hades dem griechischen Begriffe auch nicht unsichtbar war. An diesen Hades erinnert auch Hödur; er steht dem Baldur gegenüber, das Dunkle dem Hellen, die Nacht dem Tage. Es ist sein Gegensatz. Durch ihn fällt Baldur; also bricht die Dämmerung herein, aber einst wenn die neue Welt wieder auftaucht, erzählt die Edda, kehren Baldur und Hödur aus dem Untergang zurück. Dann sind die Gegensätze versöhnt. Denn der böse Geist, der sie feindlich gegen einander treibt, ist nicht mehr.

Finn Magnussen (lex. myth. p. 427) hat auch im Hermodur an Hermes erinnert, und in der That ist auch Hermodur in der Edda der zwiefache Bote nach der Unterwelt, doch müssen wir auf ein weiteres Eingehen hier verzichten, weil eine Erläuterung zu sehr in die Betrachtung des Hermes, der sonst wieder Loki ist, verlocken würde. Loki ist aber die böse Schlange, welche dem blinden Hödur die Mistel in die Hand drückt. Mit der verachteten Mistel geht die Asenwelt ihrer schönsten Natur verlustig. Sie erinnert an den biblischen Ysop. (Vgl. meine Abhandlung über den armen Heinrich Weimar. Jahrbuch 1. 429.) Denn es wird darum zur Reinigungsceremonie angewendet, weil es das Symbol des sich Geringfühlens, der Demuth war. Am Mangel dieser Demuth geht alle Tugend unter und gewinnt der böse Geist die Macht.

238) Ueber diesen Namen Lokis und seine Bedeutung aereus, aerivagus vgl. Finn Magnussen lex. myth. p. 505. 6. Loki fuhr wie der Teufel durch die Luft, dem Blitze gleich. Daher sie noch in Island den Schwefelgeruch und allen übeln Geruch den Dunst des Loki nennen, wie auch der Teufel, wenn er abfährt, einen schlechten Geruch zurück lässt. Loptr wird er

genannt, wo es im Hyndluliodh p. 38 geschildert wird, dass er um das Essen eines bösen Frauenherzens ein Teufel geworden sei. Es ist also Loki, der die Waffe schmiedet zum Tode des Hahnes, welcher Licht verkündet, wie er den Misteltein lieh um Baldur zu tödten, das Symbol des reinen Lichtes.

239) Ueber Sinmara sind noch keine irgendwie wahrscheinlichen Vermuthungen vorhanden. Doch ist die Composition des Wortes wie sein Inhalt ziemlich ersichtlich. Mara, moera ist das Weib, altdän. nordfriesisch maar, was allbekannt is. Sin übersetzen wir mit alt. Bei Ulfilas kommt häufig sinista sehr alt, was einen Positiv sin voraussetzt. Grimm bemerkt diesen Stamm in dem Burgundischen sinistus, in dem altfränkischen siniscalcus. Sonst ist sin (alt) in den Dialekten vereinzelt, wie Grimm sagt, nicht mehr anzutreffen. Um so interessanter die Wurzel auch in sinmoera, dem alten Weibe, der Grossmutter zu finden. (Grimm deutsche Grammatik 3. 617.)

240) Sommer Sagen aus Thüringen. p. 53.

241) Müllenhoff Sagen p. 108. vgl. p. 345.

242) 29. Erzählung: „et sic per vetulam domina adulterium commisit." Die Moralizatio hat ganz Recht dazuzufügen: adest vetula scilicet diabolus, qui circuit, querens, quem devoret. Aber ein schöneres Beispiel von der Strafe, die eine junge tugendhafte Frau einer solchen alten Verführerin angedeihen liess, steht im speculum exemplorum des Joh. major. Col. Agr. 1611. p. 119.

243) Müllenhoff Sagen p. 389.

244) Müllenhoff Sagen p. 216.

245) Wovon Margareth Barrett in den Irischen Elfenmärchen N. 21 (in der Grimmschen Uebersetzung p. 150—168) ein schöner Beispiel giebt.

246) Auch in Schwaben hat man das Sprichwort: „Was doch der Teufel nicht thut, wenn seine Grossmutter nicht daheim ist."

247) Müllenhoff Sagen p. 451.

248) Kuhn Märk. Sagen 249.

249) Kuhn u. Schwarz Nordd. S. p. 341.

250) Hymisquida 7.

> „maugr fann aumo (Rask amó)
> miöc leitha ser
> hafthi hauftha
> hundruth nio."

251) J. Edda 49. Auch ein Riesenweib war es, die nicht weinen wollte über Baldur „und man meint, dass dies Loki Laufeyas Sohn gewesen sei." Merkwürdig ist die Antwort die sie giebt, wenigstens nach Simrock's Uebersetzung. (Von der jüngeren Edda ist mir nur der alte Text des Resenius vorliegend.)

> „Nicht im Leben noch im Tod
> Hatt' ich Nutzen von ihm." p. 283.

252) Schamir p. 56. 57.

253) Montanus Deutsche Volksbräuche p. 41.

254) Panzer Beiträge 1. 84.

255) Grimm Myth. 928 sagt: „gamban widersteht allen seitherigen Deutungen.“ Es ist eine bekannte Sache, dass m und b als labiale Buchstaben in einander übergehen. Wir erinnern an λαμβάνειν und λαβεῖν; skr. labh, guaelisch hlamh (Benfey 2. 239). So geht scamnum in scabellum, so steht βλίττω für μελίττω; dasselbe ist in den semitischen Sprachen der Fall, also Sambation steht für sabbation u. s. w.

256) Heimskringla ed. Wachter 2. 39.

257) Ilias 24, 343 und in der Odyssee öfters:

„εἵλετο δὲ ῥάβδον, τῇτ᾽ ἀνδρῶν ὄμματα θέλγει
ὧν ἐθέλει, τοὺς δ᾽ αὖτε καὶ ὑπνώοντας ἐγείρει.“

258) Meier D. Sagen aus Schwaben p. 7. 27. 31. u. s. w.

259) Stier Ungrische Sagen p. 92.

260) Meier Mährchen p. 97.

261) Sommer Sagen p. 69.

262) Kuhn Märk. Sagen 265. 66. Eine ähnliche Sage bei Kuhn und Schw. Nordd. S. 320. u. s. w.

263) Sommer Sagen 117.

264) Stier Ungr. Sagen p. 10, Eine ähnliche Sage bei Kuhn u. Schw. p. 345 und öfters.

265) Wolf Deutsche Sagen p. 137. Ueber die Gattung und Form der Ruthen sei späterhin ausführlicher gehandelt.

266) Wolf D. Sagen p. 256.

267) Vgl. Meier D. Sagen. p. 391.

268) Wolf Niederländische Sagen p. 297.

269) Panzer 1. 144. 145.

270) Als Christoph Wagner im Streit mit einem andern Nigromanticus denselben jämmerlich tödtete, sagt das älteste Wagnerbuch am Schluss des 31. Capitels: „also lehret der Teufel seine Gesellen, wenn sie lange gedient haben, dies ist das Trinkgeld und der Gewinn, den sie davon bringen. Sie haben nicht allein Schaden an dem Leib und Leben, sondern sie müssen auch dazu in Ewigkeit die Seele verlieren und dem Teufel einen Braten lassen.“ Vgl. die Ausgabe von 1714 bei Scheible 3. 134. Statt lehret wird zu lesen sein „lohnet“, wie auch in dem Auszug von Reichlin-Meldegg aus dem Wagnerbuche von 1593 angiebt, bei Scheible 11. 650.

271) Es sei nochmals auf meine Abhandlung „zum armen Heinrich“ im Weimar. Jahrbuch I. p. 408 u. s. w. verwiesen.

272) Bei Scheible Kloster 2. p. 203.

273) Vgl. Salmasius Exercitationes Plinianae p. 26.

274) Horapollinis Hieroglyphica lib. 1. 70. ed. de Pauw. Trajecti 1727. l. p. 81.

275) Vgl. Voss Theologia gentilis (1642) III. p. 1148.

276) Grimm Myth. 1125.

277) Dieser Aberglaube wird Midrasch Echa Rabbathi p. 58 d. von den Rabbinen erzählt, um die Ueppigkeit der männlichen und weiblichen Jugend in der Zeit der Zerstörung Jerusalems zu schildern. Jedem Mädchen,

welches Sefok, Kropf eines Hahnes, so verwendet, liefen die Jünglinge, so bald sie sie erblickten, nach.

278) Vgl. Reichlin Meldegg: Die deutschen Volksbücher bei Scheible 1. p. 10.

279) Meier Deutsche Sagen p. 510.

280) Ed. Reitz 2. 745: *ἀλλ' ὁ Ἑρμῆς, οὗπερ πρὸς εἰμι, ἐξαίρετον ἔδωκέ μοι τοῦτο, ἤν τις τὸ οὐραῖον πτερὸν τὸ μήκιστον, ὃ δὴ ἀπαλόγητα ἐπικαμπές ἐστι . . . . ὅτῳ ἄν ἐγὼ ἀποσπάσας παράσχω ἔχειν, ἐς ὅσον ἄν βούλωμαι. ἀνοίγειν τε ὁ τοιοῦτος πᾶσαν θύραν δύναται καὶ ὁρᾶν τὰ πάντα, οὐχ ὁρώμενος αὐτός.*

281) Odyssee 11. 109 : *ὃς πάντ' ἐφορᾶ καὶ πάντ' ἐπακούει.*

282) Vgl. Meier Mährchen 53. In etwas anderer Form Panzer 2. 238.

283) Ed. Reitz II. p. 705. im Anfange des „Traumes" cap. 2: *Ἑρμοῦ πάρεδρος ὤν, λαλιστάτου καὶ λογιωτάτου θεῶν ἁπάντων.*

284) Ibid. cap. 14. p. 723: *ἀλλὰ τί οὐκ ἐμήνυες καὶ ἐβόας τότε ὦ ἀλεκτρυών, ληϊζομένους ἡμᾶς ὁρῶν*; Hahn: *ἐκόκκυζον.*

285) Namentlich charakterisirt ihn der liebliche Hymnus an den Hermes in anziehendster Weise. Dort heisst er unter Andern:

> *. . καὶ τότ' ἐγείνατο παῖδα πολύτροπον, αἱμυλομήτην*
> *ληϊστῆρ', ἐλατῆρα βοῶν, ἡγήτορ' ὀνείρων,*
> *νυκτὸς ὀπωπητῆρα, πυληδόκον.*

Vgl. Preller Mythol. 1. 256.

286) Es kann nicht möglich sein hier in die Deutung des cap. 6 der Offenbarung Johannis sich zu vertiefen. Doch sei über das s c h w a r z e Ross nur ein Wort bemerkt. Die Stelle heisst (v. 5. 6) „Und ich sah und sieh' ein s c h w a r z e s Ross und der aufsitzende hatte eine W a g e in seiner Hand. Und ich hörte in der Mitte der vier Thiere eine Stimme redend: Ein Mass Gerste um einen Denar, Drei Mass Gerste um einen Denar, und dem Oel und Wein thue kein Leid". Man ist in der symbolischen Deutung der Stelle oft über das zulässige Mass hinausgegangen; die Deutung der Gegenseite ist um so prosaischer und dürrer. Wenn de Wette (Commentar 1854 p. 75) bemerkt „S c h w a r z die Farbe der Trauer . . . . . die Wage das Sinnbild der Theuerung, weil man da das Brod nach dem Gewichte isst", so genügt dies sicher nicht; die T r a u e r mit der Theuerung zusammen zu paaren will nicht recht passen. Dass die Wage das Sinnbild sein soll, weil man das Brod wiegt, ist nicht wahrscheinlich, weil darauf die Stelle gar nicht absieht, in der ja die Preise nach Massen schon bestimmt sind. Was hat auch die Wage in diesem specifischen Sinne mit Oel und Wein zu thun. Der Zustand des Hungers, der Noth, der Entbehrung ist nicht sinnlich mit der Wage bezeichnet; er ist die Folge dessen, was die Wage bezeichnet, die Folge dessen, was durch das schwarze Ross symbolisirt ist. D e r H u n g e r ist die Folge des Fluchs und des Gerichts, wie die guten Erndten und Ueberfluss die Folge des Gehorsams. „Wenn du nicht gehorchest der Stimme des Ewigen deines Gottes" . . . . heisst es im Deuteronomium 28. 39 u. s. w. . . . . . . „Vielen Samen wirst du aufs Feld führen und wenig einsammeln, denn die Heuschrecke wird ihn verzehren; Weinberge wirst du

pflanzen und bebauen, aber den Wein nicht trinken und nicht einbringen . . .
Oelbäume wirst du haben in all' deinem Gebiete, aber mit Oel dich nicht
salben" u. s. w., das ist der Sinn von „τὸ ἔλαιον καὶ τὸν οἶνον μὴ ἀδικήσῃς",
du wirst Oel und Wein nicht missbrauchen (d. h. ihm Leid thun) denn
du wirst nichts haben. Die Noth ist die Folge des Gerichts. Du bist gewogen worden, aber zu leicht gefunden worden. Es ist der Fluch, welcher
der Sünde und dem Ungehorsam auf dem Fusse folgt. Des Fluches Farbe
ist schwarz, wie des Gerichtes. So ergiebt sich auch aus Zacharia
cap. 6, wo ebenfalls die Rosse mit den vier Farben erscheinen.. Die schwarzen Rosse ziehen nach dem Norden; sie haben, sagt der Herr, henichu et
ruchi, meinen Zorn beschwichtigt, den ich gegen den Norden hatte. Allerdings war schwarz das Zeichen der Trauer schon bei den alten jüdischen
und christlichen Gemeinden (vgl. meine Schrift Irene p. 16 u. s. w.) aber
aus einem in diesen einmü denden Grunde. Die Trauer ist nicht blos Folge
individuellen Schmerzes und Verlustes, sondern auch und hier in Nothwendigkeit die Consequenz der Sünde und des bevorstehenden Gerichtes. Auch
bei den Römern legten die Angeklagten schwarze Gewänder an. (Vgl. darüber viele Stellen bei Dempster Antiquit. Roman. Genevae 1640 p. 388 u. s. w.)
Der des Ehebruchs angeschuldigten und auf die Probe gestellten Frau wurden
statt weisser schwarze Kleider angelegt. (Mischna Sota 1. 6.) Eine Stelle
im Midrasch. (Talmud Jemschalmi Roschhasch g. 1. Hal. 3. vgl. Irene p.
21. N. 47) sagt: Nach der Gewohnheit der Welt ziehen die Menschen, wenn
sie vor Gericht gefordert werden, ein schwarzes Kleid an, aber die Israeliten kleiden sich an ihrem Gerichtstage in Weiss . . . . . sie wissen, dass
Gott ihnen Wunder thut und in Gnaden ihre Schuld aufhebt". Die Ver-
dammten und Ruchlosen tragen darum im Himmel' auch schwarze Kleider.
Schwarz war die Farbe des Fluches, des Bannes, der Excommunication.
Diesen Gedanken lässt auch die Apocalypse durchblicken, darum trägt der
schwarze Reiter die Wage, auf welchem gewogen wird der Segen und
der Fluch.

287) Im Briefe des Michael Glycas an Essias den Mönch angeführt bei
Allatius de consensione occidentalis et orientalis ecclesiae p. 1287. Andere
Beispiele bei Grimm Mythol. 947.

288) Kuhn Märkische Sagen p. 32.

289) Kuhn ibidem p. 65.

290) Kuhn und Schwarz Nordd. Sagen p. 68.

291) Müllenhoff Sagen p. 213.

292) Grimm Irische Elfenmärchen p. 60.

293) Vgl. das Verzeichniss der geschnittenen Steine in dem Königl. Museum der Alterth. zu Berlin p. 228. 29.

294) Die Bedeutung von Rabe und Fuchs ist bekannter und können wir
unterlassen ihre Stellung in der Sage hier näher zu beleuchten. Von der
Maus wollen wir nur erinnern, dass sie eine Freundin der Nacht und des
Dunkels ist, also dem Hahne gerade entgegen gehet; Apollo Smintheus
waren die Mänse geweiht. Auch dem Dunkel schrieb man sie in Aegypten
zu (vgl. Creuzer Symb. 1. 520). Der Wachsamkeit entgegen ist ihre Nasch-
haftigkeit und Lüsternheit. Mit heiterer Ironie haben daher die Aegyptier

die Maus zum Hieroglyphen für einen guten Bäcker genommen, denn sie versteht sich auf das beste Brod. (Horapollo 1. 50.) Mäuse und Ratten sind
auch Genossen des diabolischen Wesens. Mephisto macht tolles Zeug mit
einem Haufen grosser Mäuse (vgl. Reichlin Meldegg bei Scheible Kloster 11.628).

295) Ich bin an die Notiz durch Menzels Symbolik 2. 111 erinnert worden.

296) Acta Sanctorum Surii 3. 631. Eine sehr schöne Legende wird sonst
erzählt. Zu einem Greise kommt der Teufel und giebt sich für Christus
aus. Ego sum Christus. Als der Greis dies hörte, schloss er die Augen
Da sprach Jener: ich bin Christus; weshalb schliessest du die Augen. Ant-
wortete Jener: ego Christum hic nolo videre sed in alia vita. Darauf verschwand der Teufel. cf. Speculum Exempl. p. 293.

297) Acta Sanctorum Surii Augnst. 4. 551. Der Teufel erscheint ihm
auch als Sperling, dem er alle Federn ausreisst.

298) Prambhofer: Wunderseltsame, wahrhafte . . . . . Traumgeschichten.
Augsburg 1712. p. 143.

299) Grimm Elfenmärchen p. 4.

300) Tettau: Die Volkssagen Preussens, Litthauens und Westpreussens.
p. 141. 142.

301) Caesar. Heisterbacensis de daemonibus lib. V. cap. II. „Quid opus
habes Gallo meo, respondet daemon : ut mihi cantet.“

302) Nichtsdestoweniger ist sie es, die bis jetzt, soweit mir Literatur zu-
gänglich war, keine Erläuterung gefunden. Und doch lässt auch Göthe
seinen Mephistopheles sagen:
‚Hast du vorm rothen Wamms nicht mehr Respect?
Kannst du die Hahnenfeder nicht erkennen?

303) Kuhn Märkische Sagen 258.

304) Meier Sagen aus Schwaben p. 510

305) Wolf d. Sagen 141.

306) Nork „Mythologie der Volkssagen u. s. w.“ bei Scheible p. 355 sagt:
„Welchen Dienst dem Räuber des Teufels Federn leisten sollten, ist schwer
zu ergründen“. Umsoweniger hatte er Recht zu polemischen Bemerkungen gegen Jacob Grimm, dem er doch die meisten Notizen entlehnt hat. Obschon
er es tadelnd zu bemerken scheint, dass Grimm an die drei Barthaare Hüons
nicht gedacht hat — so ist dies doch nicht mit Unrecht unterlassen worden.
Denn hier hatten diese einen ganz andern Sinn. Hier sollen sie Zeugnisse
grosser Kühnheit und Furchtlosigkeit darstellen. Dies war aus dem Beispiel
des Ugarthilocus des Saxo selbst zu entnehmen, denn Saxo sagt den Grund,
weshalb Thorkill ein Barthaar ausgezogen hat. „Quorum unum Thorkillus
adnitentibus sociis mento patientis excussum, quo promptior fides suis
haberetur operibus, asservavit.“ (lib VIII. p. 149.)

307) Meier Mährchen p. 254.

308) In meiner Abhandlung Schamir, die, zuerst in der Denkschrift der
Akademie der Wissenschaften zu Erfurt enthalten, in besonderer Ausgabe in
diesem Jahre erschienen ist (Erfurt 1856. Villaret).

309) Vgl. Hammer Rosenöl 1. 155. Behrnauer: die 40 Veziere p. 373.
In Weils biblischen Legenden der Muselmänner p. 228 werden Hahn und
Wiedehopf als stete Begleiter Salomo's genannt; es ist hier der eine Ge-

danke, in welchem Auerhahn und Wiedehopf eins gewesen waren, in das Wesen der beiden Thiere wieder zerlegt.

310) Am schönsten thut sich dies in der chaldäischen Umschreibung des Targum zu Esther kund, welches als zweites Targum bekannt ist und das ich in meiner Abhandlung über den Thron Salomo's näher zu charakterisiren begonnen habe. p. 62 u. s. w.

311) Dasselbe ist nach der Ausgabe von Berlin 1714 bei Scheible Kloster Bd. III abgedruckt. Ausführlichen Inhalt derselben giebt Reichlin Meldegg in den deutschen Volksbüchern von Faust und Wagner aus der Ausgabe von 1593, die bei Scheible im XI. Bande steht.

312) Es ist merkwürdig, dass die Affen auch bei den Muhammedanern einen dämonischen Charakter tragen. Die Widerspenstigen, welche den Sabbat entheiligten, jüdische Einwohner der Stadt Aila (das biblische Elath), werden in Affen verwandelt, wie es Sura 2 von Muhammed verkündet wird. Sura 7 wird dies wiederholt, Sura 5 werden noch Schweine hinzugefügt. Bei Ullmann (Coran p. 7. 85. 131) ist keine Quelle vermuthet. Geiger (Was hat Muhammed aus dem Judenthum genommen? p. 185) kennt sie nicht. Sie findet sich Sanhedrin 109 a., Jalkut Noah ed. Venez. 1. 17 a., wo „Affen, Geister, Gespenster, Spuke" zusammen erwähnt werden. Die Muhammedanische Legende hat dies weit ausgeführt. Salomo trifft auf seinen Zügen im Thale ein ganzes Volk von Affen, dem er, als er mitleidig ihre Geschichte hört, für alle Zeit das Thal gewährleistet (Weil biblische Legenden p. 268). Dieses ist die Vertragsurkunde, von der Istachri bei der Beschreibung von Elath erzählt, dass sie die dortigen Juden inne hätten und deren Quelle Carl Ritter nicht deutlich vorschwebte (Erdkunde 12. 173). Es sind die Affen das rechte Bild dämonischen Wesens, und sehr bezeichnend, wie sich die Juden das Hahnsühnopfer am Versöhnungstage dachten, geht aus der Meinung einiger hervor, die Margaritha mit den Worten mittheilt: „Es sagen etliche, dass sie von den alten Weisen gehört haben, dass man einen Affen dazu nehmen sollte, denn der sehe einem Menschen am allergleichsten, dieweil man aber nicht allewege Affen finden könne, nehmen sie einen Hahnen."

Die alte Sage von den drolligen Kerkopen stellt die dämonenhafte Natur der Affen auch in Vorstellungen hellenischen Geistes dar. Es wurden auch die Kerkopen ihrer Spötterei wegen in Affen verwandelt. Vgl. Gerhard Vasengemälde II. p. 90. 91. Anm. 41. 69.

313) „Das bleiche Pferd" ist abermals eine Erinnerung an die Apocalypse 6. 8., wo es heisst: „ein bleiches Pferd (ἵππος χλωρός) und der darauf Sitzende, sein Name war der Tod, und der Hades folgte hinter ihm." Der oben Teufel war, ist unten Tod und Hölle.

314) Doch ergiebt sich aus der oben notirten Stelle, dass, weil man das Blut des Wiedehopfen für kräftig hielt, Teufel zu vertreiben, schon die Salomonische Sage ins Volk übergegangen war. Dies im 14. Jahrhundert. Dass die Mythe von Schamir längst verbreitet war, sieh meine Abhandlung p. 50 u. s. w.

315) Vgl. die Sage von Dr. Joh. Faust von H. Düntzer bei Scheible Kloster V. 135.

316) Das beste Beispiel wird hiervon der unerklärte Name B e t h o r geben. Dieser, wie sich auch der Hahn nennt, über den Wagner zuweilen zu gebieten hat, ist der zweite der sieben Geister, über welche das Wagnerbuch (Scheible 3. 84) und viele andere Zauberbücher Auskunft geben. Der Name ist offenbar ebenfalls aus der heiligen Schrift gewählt, wo P e t h o r die Wohnung des Zauberers B i l e a m heisst. Ausserdem wird Pethor von pathar, Traum auslegen, gedeutet werden können.

317) Von A c h i t o f e l heisst .es 2. Sam. 16, 23. „und der Rath Achitofels, den er rieth in jenen Tagen war, wie wenn jemand das Wort Gottes befragt." Obschon dieses Berachoth 3 a. citirt wird, obschon er — wir heben nur einige Stellen heraus, — heidnischen Bileam entgegengestellt wird, (Wasikra Rabba 150 a.) um die Weisheit Israels dem Rühmen der Heiden gegenüber zu bezeugen, so wird er doch ein „Böser" genannt (Berachoth 55 a.), heisst es von ihm, dass er der ewigen Seligkeit nicht theilhaftig worden ist und dass er wie Bileam geendet habe (der ebenfalls als Zauberer in der Sage gilt). „Zwei Weise, heisst es, waren in der Welt, einer aus Israel und einer von den Völkern, Achitofel von Israel und Bileam von den Völkern und beide wurden von der Welt gebracht " (Bamidbarrabba §. 22: p. 219 b.).

318) 2. Sam. 4, 4. heisst es : „Er fiel, ward lahm und sein Name war Mefiboscheth." Eine künstliche Deutung giebt der Talmud, als ob es hiesse: „aus meinem Munde Beschämung". (Berachoth 4 a.) Dass er ein grosser Gelehrter ward, berichtet der Midrasch (Bamidbarraba §. 8. 190 a.). Der talmudischen Deutung sind übrigens spätere auch im Christenthum forschende gefolgt (vgl. Leusden Onomasticum p. 186).

319) Ueber diesen vergl. meinen Artikel in der Herzogschen Realencyklopädie für protestantische Theologie und Kirche.

320) Dass Hephaistos lahm ward, erklären die Scholiasten aus seiner Erzählung bei Homer in der Ilias 1. 590. 91. Aehnlich konnte Ilias 18. 397 genommen werden, wo er sich auch als χωλός schildert, wenn auch die Mythe hier verändert ist. Aus Odyssee 8. 311:

„αὐτὰρ ἔγωγε
ἠπεδανὸς γενόμην· ἀτὰρ οὔτι μοι αἴτιος ἄλλος
ἀλλὰ τοκῆε δύω"

könnte seine Lahmheit von Geburt an geschlossen werden.

321) Vgl. Apocalypse 12. 9: η ἐβλήθη εἰς τὴν γῆν καὶ οἱ ἄγγελοι αὐτοῦ μετ᾽ αὐτοῦ ἐβλήθησαν."

322) Dass der Teufel H i n k e b e i n heisst vergl. Grimm Mythol. 945, der ihn auch mit dem lahmen Wieland als Künstler vergleicht. Wie die Sagen vom Teufel das nächtige Gegenstück zu den Sagen ist, welche im lichten Glauben von den biblischen Personen umgehen, so ist es interessant, in muhammedanische Legenden das Talent der Eisenarbeit, welches Hephaestos, Wieland und auch der Teufel besitzen, auf den Vater Salomo's, D a v i d übertragen zu sehen (vgl. Weil biblische Legenden p. 206).

323) Schamir p. 62. 110 u. s. w.

324) Dobeneck: Des deutschen Mittelalters Volksglauben und Heroensagen 2. 117 (Berlin 1818). Man leitet den Namen des Pilatusberges von mons

pilatus (auch bei Menzel Symbolik 2. 234.). Mone (die gallische Sprache p. 102) von pel, pelat Spitze, Berg, was wahrscheinlicher klingt.

325) Panzer 2. 23.

326) Görres bei Scheible 5. 385.

327) Vgl. Scheible 5. 485., wo sie auf einem niedlichen Bilde darge-stellt ist. Die Sagen von Faust in Erfurt sind noch heute im Gange.

328) Ein schönes ausführliches Beispiel bei Kuhn Märk. Sagen 285. Einen ganz entfernten Sinn hat es, wenn der Teufel mit Hahnenfüssen geschildert wird. Es entsprechen diese zuerst wieder dem Pferdefuss, den er sonst trägt, in demselben Sinne, wie er oben entwickelt. Wahrscheinlich ist die vorgegebene Wirkung der „Hahnenfüsse" mit ihrer dämonischen Be-deutung im Zusammenhange, nach der die Pflanze, denn diese ist es, welche gemeint ist, die Pestbeulen, die nicht herauskommen wollen, heraus-lockt (vgl. Matthioli von den Pflanzen. Prag 1646 p. 2386). Wenn aber da-von geredet wird, dass der Teufel nach Hahnenschritten messe (vergl. Müllenhoff 258. 59), so hat dies eine ethische Bedeutung. Auch ein Schritt so klein wie ein Hahnenschritt führt dem Teufel zu und wird von ihm er-wogen.

329) Die Schilderung von dem Abentheuer, in welchem Medea mit Hülfe der dämonischen Mächte das goldene Vliess geraubt, ist ungeheuerlich in den sogenannten Orphischen Argonauticis zu lesen. Aber ein Gedanke, der verschiedenen Beziehungen in Fiölvinnsmal entspricht, ist allerdings darinnen. Es ist dämonische Lust der Medea, welche gegen alle Gesetze der kindlichen Liebe und des vaterländischen Interesses das Motiv verleiht, es ist dämoni-sche Zauberkunst, durch die das Ziel erreicht werden soll. Ohne auf den ganzen Inhalt einzugehen, bezeugt sich schon das Opfer und die Mischung des Blutes als ein Vorbild aller Hexenküchen. Wir wollen sie in wenigen Zeilen, weil sie bisher den Erklärern dunkel blieben, nach Kräften etwas aufhellen. Es werden drei schwarze Hunde geschlachtet.

„αἵματι δ' αὖ χάλκανθον ἰδὲ στρουθεῖον ἔμιξα
κνῆκόν τε, σχιστήν τ', ἐπὶ τὲ ψυλλεῖον ἀηδὲς
ἄγχουσάν τ' ἐρυθρὴν ἰδὲ χάλκιμον."

Der Text ist von Herrmann in seinen Orphicis p. 178 (Lips. 1805) mitgetheilt, mit dem jedoch die latein. Uebersetzung des Scaliger, die hinten folgt p. 544, nicht übereinstimmt. Panzer, der die Schilderung kennt, 1. 319. 20 ist über diese Stelle weggegangen. Die Mischung trägt ganz den Charakter der Hexen-braurecepte. Es sind Stoffe, die in ihrer Mischung Beziehung auf Tod, Gier, Unheimliches, Hässliches und Eitles enthalten. Zuerst wird mit Hundeblut gemischt chalcantum. Die Natur dieses Stoffes hat Beziehung auf chal-kos, Erz, nach der es auch oft mit ἄνθος χάλκου verwechselt worden ist, wie Salmasius bemerkt, der seinen Namen von der Erzfarbe, die es trägt herleitet (Exercit. Plin. 815 a.) Die Alten schreiben ihm ausserordentliche Wirkungen zu: „nec ullius aeque mira natura est." Die Stelle, die es in der Beschwörungsformel hat, verdankt es offenbar seiner astringirenden Kraft, wie Plinius sagt: „Nuperque inventum, ursorum in harena et leo-num ora inspargere illo: tantaque est vis in astringendo ut non queant mor-dere." (Hist. naturalis 34. 12.)

Dazu wurde gemischt στρουθίον, struthium. Man nimmt dafür die herba lanaria, das Seifenkraut, aber gewiss nicht ohne den frivolen Nebensinn, den das Wort trägt. Es folgt κνῆκόν τε, σχιστήν τε. Beides hat man, wie mir dünkt, missverstanden. Weder κνῆκος noch σχιστή sind hier Pflanzen. Wie Gesner bereits bemerkte, ist das letztere als Epitheton zum ersten zu nehmen. Κναξ erklärt Hesychius durch weisse Milch, während sonst κνάξ τράγος heisst. In derselben Bedeutung wird κνῆκος gedeutet (vgl. Salmas. Exercit Plin. 629. Bentley Epist. ad Millium p. 49. und im Pariser Thesaurus des Stephanus). Schiston aber ist geronnene Milch, wie Dioscorides und Plinius bemerken, und Letzterer bemerkt (28. 9), dass man schiston caprinum namentlich in der Arznei gebrauche. Aber auch zu Beschwörungen eignet sich schiston caprinum besonders wegen der vielfachen Beziehungen des caper und τράγος zu sexueller und dämonischer Natur. Es dürfte also κνῆκος τε σχιστόν τε gelesen werden, obschon die Lesart σχιστή trotzdem nicht unmöglich ist.

Sehr geeignet ist ψυλλίον ἀηδές. Die hexenartige Beschaffenheit der Mischung tritt so recht heraus. Denn psyllium ist Flöhekraut, herba pulicaris. Und vortrefflich ist daher die Bemerkung, welche, wie Gesner annahm, ἀηδές stinkend, unangenehm riechend las. Denn darauf liegt bei solchen Sachen mit der Nachdruck. Die pulices haben etwas hexenartiges an sich und erscheinen deshalb bei den Beschwörungen der bösen Geister, wie im Faustbuch hinreichend geschildert ist, dass er zuletzt ausrief: „Ich glaube, dass ihr alle junge Teufel seid". (Reichlin Meldegg bei Scheible 11, 628.)

Ἀγχουσάν τ' ἐρυθρήν. Es spielen darin doppelte Beziehungen. Ἀγχουσά, den Namen leitet Stephanus von ἄγχειν, quod habeat vim suffocatoriam et strangulatoriam; die Wurzel des Krautes tödtet die Flöhe. Aussen ist sie roth; sanguinei coloris, dass sie die Maler brauchen (vgl. Vincent. Bellov. Specul. natur. 10, 36), aber besonders brauchen sie, wie die alten Scholiasten mehrfach bemerken, die Frauen zur Schminke.

Dass diese letztere Beziehung vorhanden ist, lehrt das Folgende χάλκιμος. Herrmann sagt, „quid sit nescitur". Aber χάλκιμος steht für κάλχιμος wie κάχλη und χάλκη vertauscht werden (vgl. Salmas. de homonymis hyles iatrices p. 29) ganz in derselben Weise, wie das neuhebräische kalach für calche und chalke genommen werden kann. Κάχλη ist purpura. Κάλχιμος ist für purpurissum zu nehmen, das ist abermals rothe Farbe, die Gesichter zu bemahlen, cerussa. Dass Schminke wie ähnlicher Firlefanz dämonischer Natur sind und zum Verderben führen, weil sie lügen, haben die Alten schon mehrfach erkannt. Hieronymus sagt: „Quid facit in facie Christianae purpurissum et cerussa", was soll im Antlitz einer Christin Schminke und Farbe! (epistol. 10). —

Freilich öffnet sich den dämonischen Künsten die Pforte der Hölle. Ganz parallel heisst es:

„σαῖνον δὲ σκύλακες πρόπολοι, λύοντο δ' ὀχῆες
κλείθρων ἀργαλέων, ἄνα δ' ἔπτατο καλὰ θύρετρα
τείχεος εὐρυμενοῦς, ἐπεφαίνετο δ' ἄλσος ἐραννόν."

Es schmeichelten die Hunde, es erschlossen sich die mächtigen Riegel, aufflog die schöne Thüre und es öffnet sich der herrliche Garten.

Aber Medeen's Ende ist die 'grosse Lehre, wohin dämonische Lust und Mittel führen.

330) Wunderschön ist es und von keuscher Zartheit, wie Penelope zittert und zögert dem Odysseus ans Herz zu fliegen und auf die Verwunderung des Telemach spricht: (Odyssea 23, 105 u. s. w.)

> „τέχνον ἐμὸν, θυμός μοι ἐνὶ στήθεσσιν τέθηπεν
> οὐδέ τι προσφάσθαι δύναμαι ἔπος οὐδ᾽ ἐρέεσθαι
> οὐδ᾽. εἰς ὦπα ἰδέσθαι ἐναντίον· εἰ δ᾽ ἐτεὸν δή
> ἐστ᾽ Ὀδυσεὺς καὶ οἶχον ἱχάνεται, ἦ μάλα νῶϊ
> γνωσόμεθ᾽ ἀλλήλων καὶ λώϊον· ἔστι γὰρ ἡμῖν
> σήμαθ᾽, ἃ δὴ καὶ νῶϊ κεκρυμμένα ἴδμεν ἀπ᾽ ἄλλων.“

331) svip leite ich von svipa eilen, drängen, stossen goth. sveipan. Vgl. die Formen bei Dieffenbach Gòth. Lexicon 2, 360. 361. Swipdag, der Blinde, kommt auch in der Geschichte König Ingialds vor. Heimskringla cap. 42. p. 108. Swipdag hiess einer der Berserker Hrolf Krakis (j. Edda. 64). Wie hier zwei Brüder Swipdag und Beigudr, so erscheinen später unter Hugleik zwei schwedische Helden Swipdagr und Geidagr. Aus dessen Stamm wird noch später eines Swipdagr, Sviburs Sohn, Erwähnung gethan. (Olin Dalin Geschichte Schwedens, aus dem Schwed. 1. p. 281. 292.)

Fiölvinns-mal.

Nach dem Texte von Rask wiedergegeben

mit Erläuterungen.

1.

Utan garþa	Ausserhalb der Gürtung
hann sa upp um - koma	Jener sah hinaufsteigen
þursa þjoþar sjot;	Einen Thursen den trefflichen Sitz.

Wächter.

„urgar brautir	Feuchte Pfade
arnaþu aptr heþan,	Fliehe zurück von hier,
attattu her verndar - vanr vero.	Nicht hast Du hier, Heimloser, Heimath!

---

1) þur'sa. Thurs i t bekanntlich der Riese. (Grimm Myth. 487) Die Riesen bilden in den altnordischen Vorstellungen den feindlichen Gegensatz zu den Göttern. Es ist ein Volk, welches mit dem Geschlecht der Asen in unversöhnlichem Streit lebt. Sie haben daher bei ihnen keinen Frieden, sind ihre Gastfreunde nicht. Riese, Feind und Fremder ist darum eins. Denn fremd war der, welcher im feindlichen, friedlosen Gegensatze stand. Dasselbe Verhältniss wie die Riesen zu den Asen nehmen die Einwohner von Turan in der Iranischen Sage zu denen von Iran ein. In Turan ist alles von Dew's wie die Riesen zaubervolle Ungethüme sind. Einen Fremden, Unbekannten nannte man im Norden Thurs, Riesen, in Iran Dew. Alle die fremd sind, im feindlichen Principe standen waren Feinde, wie bei den alten Sabinern hos-. tis und peregrinus zusammenfiel (vergl. Göttling Röm. Staatsverf. p. 216) Indem der Wächter einen Thurs kommen sieht, erkennt er einen Fremden d. h. einen der nicht eingelassen wird in den Frieden des Hauses, wie die Riesen nicht nach Asgard. Es ist der allgemeine Ausdruck, der dann nicht blos von den wirklichen Riesen allein gebraucht wird. Dasselbe ist mit Dew der Fall. Denn es ist interessant, dass bei Firdusi die Turanier, welche die eigentlichen Dews sind, als sie den Rustem kommen sehen, ihn fechtend wie ein Dew schildern (vergl. Görres Heldenbuch von Iran p. 176. 177). —

þioþ ist der bekannte Ausdruck für Volk. Es ist das Allgemeine im Gegensatz zu dem Individuum. Es umschliesst die besonderen Familiengenossenschaften, die sich um den Einzelnen bilden, alle in einen Körper. Der über diese Allgemeinheit Herrschende ist daher ein Volksmann thiodaun, ein adallih ein Edler, ein Erbbesitzmann von uodal ist. Der Begriff Volk schloss das Allgemeine, das über das Einzelne hinausgehende ein; was dem ganzen Volke angehörte, bekannt war, trat in den Ruhm, in die Grösse, in die Fülle ein; „volksthümlich" war soviel als berühmt, bekannt, besprochen: denn es hatte das allgemeine Wesen gleichsam daran ein Interesse. Daher þioþar berühmt, weit genannt, volksbekannt. Aus demselben Grunde hat þioþ in der Composition den Sinn des griechischen περὶ, wie þioþar den von περισσός.

Wenn das Meer poetisch þioþvitnir heisst, so ist dies das vielverschlingende, denn vitnir heisst der Wolf (vergl. multitudo Volk und multus), djodhnuma heisst ein Fluss, d. ist der vielfortreissende (von at nema, nehmen), dhiodgodr heisst sehr gut, dhiodkunnr sehr bekannt (περικλυτός), dhiodmarr der herrliche Jüngling, wie þiodmaera (v. 36) die herrliche Jungfrau heisst. Es ist dies eine Eigenthümlichkeit der Volksanschauung, die man auch an-

2.

Hvat er þat flagþa,	Was ist dies für Ungethüm,
er stendr for forgörþum,	Das steht vor der Gürtung,
oc hvarflar um haettan loga?	Und irrt um die heisse Lohe?
hvers þu leitar,	Was suchst Du,
hvers þu a leitom ert,	Welches gesucht hast Du,
eþa hvat villtu vinlaus vita?	Und was willst Du Freundloser wissen?

3.

Der Fremde.

Hvat er þat flagþa,	Was ist dies für Ungethüm,
er stendr for forgarþi,	Das steht vor der Gürtung
oc byþr - at liþöndum löþ?	Und bietet nicht Wandrern Einladung?
saemdar - orþa - laus	Geziemenden Wortes lose,
hefir þu seggr of - lifat	Bist du ein abgelebter Herold,
oc haltu heim heþan.	Hebe Dich heim von hier.

---

derswo entdecken könnte. In der Bildung griechischer Eigennamen, die mit λαός und λεώς Volk componirt sind, kann nicht, wenn ihre Bedeutung erforscht wird, an Volk gedacht werden. Es muss auch hier die Bedeutung von Fülle, das griechische περί angenommen sein. So in Leostratos, Leotychides, Leophron, in Laodokos, Laonome, Laomedon und Laomedeia. Dasselbe, was hier nicht anzuführen ist, möchte bei Composs. hebräischer Namen mit am Volk der Fall sein. Die lateinische Uebersetzung giganteae gentis cohortem giebt gar keinen Sinn. Simrock hat Riesensitz.

Gegen „Fremde" waren die Alten hart und in unfreundlichen Ausdrücken gegen sie Meister. Arna ist irren errare, vagari. Irre auf feuchten d. ist schlüpfrigen Wegen zurück. So nennen die Araber die Reisenden nicht blos Sohn des Weges (Wegelagerer) oder der Strasse (Strassenläufer), sondern mehr hart den „Sohn der Metze", oder wenn sie in ihm einen Abentheurer zu sehen glauben „Floh Sohn des Flohes". (Hammer über die Namen der Araber. Wien 1852. p. 50.)

Verndar vanr. Wir weichen auch hier von den bisher gebräuchlichen Versionen ab. In der Kopenhagener Edition ist übersetzt: egene, dem Simrock folgt mit Bettler. Aber das kann nicht der strikte Sinn sein, denn sein Bettelwesen konnte er ihm wohl nicht ansehen. Ich nehme verndar von vera mansio, also verndar-vanr mansionis carens d. ist Heimathloser, Landstreicher, Herumläufer. Wer einen andern nicht aufnehmen will, schilt den Andern, dass er herumläuft und aufgenommen sein will. Zu diesem Sinne zwingt auch der Gegensatz attattu her vero, hier hast du nicht Stätte. Denn vero ist mansio.

2) Die Abstammung von flagþa ist dunkel. Der Sinn ist des griechischen πέλωρ, mit welchem Giganten und sonstiges ungeheuerliches Wesen benannt wird. Herkommen mag es von dem Stamme, zu dem Flegel, flagellum, Plage, plaga, flagitium gehört und der in πλήσσειν mündet. (vergl. Dieffenbach' Goth. lex. 1. 385.)

Haetta. Die lat. Uebers. hat anceps fiamma. Simrock: Waberlohe Haetta ist unser heiss ags. haetu engl. heat; heito ist Goth. das Fieber.

3) Der letzte Theil der Strophe ist nicht ohne Schwierigkeit. Die lat. Uebersetzung hat: honesta fama carens, garrule vixisti. Simrock: Guten Leumundes bist du ledig Karger! Aber der Sinn fordert eine andere Deutung der auch sprachlich in solcher Version nicht erklärten Stelle. Der Fremde

4.

<table>
<tr><td>

Fjölsviþr ek heiti
en ek a froþan sefa,
þeigi em ec mins mildr matar;
Innan garþa
þu kemr her aldregi
oc drifþu nu vargr af vegi. ·

</td><td>

Der Wächter.

Fiölsvidr (Vielwisser) heisse ich,
Auch habe ich klugen Sinn,
Nicht bin ich mild meiner Speise;
Innerhalb der Gürtung
Du kommst hier niemals
Und trolle Dich jetzt Würger Deine
Wege.

</td></tr>
</table>

---

sagt: Was ist dies für ein Ungethüm, das vor der Thür steht und nicht einmal zum Hereinkommen die Wanderer einladet; wozu steht er vor der Thüre, wenn er nicht versteht den Fremden ein gebührend Wort zu sagen. Dann ist er seines Berufes nicht mehr fähig und mag sich nach Hause trollen. Dass dies der Sinn ist, lehrt die Antwort, wenn er seine Kenntniss und seinen Verstand mit Berufung auf seinen Namen vertheidigt und jenen nicht aus Unkunde sondern mit Absicht auszuschliessen deutlich erklärt. Die meiste Schwierigkeit macht das Wort seggr, das aber die ganze Stelle erhellt. seggr ist das deutsche Sager von sagen, der Herold, der Rufer d. h. ags. secg (in der Composition cf. Grimm D. Gr. 2. 518) nuntius, der ansagende Gerichtsbote, westgothisch sago, mittellat. sajo (vergl. Du Cange) altspanisch saiǒ (Diez lex. Roman. Sp. 532) sayon. Grimm (Rga. 765) nimmt eine goth. Form sagja an. In diesem Sinne des Heroldes und Verkünders steht es auch hier. Es ist der Wächter der Anrufer wie der Ausrufer, der Meldende und Verkündende. Es ist dies sein Beruf; wenn er ihm nicht nachkommt, so zeigt er sich unwürdig seiner Stellung. Dass er vor der Gürtung steht, bezeugt ihn als Wächter; seggr heisst er als der meldende, anrufende Diener des Hauses. Es ist daher sehr bezeichnend, wenn der Fremde zu ihm sagt: du bist seggr of lifat, du bist ein abgelebter, ein untauglich gewordener Rufer und Sager, denn du bist saemdar-orþa-laus, ein geziemenden (saema decere) Wortes loser, Unkundiger.

seggr kommt noch zweimal vor, wo es Erläuterung verdient. Einmal in der Sigurdsage (Fafnisbana I. str. 40. v. 6) wo Sigurd sich fürchtet als schlecht meþ seggiom unter den Männern befunden zu werden. Ebenso secg angelsächsisch vir, altenglisch segge, sege man, knight. Wie kommt es zu dieser Bedeutung. Diese beruht schon auf der Natur altdeutschen Lebens. Sagen und sprechen war der Ausdruck im alten Volksgericht. Daher asega ein Gesetzsager (Grimm Rga 781. Richthofen altfriesische Rechtsquellen p. 609) von a Recht und sega Sager, wie êosago, easagari. Eine Stimme abzugeben, einen Spruch zu thun, also zu sagen waren aber nur freie Leute befugt, daher sie auch thingmänner, Leute, die zum thing fähig sind heissen. Auch malman hat diesen Sinn. Ebenso ist seggr der Spruchsagende zum freien Mann überhaupt geworden, dem Knechte und Gesinde gegenüber, wie es auch bei Caedmon heisst secgas and gesidas Freie und Gefolge (was genauer ist als Ettmüller lex. anglos. p. 628 wiedergiebt). Daraus erklärt sich nun der Name, welchen in Rigsmal ein Sohn des freien Karl trägt und den Grimm (Rga 283) nicht deutete. In den Namen, welche die acht Söhne tragen, ist die Eigenschaft eines freien Mannes geschildert. Einer dieser Namen ist seggr, nämlich Sager im Gericht, wozu der freie Mann berechtigt war.

4) vargr. Die lateinische Uebersetzung hat scelerate, Simrock: Rechtloser. vargr heisst der Wolf. Fiölswidr schimpft ihn mit diesem Namen. Im Gedanken des Liedes ganz sinnig. Denn er dünkt ihm ein Wolf, der einbricht, um sein behütetes Lamm zu rauben und zu würgen. Lupus und latro sind oft für einander stehende Begriffe. vargr hat wahrscheinlich vom Würgen seinen Namen.

5.

Der Fremde.

Augna gamans	Von der Augen Lust
fysir aptr fan	Will selten Jemand scheiden
hvars hann getr svast at sja;	Wo er sehnet süsses zu sehen;
garþar gloa mer þikkja	Die Gürtung zu glänzen scheint
of gullna sali,	Von goldenen Sälen,
her munda ek eþli una.	Hier möchte ich weilend ruhen.

6.

Fiölswidhr.

Segþu mer hverjom	Sage Du mir wem
ertu sveinn of - borinn	Bist Du Jüngling entsprossen,
eþa hverra ertu manna maugr.	Oder welcher Männer bist Du
	Sprössling?

7.

Der Fremde.

Vindkaldr ec heiti	Vindkaldr ich heisse,
Varkaldr het min faþir	Varkaldr hiess mein Vater,
þess var Fiölkaldr faþir.	Jenes war Fiölkaldr Vater;

8.

Segþu mer þat, Fiölsviþr	Sag Du mir das Fiölsvidr,
er ec þic fregna mun,	Was ich Dich fragen mag,
oc ec vilja vita:	Und ich will wissen:
hver her raeþr	Wer hier regiert
oc riki hefir	Und das Reich hat,
eign oc auþsaulum.	Eigen und an Güter geben.

---

5) Simrock: „Hier möchte ich Frieden finden". Zu frei. eþli ist wie ęldi gefasst, vergl. das Glossarium zum 1. Theil der Kopenhagener Ausgabe p. 468 als altas. Una geniessen, fröhlich sein und ruhen. V. 2. fysir aptr fan ist wörtlich: desiderat retro paucus.

7) Var Kaldr übersetzt Finn Magnussen Lex. mytholog. 810 mit F r üh - lings k a l t, gräter mit todtkalt.

8) Die lateinische Uebersetzung kommt, wie ich meine, dem deutlichen Verständniss hier näher als Simrock: Das Reich besitzend mit Gut und mil- der Gabe, wenn sie „re et opum erogationibus" hat.
Der König empfing bei den Alten, namentlich an festlichen Versamm- lungen, Gaben und Geschenke verschiedener Gattung (Grimm Rga. 245. 46.). Es war dies zwar keine Steuer, aber ein bestimmter Gebrauch, der das König- thum und Herrenthum bezeichnete. Die Einkünfte und Macht eines Königs bestanden eben in e i g e n e m liegenden Besitz, also in e i g n und in diesen Gaben, welche audsaulum heissen, was als dationes, traditiones bonorum, opum, das Glossarium zum Tom. 1 der Kop. Ed. p. 428. 29. richtig wieder- giebt. Auch an anderer Stelle steht arfs, der Erbe, neben audsala in ähnli- cher Beziehung, was in derselben Ausgabe p. 284 Not. nicht erkannt ist.

14.

Windkaldr.

Segþu mer þat Fiölsviþr	Sag Du mir das Fiölsvidr,
er ec þic fregna mun	Was ich Dich fragen mag,
oc ec vilja vita:	Und ich will wissen:
hvat þeir garmar heita	Wie jene Hunde heissen,
er gifur rekur	Die die Gierigen scheuchen,
gjörþa fyrir löndin lim.	Treiben weithin durch Bellen.

15.

Fiölsvidr.

Gifur heitir annar	Gifar heisst Einer
en Geri annar	Und Geri Einer
ef þu vilt þat vita:	Wenn Du willst das wissen;
varþir ellifo	Wachten sind Eilf
er þeir varþa	Welche sie wachen
unz rjusaz regin.	Bis zerreisst das Reich.

---

setze: Gästen offen, d. h. Gäste von Fremden unterscheidend, denen sie nie offen werden. Es ist ein schöner Name für eine Schlossmauer und Gürtung: „Gastoffen", aber nur dem Gaste offen; den Fremdlingen, 'die keinen Frieden haben, sperren sie immer den Eingang ab. — Leir - brimis limom. Die Stelle ist nicht ohne Schwierigkeit. Simrock übersetzt: „aus gebranntem Lehm erbaut." Aber worin hätte denn die Kunst bestanden, welche grösser an ihnen selbst bei Göttern nicht gesehen ward! (Str. 12). Auch scheinen sie zu glühen (Str. 5 garþar glóa). Darum fasse ich leir brimis limom als aus Stücken brennender Erde, Thons, Lehms. Der Stoff, aus dem er die Gürtung baut, ist brennend und flammend, daher unnahbar. Es ist ein flammender Stoff, aus dem die Schutzmauer gegründet ist. Es wandelt daher um Flammen der Wächter, die Niemanden zulasse. Was dies für ein brennender Stoff sei, ist poetisch nicht schwer zu sagen; es ist Gold, das in der Ferne leuchtet, da aller Sonnenstrahl und Glanz wie golden weit hin flimmert. Das Glossarium zur Ed. Kop. giebt limom, was S. gar nicht übersetzt, durch manibus wieder „ich habe mit Händen erbaut" was irrig ist. Limr, limar, ags. lim, leom ist ramus, brachium, artus, membrum. Limmaelum ist ags. Stückweise. Es sind Stücke, Stangen von leir. dän. ler, schwed. lera Thon, Erde, welche brennt (brimi die Flamme). Es ist schön doppelsinnig gesagt, dass die Mauer aus Stücken brennender Erde Niemanden zulässt. Auch Paulus Gerhard singt in einem sinnigen Liede: „von des rothen Goldes Koth" (vgl. P. Gerhardts geistliche Lieder. Stuttg. 1853. p. 137).

14) Simrock übersetzt: „Wie heissen die Hunde, die Ungeheuer scheuchen und die Felder schützen." Gifur von gifr, gierig, habsüchtig, raubsüchtig. Es wird von solchen, die stehlen und rauben wollen, angewandt. Sie verscheuchen die Hunde. Gjörþa fyrir löndin lim ist mittunt abs regione balatu, denn lim ist von blymr, bellen, abzuleiten. Durch ihr bellen machen sie, dass die Diebe weit fortfliehen, um nicht gefangen zu werden.

15) Auch ein Hund heisst Gifur entweder von seiner Gefrässigkeit oder von gifr spuma, Geifer, was gewiss damit verwandt ist. Glossarium ad ed. Hafn. II. 640. Simrock gab: unz rjusaz regin wieder, „bis die Götter vergehen", auch Wafthrudnismal 27, wo dieselbe Redeweise erscheint. Es ist damit alle Zeit gemeint, bis zur Dämmerung.

16.

	Windkaldr.
Segþu mer þat, Fiölsviþr	Sag Du mir das Fiölsvidr,
er ec þic fregna mun	Was ich Dich fragen mag,
oc ec vilja vita:	Und ich will wissen:
hvert þat se manna nockut	Ob ist irgend ein Mann
þat er megi innkoma	Dass er mag hineinkommen
meþan sokn-djarfir sofa?	Da die zum Anfall schnellen im Schlaf sind.

17.

	Fiölsvidr.
Missvefni mikit	Steter Wechselschlaf
var þeim mjöc of-lagit	War ihnen mächtig Gesetz
siþan þeim var varþsla vituþ;	Seit ihnen die Wacht war vertraut;
annar of naetr seir,	Einer in der Nacht schläft
en annar of daga,	Und Einer am Tage
oc kemz þa vettur, ef þa kom.	Und kommt so Niemand ein, wann er auch kommt.

18.

	Windkaldr.
Segþu mer þat Fiölsviþr	Sag Du mir das Fiölsvidr,
er ec þic fregna mun	Was ich Dich fragen mag,
oc ec vilja vita:	Und ich will wissen:
hvart se matar nockut	Ob ist irgend eine Speise
þat er menn hafi	Welche Menschen haben
Oc laupi inn meþan þeir eta?	Und hineinlaufen, da jene essen.

17) Simrock übersetzt: „Viel Schlaf müssen sie freilig missen, seit sie hier Wächter wurden." Sie missen ja keinen Schlaf, denn sie schlafen ja abwechselnd. Mis svefni ist Wechselschlaf, ein umzechiger Schlaf; sie schlafen nicht zu einer Zeit, sondern zu verschiedenen Zeiten. Goth. missaleiks ungleich, ahd. missalih dispar, varius, anceps, d. h. auch mislikr unähnlich. Grimm sagt (D. Gr. 2. 470) von mis: „Seine Trennbarkeit zeigt sich theils in dem Gothischen missô (invicem) . . . , . . theils in dem aldnord. â mis (alternatim) . . . . . . Der Uebergang der Begriffe Wechsel. Abstand, Abgang, Fehler ist natürlich. Das altnordische mis bedeutet nicht nur per vices , sondern auch praeter, contra jus . . . . . und in den Copositis tritt der Begriff des Wechselnden, Wechselseitigen (ἀλλήλως) genug hervor. Vgl. misdaudi, misnefi." In missvefni ist mis als der Wechsel im Schlaf zu fassen, nicht in der abgeleiteten Bedeutung, welche in misslich u. s. w. ausgebildet wird. Vers 2 hat Simrock nur durch ein „müssen" übersetzt.

18) Wenn Simrock übersetzt: Giebt es keine Kost sie kirre zu machen, so ist der zweite Theil des Satzes nicht im Texte.

19.

Fiölsvidr.

Vegn - braþir tvaer	Zweier Schwingen Braten
Liggja i Viþofnis liþom	Liegt an Vidhofnis Leibe,
ef þu vilt þat vita:	Wenn Du willst das wissen:
þat eitt er sva matar	Dies eine ist so die Speise;
at þeim menn of-gefi	Sie mögen ihnen Menschen geben
oc laupa inn meþan þeir ets.	Und hineinlaufen, da jene essen.

20.

Windkaldr.

Segþu mer þat Fiölsviþr	Sag Du mir das Fiölsvidr
er ec þic fregna mun	Was ich Dich fragen mag
oc ec vilja vita:	Und ich will wissen:
hvat þat barr heitir	Wie jener Baum heisst,
er breiþaz um	Welcher breitet um
lönd öll oc limar.	Die Lande all seine Zweige.

21.

Fiölsvidr.

Mima - meiþr hann heitir	Mima - meiþr er heisst,
menn þat fair vita	Von Menschen das wenige wissen
af hverjom rotom reṇnr,	Aus welchen Wurzeln er wird;
viþ þat hann fellr	Womit sie ihn fällen
er faestan varir	Das die Wenigsten wahrnehmen,
flaer-at hann eldr ne jarn.	Ihn verderben nicht Feuer noch Eisen.

22.

Windkaldr.

Segþu mer þat Fiölsviþr,	Sag Du mir das Fiölsvidr
er ec þic fregna mun	Was ich Dich fragen mag
oc ec vilja vita:	Und ich will wissen:
hvat af moeþi verþr	Was aus dem Mark hervorgeht
þess ins moera viþar	Dieses herrlichen Baumes
ef hann flaerat eld ne jarn.	Wenn jenen verderben nicht Feuer
	noch Eisen.

---

19) Auch hier ist die alte lateinische Uebersetzung durch ihre nicht ungeschickte Wörtlichkeit der grossen Freiheit in der Uebertragung von Simrock vorzuziehen. Braþir ist nicht übersetzt. Mit „siehst du an Widofuir's Seiten" ist liggja „befinden sich" nicht genau ersetzt. V. 5. fehlt.

20) Limar, das Simrock gar nicht übersetzt, ist gleichwohl limom Str. 13 zu erläutern behülflich. Es ist ramus, Ast, Zweig.

21) Im Texte bei Rask V. 2 für menn nur enn. Ich habe die Lesart der Kopenhagener Ausgabe, welche die gebräuchlichere ist, vorgezogen, dem Vorgange der früheren Strophen folgend.

22) V. 4. hvat af moeþi verþr, Moþr ist mens, Gemüth, das Innere überhaupt, beim Baum seine treibende Kraft und Natur. Zu frei ist bei S. „Was für Nutzen bringt."

23.

Utaf hans aldni	Aus seiner Frucht
skal a eld bera	Soll man ins Feuer tragen
fyrir keli sjukar konor;	Für Frauen, die wollen gebären;
utar hverfa	Heraus geben sie
þess þeir innar skyli	Was in ihrem Schoosse ist;
sa er hann meþ maunuom miötuþr.	So ist jener unter den Menschen ein Lösender.

---

23) Das unerklärte und an dieser Stelle besonders schwierige miötudhr giebt uns zu einigen sprachlichen Betrachtungen Gelegenheit. Miötudhr erscheint nehmlich sonst in der Bedeutung von sector (Grimm Myth. 1199), wodurch es an gothisch maitan, metere, woher das Messer kommt, erinnert; dann aber wieder im Sinne von Ordner, Regierer, mensor, moderator seu creator (Grimm Myth. 20), wodurch es auf metiri, messen zurückführt. Es scheint mir ein schöner Zug des Volksgeistes der Gedanke zu sein, durch welchen ich metiri und metere verbinde. Gewiss sinnig hat das deutsche Mittelalter das Mass von dem eigentlichen Wesen aller schönen Schöpfung gebraucht. Denn das Mass ist die Ordnung oder vielmehr das harmonische Gefüge, wodurch alles an seinem gehörigen Platze sich befindet. Wie sich die Alten die Schöpfung der Welt dachten, war sie ein Bilden aus dem Chaos in das Mass; die Verwirrung ward aufgehoben, dass jedem sein Gesetz und seine Stelle angewiesen ward. Dies geschieht durch Trennung und Scheidung. Ovidius sagt sehr schön im Beginn der Metamorph. (1. 12.):

„Hanc deus et melior litem natura diremit
Nam caelo terras et terris abscidit undas
Et liquidum spisso secrevit ab aere coelum.“

Man scheidet und schneidet, wenn man misst und ordnet.

Man leitet metiri auf Sanscrit mâ, messen zurück. Eine ähnliche Form setzt das deutsche mähen, ahd. mahan voraus. Dazu stellt sich eine griechische Form, die hierdurch eine Erklärung empfangen könnte, die ihr noch fehlt. Μαῖα heisst Obstetrix, die entbindende Hebamme, wie Hesychius erklärt περὶ τὰς τικτούσας ἰατρὸς καὶ ὀμφαλοτόμος. Es passt weder die Ableitung von μαίομαι, verlangen, suchen, noch die von μάμμη und μαμμαία. Neben μαῖα heisst auch μαιεύτρια die Hebamme, mit einer Menge abgeleiteter Verba. Das Geschäft der Obstetrix war ein lösendes, eben entbindendes, wie in ὀμφαλοτόμος, ausgedrückt ist, und Suidas sagt: „Ὀμφαλοτομία, ὅτι τὸν ὀμφαλὸν τοῦ βρέφους αἱ μαῖαι ἀποτέμνουσι, καὶ αὐταὶ δὲ ὀμφαλητόμοι λέγονται.“ Ich finde denselben Sinn in μαιεύειν, obstetricem esse, d. h. ἀποτέμνειν τὸν ὀμφαλὸν als wenn goth. bimaitan für περιτέμνειν τὴν ἀκροβυστίαν steht. Es ist dieselbe Weise des Gedankens, die auch wir noch im Entbinden, also einem Losbinden und Lösen erkennen.

Es ist das Wesen der Scheidung, in welchem die Gedanken der verschiedenen ausgeästeten Stämme zusammenlaufen. Denn die Scheidung ist das Mass, finis. Die Scheidung wird zur Schneidung.

Ohne uns in den Einzelnheiten zu verfolgen kehren wir zu miötudhr zurück. Ihm entspricht ags. metôd, was als creator, besser als moderator wiedergegeben wird. Mětôdsceaft heisst auch fatum und mors; es ist das Mass, das Ende, das Ziel, worin also deutlich die Einerleiheit der Bedeutung, wenn es Lenker und Ordner (auch der Philosoph im Timaeus cap. 6 will ja nur einen „Gott, der das Chaos ordnet“ εἰς τάξιν ἤγαγεν ἐξ ἀταξίας) und wenn es zerschneidend und lösend, sector bedeutet. An unserer Stelle heisst es, dass man aus der Frucht des Baumes die Frauen gebähren macht, und wird gesagt: sā er hann meþ maunnom miötuþr, also wird offenbar in miötudhr auf die lösende und entbindende Kraft des Baumes gedeutet. Er ist gleichsam die Welthebamme der Menschen.

24.

Windkaldr.

Seg þu mer Fiölsviþr,	Sage mir das Fiölsvidr,
er ec þic fregna mun,	Was ich Dich fragen mag,
oc ec vilja vita:	Und ich will wissen:
hvat sa hani heitir	Wie der `Hahn heisst
er sitr i hinom hafa viþi,	Welcher sitzt auf jenem hohen Baume,
allr hann viþ gull gloir.	Ganz von Golde glänzt er.

25.

Fiölsvidr.

Viþofnir hann heitir,	Víþofnir jener heisst
,enn hann stendr veþr-glasi	Und steht er luftdurchschimmernd
a meiþs kvistum Mima:	In des Baumes Zweigen von Mima:
einom ecka þrungr	Jedem bereitet er Leiden,
hann orof saman	Dass niemals raube
surtr sinn mautu.	Schwarzer Sinn die Speise.

26.

Windkaldr.

Seg þu mer þat Fiölsviþr,	Sage Du mir das Fiölsvidr,
Er ec þic fregna mun	Was ich Dich fragen mag
Oc ec vilja vita:	Und ich will wissen:
hvart se vapna nockut	Ob sei irgend eine Waffe
þat er knegi Viþofnir for	Durch welche Vidhofnir könnte
hniga a Heljar siot.	Niederstürzen zum Sitze Hel's.

---

25) Der Sinn der letzten Zeilen ist nicht ohne Schwierigkeit, wenn man der bisherigen Erklärung folgt. Die lateinische Version giebt: merum luctum construit ille dissolvi nescium ater sibi prandens. In den Anmerkungen giebt der Uebersetzer selbst an, dass mit dieser Deutung nicht viel zu machen ist. Simrock übersetzt ähnlich: Beschwerden schafft er unübersteigliche, der Schwarze, einsam schmausend. Aber er ist ja nicht schwarz, er glänzt ja ganz von Gold. Auch ist eigentlich nicht zu erkennen, wozu die Notiz, dass der Hahn, was doch ganz natürlich ist, einsam schmause. Vielmehr verlangt die Folge der Gedanken, dass Fiölsvidr den Mord des Hahnes als etwas unmögliches, unwürdiges, Verbrecherisches darstelle. Dies erscheint, sobald man in dem letzten Verse sin nicht als solitarius, sondern natürlicher mit Sinn wiedergiebt. Ein schwarzer Sinn, surtr sin, will die Speise haben, um die Hunde zu kirren. Etwas schwerer ist die Erklärung von hann óróf saman. In óróf sehe ich die Negation von róf, riufa, rauben, einom (singulis), ecka (difficultates, calamitates), dhrungr (struit), hann (ille), óróf saman (ne rapiat unquam), surtr (niger), sin (animus), mauta (escam). Mauta ist eben die Speise, welche die Hunde kirrt. Auch bereitet ja der Hahn nicht überhaupt Leiden. Er ist ja ein göttlicher Vogel. Nur denen dürfte er es schwer machen, welche seine Flügel rauben wollen. So will Fiölsvidr den Fremden abschrecken, dass er nicht etwa das Mittel zu versuchen gehe.

27.

<table>
<tr><td>

Hävatein heitir hann
eu hann gjörþi Loptr ruinn
fyrir nagrindr neþan;
i Saeg jarn keri liggr hann
hja Sinmoeru
oc halda njarþlasar nio.

</td><td>

Fiölsvidr.

Hävateinn heisst sie
Und sie bereitete Loptr mit Runen
Vor der Todten Thor;
Im Schrein von Eisen liegt sie
Bei Sinmoeru
Und halten sie neun Schlösser.

</td></tr>
</table>

28.

<table>
<tr><td>

Segþu mer þat Fiölsviþr
er ec þic fregna mun
oc ec vilja vita:
hvert aptr kemr
sa er eptir ferr
oc vill þann tein taca.

</td><td>

Windkaldr.

Sag Du mir das Fiölsvidhr
Was ich Dich fragen mag
Und ich will wissen:
Ob wieder kommt,
Welcher ihretwegen geht
Und will die Ruthe erringen.

</td></tr>
</table>

29.

<table>
<tr><td>

Aptr mun koma
sa er eptir ferr
oc vill þann tein taca,
ef þat foerir
sem fair eigu
eiri aurglasis.

</td><td>

Fiölsvidr.

Wieder mag kommen,
Der um ihretwillen geht
Und will diese Ruthe erringen,
Wenn das er trägt
Was wenige haben
Auf dem Strande des schimmernden
    Lehms.

</td></tr>
</table>

---

29) Die letzte Zeile „eiri aurglasis" ist dunkel. Sie verhüllt zwar nicht den allgemeinen Sinn, aber erschwert die besondere Erklärung. Die lateinische Uebersetzung hat: Nymphae lucentis limi, der Simrock folgt: Der Dise des leuchtenden Lehmes. Aber die Bedeutung von eir in der allgemeinen Bedeutung Dise, d. h. Parce, steht noch nicht fest. Dann aber wie kame Sinmara dazu so zu heissen? Endlich wie sollte Fiölsvidr ihr einen so schönen Beinamen geben, wenn Windkaldr sie „fahle Unholdin" nennt. Offenbar und das stimmt auch zum Gedanken des Gegenstandes, um den es sich handelt, habe auf Erden Niemand, was er Sinmara bringen könne. Denn Fiölsvidhr sagt zwar, was nöthig wäre, um den Hahn zu tödten und die Hunde zu kirren, aber er verfehlt nicht auf die grossen Schwierigkeiten aufmerksam zu machen, die es mit sich führt. Eiri nehme ich wie eyri Strand, ora, in dem bildlichen Sinne, wie die Lateiner ora ebenfalls nehmen. Aurglasis entspricht dem vedhrglasir. Aur ist lutum, Lehm. In Alwismal heisst es: „die Menschen nennen sie jörþ, Erde, die Asen Gefild, Weg die Wanen, Allgrün die Joten, die Alfen Groandi; kalla aur upp-regin, obere Herren nennen sie Lehm." Menglada wird unter solche uppregin wie es scheint gezählt. Glasis wird hinzugefügt, denn die Erde schimmert im Sonnenschein; sie ist sonnenglänzender Lehm.

Es heisst sem fair eigu, was Wenige besitzen. Wenige steht analog für keine, so Strophe 21. „wenige wissen wie der Baum entspringt, fair vita" und in derselben Strophe „faestan varn"; die Wenigsten beobachten, eine Art restringirte Redeweise, wo man sonst Niemand, Keiner setzt.

30.

Seg þu mer þat Fiölsviþr	**Wludkaldr.**
Er ec þic fregna mun	Sag Du mir das Fiölsvidr
oc ec vilja vita:	Was ich Dich fragen mag
hvert þat se maeta nockut,	Und ich will wissen:
þat er menn hafi,	Was für irgend ein Kleinod sei,
oc verþr þui hin fölva gygr fegin.	Das die Menschen haben
	Und wird dadurch diese fahle Unholdin
	fröhlich!

31.

	Fiölsvidr.
Ljosan lja	Die Strahlende Sichel
skaltu i luþr bera	Sollst Du im Gewande tragen
þann er liggr i Viþofnis völum,	Die liegt in Vidhofnis Schweife,
Sinmoeru at selja	Sinmoeru zu geben,
aþr hon soem teliz	Bevor jener gefällt die erwähnte
vapn til vigsat lja.	Waffe zum Morde zu leihen.

30) Maeta ist zu Gothisch maithms, althd. mêdom, ags. madhum, altn. meidhmar cimelia zu stellen. Vgl. Grimm D. Grammatik 3. 452. — „fölva gygr“ ist ganz bezeichnend ausgedrückt. Gygr ist ähnlich von Frauen gebraucht, wie thursa von Männern. Es ist der feindselige Ausdruck. Nicht sowohl das Riesenhafte der Form, sondern das Feindselige des Riesen, das Unholde ist darin ausgedrückt. Grimm Mythol. 492 setzt das Wort zu den von ihm D. Grammatik 2. 50. N. 53 b. citirten Worten: Koukal, gougel, gougelaere (praestigiator). Aber unser Gaukler, welches dieses Wort ist, hält sich an joculator und hat wohl mit einem deutschen Stamme wenig zu thun (vgl. meine Dialoge über Wissenschaft und Christenthum p. 46). Ueber die Ableitung des griechischen γίγας selbst, zu dem es wohl gehört, ist keine sichere Vermuthung vorhanden. Denn wie sollte wohl gigas von γιγάω, oder von gignere gefallen! Mir däucht, es sei gar nicht griechisch; was bei der ganzen Stellung, welche die Giganten einnehmen, gar nicht unwahrscheinlich ist. Ein feindlicher Gigant der Israeliten war 'Og, König von Baschan (mit dem ain oder gain); mit Recht stellt man dies zu 'Anak (was noch im Arabischen lange Statur bedeutet). Die Söhne Enak sind bekanntlich die Riesen und Giganten der mosaischen Geschichte. Es verhält sich das ain in seinem rauhen Anlaute gewöhnlich zu griechisch g, also hebr. 'asa, gr. gaza, hebr. Amora gr. Gomorrha; also hebr. Og oder Ug zu griech. Gog oder Gug. Denn das n ist dialektisch oft ausgefallen, (doch muss dies von Gog und Magog geschieden werden). — Sehr bezeichnend ist für die Unholdin der Beiname fölvu, fahl (althochd. falu, falo, Graff. 3. 469), womit auf die blasse, gelbe Gesichtsfarbe der „Alten“ hingedeutet wird.

31) Lja von liár, die Sichel, schwed. lie, dän. le (Grimm D. Gramm. 3. 416.). Die Feder ist wie die Sichel gebogen.

Ludhr wird in dem Glossar. der Hafn. ed. wunderlich als culeus, corium u. s. w. erklärt, woraus saccus molarius, Sack gebildet wird, daher auch übersetzt wird: Incidam falcem conde in saccum coriaceum. Auch Simrock hat: Birg im Sacke; nach Gräter p. 183.

Aber ludhr ist das altfriesische lotha, althd. ludo, lodo, ags. lotha Gewand, Kleid (Richthofen Altfriesische Rechtsquellen p. 912. Graff. 2. 200.). Damit wird auch ein symbolischer Rechtsbrauch verbunden (vergl. Grimm Rga. 378.)

32.

	Windkaldr.
Seg þu mer þat Fiölsviþr	Sag Du mir das Fiölsvidr
Er ec þic fregna mun	Was ich Dich fragen mag
Oc ec vilja vita:	Und ich will wissen:
hvat sa salr heitir	Wie jener Saal heisst,
er slungin er	Der umschlungen ist
visom vafurloga.	Weise mit wabernder Lohe.

33.

	Fiölsvidr.
Hyr hann heitir	Feuer jener heisst
enn hann leingi mun	Und wird jener immer
a Brodds oddi bifaz:	Auf Speerspitze sich drehen:
auþrans þess	Von diesem glücklichen Hause
muno um aldur hafa	Hatten durch Allzeit hindurch
frett eina firar.	Ein Gerücht nur die Menschen.

34.

	Windkaldr.
Seg þu mer þat Fiölsviþr	Sag Du mir das Fiölsvidr,
er ec þic fregna mun	Was ich Dich fragen mag
oc ec vilja vita:	Und ich will wissen:
hver þat gjörþi	Wer hat dies bereitet
er ec fyrir garþ sak	Was ich vor der Gürtung sah
innan asmaga?	Nach Innen von den Asengeschlechtern.

35.

	Fiölsvidr.
Uni oc Iri	Uni und Iri
Buri oc Ori	Buri und Ori
Varr oc Vegdrasill	Varr und Vegdrasill
Dori oc Uri	Dori und Uri
Dellingr oc Atwarþr	Dellingr und Atwardhr
Lipskialfr Loki.	Lidhskialfr Loki.

---

33) Simrock übersetzt: Des einsamen Hauses soll man immerdar nur den Schall vernehmen, was er Edda 379 so erklärt, als ob das Haus, wie nach alten Sagen die Sonne, einen Schall von sich gebe.

Aber der Sinn der Worte mit reiner Wiedergabe ist einfach und klar, dass da nur im Gerücht die Menschen von dem Hause hörten, niemand hineingekommen ist. Frett, fretta ist wohl untadelig mit rumor, rumorem audire u. s. w. von den Editoren der ed. Hafn. wiedergegeben.

34) Asmága, vom Asengeschlechte. Ein solches Haus konnten eben nur Asen erbauen. Eben so Wegtams quida 12., wo mit asmegir alle Asen bezeichnet werden. Ueber den Ausdruck mögr, Sohn (magar), mag, Verwandter, Magen, Magschaft, Geschlecht, vgl. Dieffenbach Goth. Lex. 2. p. 2. 3., wo die Formen zusammengestellt sind.

35) Es sind 12 Namen, welche genannt werden, wie 12 Namen Odin trägt j. Edda 3, wie 12 Flüsse in der Unterwelt sind j. Edda 4 (vgl. Simrock

36.

Seg þu mer þat Fiölsviþr,	**Windkaldr.**
Er ec þic fregna mun	Sag Du mir das Fiölsvidr,
oc ec vilja vita:	Was ich Dich fragen mag
hvat þat bjarg heitir	Und ich will wissen:
er ec se bruþi a	Wie dieser Berg heisst
þjoþ-maera þruma.	Wo ich sehe die Jungfrau,
	Das herrliche Mädchen weilen!

37.

	Fiölsvidr.
Hyfujaberg þat heitir,	Hyfujaberg heisst er
en þat hefir leingi verit	Und ist dieser immer gewesen
svikom oc sari gaman:	Den Schwachen und dem Schmerze
heill verþr hver,	Erquickung;
þott hafi ars sott,	Heil wird jede,
ef þat klifr kona.	Wenn sie auch jähriges Uebel hat,
	Die hieher klimmende Frau.

D. Myth. p. 194. 384.). Bekanntlich sind auch 12 Asen und Loki der 13. Aber hier ist unter den bauenden Kräften Loki mit gezählt, ganz nach der Anschauung, dass die Natur, welche Loki zugeschrieben wird, bei den grossen Bauten immer thätig ist. Ausser Loki sind die andern Namen weniger bekannt. Sie ähneln aber meist Namen von Zwergen, die sonst vorkommen, und die Zwerge sind die altnordsichen Künstler und Baumeister. So halte ich Atwardhr für keinen andern als Andwari. Dori erinnert an den Zwerg Dori j. Edda 14; neben diesem wird ein Zwerg Ori genannt, der auch hier vorkommt. In der Völuspa kommen die Zwerge Buri und Hèri, wie hier Buri und Iri vor. Freilich erscheint statt Hèri in anderer Lesart Har. Mit Varr kommt der Zwerg Vari in der Völuspa genau überein und es wird dessen Lesart hiedurch gegen die andere Jari gesichert. Mit Wegdrasill wird man Weggr dreist zusammenstellen können. Mit Uni mag Onar verglichen werden. Wohin Uri zu thun, ist ungewiss. Sicherer treten Lidskialfr und Dellingr heraus. Der erste Name wird von früheren als ein Beiname zu Loki gezogen, aber Simrock hatte Recht lieber einen selbstständigen Namen darin zu erkennen. Denn darin, dass der Name ein Beiname Loki's sein könnte, zeigt sich seine geeignete Weise für einen kunstvollen Zwerg, durch welchen die Zwölfzahl vollständig wird. In Skialfr ist das bauende, bedachende ausgedrückt. In lidh vieleicht die Schlangenklugheit und Weisheit. Dellingr heisst Waithrudnismal 25. des Tages Vater. Er war vom Asengeschlecht, wie j. Edda N. 10 wiederholt wird.

In eine nähere Erklärung der Namen etymologisch einzugehen möchte kaum hier rathsam sein. Es würde in die Natur der eddischen Mythologie und der Völuspa insbesondere weit abführen. Auch sind die Lesarten kaum sicher genug festgestellt.

36) Brudhi, die Braut, die harrende Jungfrau, welches Harren in dhruma ausgedrückt zu sein scheint.

37) Suikom sind debiles, schwache, dän. svag, schwach; sar althd. sueran, schwären, dolere (Richthofen altfr. Rechtsquellen 1007). Sott ist ahd. Sucht, Krankheit.

38.

	Windkaldr.
Seg þn mer þat Fiölsviþr	Sag Du mir das Fiölsvidr,
er ec þic fregna mun	Was ich Dich fragen mag
oc ec vilja vita:	Und ich will wissen:
hvat þeir meyjar heitir	Wie jene Mädchen heissen
er for Menglaþar knjam	Die vor den Knien Mengladens
sittia sattar saman.	Sanft sitzen zusammen.

39.

	Fiölsidr.
Hlif heitir	Hlif heisst sie,
aunnur Hlifþnrsa	Die Andere Hlifdhursa
þriþja þjoþvarþa;	Die Dritte Dhjodhvarta
Björt oc Bliþ	Björt und Blidh,
Bliþur, Friþ	Blidhur, Fridh
Eir oc Aurboþa.	Eir und Aurbodha.

40.

	Windkaldr.
Seg þu mer þat Fiölsviþr,	Sag Du mir das Fiölsvidr,
Er ec þic fregna mun	Was ich Dich fragen mag
oc ec vilja vita:	Und ich will wissen:
hvert þaer bjarga	Ob diese bergen
þeim er blota þaer	Jene, die ihnen opfern,
of gjöraz þarfir þess.	Wenn ihnen dessen Bedürfniss ward.

---

38) Statt sittia in den letzten Zeilen hat Rask die Lesart syngja aufgenommen: singen. Aber ich habe die erste vorgezogen, weil es dem Zusammenhang der Erzählung klarer entspricht. „Vor den Knien singen" scheint nicht deutlich zu sein, während „vor den Knien, zu den Füssen sitzen" gewöhnlich ist. Das geht auch schon aus dem zugefügten sâtt hervor. Dieses bringen Ettmüller (Lex. Anglos. 621. Dieffenbach 2. 185.) zu ags. sacan, goth. sakan, streiten, anklagen mit Unrecht. Sâtt ist das nhd. sacht (wie sott, Sucht) und verhält sich zu sanft, wie niederl. saeft gleich ist saecht, saegth, socht, soght (zacht, zoet).

40) Bjarga, bergen, beschützen. Er fragt, ob es gute Genien sind, die den Menschen, welche ihre Hülfe bedürfen (vgl. gjöraz þaufir þess), so bald sie darum opfernd flehen, helfen. Blóta heisst opfern, weil die Anbetung der Götter von den nordischen Völkern unter Schlachtung von Opferthieren geschah (vgl. Munch die nord.-german. Völker, übers. von Claussen p. 234 u. s. w.). Der Opferdienst heisst daher blôt (Grimm Myth. 31. 32.).

Lightning Source UK Ltd.
Milton Keynes UK
UKHW020336081118
331957UK00008B/428/P